Crowdfunding

Crowdfunding
NATUREZA E REGIME JURÍDICO

2018

Caio Sasaki Godeguez Coelho

CROWDFUNDING
NATUREZA E REGIME JURÍDICO
© Almedina, 2018

AUTOR: Caio Sasaki Godeguez Coelho
DIAGRAMAÇÃO: Almedina
DESIGN DE CAPA: FBA
ISBN: 978-85-8493-269-6

Dados Internacionais de Catalogação na Publicação (CIP)
(Câmara Brasileira do Livro, SP, Brasil)

Coelho, Caio Sasaki Godeguez
Crowdfunding : natureza e regime jurídico / Caio Sasaki Godeguez Coelho. -- São Paulo : Almedina, 2018.

Bibliografia.
ISBN 978-85-8493-269-6

1. Controle eletrônico 2. Crowdfunding 3. Financiamento coletivo 4. Internet (Rede de computadores) - Leis e legislação 5. Recursos financeiros 6. Responsabilidade (Direito) I. Título.

18-13301	CDU-34:681.324

Índices para catálogo sistemático:

1. Crowdfunding : Aspectos jurídicos : Direito 34:681.324

Este livro segue as regras do novo Acordo Ortográfico da Língua Portuguesa (1990).

Todos os direitos reservados. Nenhuma parte deste livro, protegido por copyright, pode ser reproduzida, armazenada ou transmitida de alguma forma ou por algum meio, seja eletrônico ou mecânico, inclusive fotocópia, gravação ou qualquer sistema de armazenagem de informações, sem a permissão expressa e por escrito da editora.

Abril, 2018

EDITORA: Almedina Brasil
Rua José Maria Lisboa, 860, Conj. 131 e 132, Jardim Paulista | 01423-001 São Paulo | Brasil
editora@almedina.com.br
www.almedina.com.br

À Tihaya, esposa *amada e companheira*.

AGRADECIMENTOS

Embora seja comumente visto como resultado de esforço individual, trabalhos acadêmicos são somente tornados possíveis com a ajuda das mais diversas pessoas: professores, família e amigos. Os primeiros oferecem apoio técnico e uma vasta experiência profissional e acadêmica, que contribui de forma inestimável desde o momento da formulação de um tema, até a finalização de uma dissertação ou de uma tese. A família e os amigos, por sua vez, dão o apoio moral e o carinho necessários nos inevitáveis momentos difíceis da elaboração de uma pesquisa. Não é incomum que esses três grupos de relacionamento se confundam entre si na jornada da elaboração de uma monografia, tornando-se professores verdadeiros amigos e amigos verdadeiros familiares. É com esse espírito que agradeço a todos aqueles que contribuíram com a elaboração dessa dissertação.

Assim, agradeço ao meu orientador, Francisco Paulo De Crescenzo Marino, que desde o terceiro ano de minha graduação contribui para o meu crescimento acadêmico, tendo orientado minha iniciação científica, meu trabalho de conclusão de curso e, finalmente, a presente dissertação com valiosas contribuições, mesmo com sua apertada agenda profissional e familiar.

Agradeço aos Professores Claudio Luiz Bueno de Godoy e Cristiano de Sousa Zanetti por suas preciosas considerações feitas no exame de qualificação, apreciadas e recepcionadas nesta dissertação.

Agradeço aos meus parceiros de pós-graduação, Osny Filho, Pedro Serpa e Giovana Benetti, que compartilharam as alegrias, os trabalhos e as aflições dessa fase acadêmica.

Agradeço com especial carinho à minha esposa, Tihaya Sasaki Coelho, que desde de 2012 divide comigo cada momento de sua vida. O casamento é o compartilhamento de uma vida, de razões e emoções, dos mais intensos sentimentos, que somente se faz possível com o encontro de uma parceira que compreenda ou, no mínimo, deseje compreender esse tão complexo ser que somos. Tive a sorte de encontrar em minha esposa essa parceira, fazendo com que o meu casamento tenha sido um dos mais marcantes momentos e uma das melhores decisões de minha vida.

Agradeço também à minha família, Margareth, Sergio, Bruno e Franz, cujo apoio foi imprescindível e sempre presente não só para a elaboração dessa dissertação, mas também desde o começo de minha história.

Agradeço ainda aos meus sogros, Cecília de Camargo e Mamoru Sasaki, os novos pais que tive a sorte de ganhar de brinde com o meu casamento.

Agradeço ao Departamento Jurídico XI de Agosto, na figura de seus estagiários, diretores, advogados e funcionários, que desde meus tempos de graduação contribuem para o meu crescimento profissional e pessoal. Agradeço em especial ao André Luis Bergamaschi e à Fernanda Tartuce, experientes pesquisadores que me deram oportunidades e ajuda durante todo o decorrer do mestrado.

Por fim, agradeço a todos os meus amigos, além daqueles acima citados, que estiveram e ainda estão presentes diariamente em minha vida.

LISTA DE FIGURAS

Figura 1 – Relações jurídicas em um *crowdfunding* 64

SUMÁRIO

Agradecimentos 7
Lista de figuras 9

Introdução 13

1. *Crowdfunding* e a necessidade de diversificação de investimentos 15
1.1. Conceito de *crowdfunding* 15
1.2. Modelos de *crowdfunding* 25
1.3. *Crowdfunding* e a convergência de interesses 36
1.4. Regulação do *crowdfunding* pelo direito estadunidense 46
1.5. *Crowdfunding* no Brasil 59

2. Natureza jurídica do *crowdfunding* 63
2.1. Natureza jurídica da relação entre apoiadores e autores de projetos 65
    2.1.1. *Crowdfunding*: sistema de doação 66
    2.1.2. *Crowdfunding*: sistema de recompensas 85
    2.1.3. *Crowdfunding*: sistema de pré-venda 92
    2.1.4. *Crowdfunding*: sistema de empréstimo 100
    2.1.5. *Crowdfunding*: sistema de valores mobiliários 113
2.2. Natureza jurídica da relação entre plataformas de *crowdfunding*
e apoiadores de projetos 116
2.3. Natureza jurídica da relação entre plataformas de *crowdfunding*
e autores de projetos 126

3. Regime jurídico do *crowdfunding* no Brasil 131
3.1. *Crowdfunding* pelo sistema de recompensas e compra e venda:
contratos mistos e negócios indiretos 131
3.2. Termos e condições suspensivas no *crowdfunding* 139

3.3. *Crowdfunding* e contratação eletrônica..147
3.4. Responsabilidade civil da plataforma de *crowdfunding*: aplicabilidade do Código de Defesa do Consumidor 157
    3.4.1. Responsabilização da plataforma de *crowdfunding* em relação aos apoiadores de projetos 160
    3.4.2. Responsabilização da plataforma de *crowdfunding* em relação aos autores de projeto 175
3.5. Responsabilidade do autor do projeto..179
3.6. *Crowdfunding* como estrutura coligada de contratos............................ 185

Conclusão.. 195
Referências 199

INTRODUÇÃO

A massificação da internet permitiu que novas ferramentas fossem se desenvolvendo, ferramentas essas que alteraram substancialmente a forma como a sociedade interage social e economicamente. Gradativamente são criadas alternativas criativas e sustentáveis para problemas que anteriormente pareciam sem solução.

O financiamento coletivo – *crowdfunding* – surgiu e se populariza exatamente nesse sentido, como uma forma alternativa de angariação de recursos para projetos pessoais e profissionais. Isolados do mercado tradicional de financiamento, que gira principalmente ao redor de bancos e grandes fundos de investimento, indivíduos e *startups* eram impossibilitados de concretizar suas ideias que, muitas vezes, embora criativas e inovadoras, não convenciam o mercado financeiro em razão de seu nenhum ou baixo retorno.

O *crowdfunding* consiste, basicamente, numa estratégia de angariação de recursos a partir de contribuições de valores baixos feitas por um número relativamente grande de pessoas. Ele se proliferou principalmente por meio de alguns sites na internet que oferecem a possibilidade de que indivíduos ou empresas cadastrem seus projetos, aos quais é dada publicidade. Nesse mesmo site é aberto espaço para que potenciais apoiadores possam buscar ideias com as quais se identifiquem e realizar contribuições, geralmente de pequena monta.

Bastante popular nos Estados Unidos da América, país em que já há regulação específica para essa figura, o *crowdfunding* começou a chegar ao Brasil a partir do surgimento de plataformas voltadas a essa finalidade. Embora ainda não haja pesquisas que indiquem, o financiamento coletivo cresceu em importância no país, com projetos e plataformas sendo anunciados inclusive nos meios tradicionais de comunicação.

Esse crescimento, aliado à ausência de regulação e estudos sobre o tema, trazem incertezas jurídicas a todas as partes envolvidas num financiamento coletivo pela internet – plataforma de *crowdfunding*, autores e apoiadores de projetos –, que não sabem ao certo seus direitos e os deveres aos quais se obrigam.

Nesse sentido, a presente dissertação tem por objetivo o exame do *crowdfunding* e a determinação da natureza jurídica da estrutura contratual que o embasa, assim como o regime jurídico a ela aplicável. Para isso, é fundamental que, de antemão, se analise a figura num dos países em que ela é mais popular e que concentra quase a totalidade de estudos sobre o tema, qual seja, o Estados Unidos da América. A partir do estudo da figura nesse país, será possível que se entenda como o *crowdfunding* tem sido utilizado no Brasil para que, então, se compreendam as estruturas jurídicas do financiamento coletivo pela internet.

Pretende-se que com a elucidação da estrutura jurídica contida no *crowdfunding* cessem as incertezas que eventualmente possam desincentivar que autores busquem recursos por meio de financiamento coletivo para suas ideias e que apoiadores colaborem com projetos de seu interesse. Com isso, espera-se que cada vez mais ideias inovadoras, que não sejam necessariamente atrativas a investidores tradicionais, como instituições financeiras por exemplo, possam ser realizadas, democratizando investimentos em benefício não só dos autores, mas da sociedade em geral.

1. *Crowdfunding* e a necessidade de diversificação de investimentos

O presente capítulo visa a esboçar o conceito, sob a perspectiva jurídica, e as utilizações de uma nova ferramenta para o financiamento de projetos, chamada *crowdfunding*. Para tanto, será delimitado o conceito de *crowdfunding*, esclarecendo seus atributos e estabelecendo sua diferença relativa a outras figuras aparentemente análogas. Após, serão abordadas as formas pelas quais o *crowdfunding* é utilizado no mundo para, então, explicar o porquê de o *crowdfunding* ser considerado uma alternativa eficaz às fontes tradicionais de financiamento. Por fim, serão abordadas as dificuldades enfrentadas pelo ordenamento jurídico estadunidense com relação ao *crowdfunding*. Destaque-se que, embora o *crowdfunding* seja utilizado em vários países do mundo, houve uma opção pelo estudo dessa forma de financiamento nos Estados Unidos da América pois, além de existirem diversos estudos sobre como ele se desenvolveu nesse país, ali já existe regulamentação específica para a figura em análise.

1.1. Conceito de *crowdfunding*

O conceito de *crowdfunding*[1] é de difícil delimitação, talvez por conta da complexidade intrínseca das novas tecnologias oferecidas em nossa

---

[1] Crowdfunding pode ser traduzido para o português como "financiamento coletivo". Financiamento aqui não deve ser entendido como aqueles contratos, geralmente bancários, por meio dos quais se empresta dinheiro a determinado indivíduo para que ele consiga adquirir algum bem, ou fechar algum negócio, tendo como contraprestação o pagamento

sociedade pós-moderna. Essa dificuldade de conceituação é ainda mais agravada pelo fato de que esta ferramenta é geralmente utilizada através da internet, ambiente cuja inerente dinamicidade imprime grande velocidade às mudanças dos próprios fenômenos nela encontrados.

De qualquer forma, a fim de facilitar a compreensão introdutória acerca do que é *crowdfunding*, ele será inicialmente caracterizado como os esforços de empreendedores individuais e de grupos – principalmente culturais, sociais e focados em inovação, com ou sem fins lucrativos – para financiar seus empreendimentos, conseguindo contribuições relativamente pequenas de um número relativamente grande de indivíduos, sem a utilização do intermediário financeiro padrão[2].

Em primeiro lugar, a partir de uma análise preliminar desta caracterização, é fácil se constatar que *crowdfunding* não consiste propriamente em uma figura jurídica, senão em um fenômeno social. Trata-se de uma nova forma de captação de recursos que vem ganhando espaço principalmente dentre aqueles que não têm acesso às formas tradicionais de financiamento, tais como empréstimo bancário ou investimento direto.

Assim, por não ter acesso a outras formas de financiamento e a fim de captarem os recursos necessários para viabilizar um projeto, em vez de recorrerem a um investidor ou financiador individual, os indivíduos buscam fundos na "multidão", ou seja, através de pequenos investimentos ou doações feitos por um número elevado de pessoas. Esse processo de busca de dinheiro na "multidão" geralmente concretiza-se da seguinte forma: determinado indivíduo tem alguma ideia, projeto ou empreendimento e deseja executá-lo. Entretanto, sua execução depende de recursos financeiros. O idealizador do projeto, então, divulga-o na internet, geralmente através de um portal[3] específico para tanto. A partir disso, o projeto fica disponível

---

de juros e correção monetária. Esse "financiamento coletivo" reporta-se ao financiamento em sua forma mais ampla, caracterizando-se como a captação de dinheiro para a realização de algum projeto, seja essa captação viabilizada na forma de empréstimo, doação ou investimento. Pelo fato de as nomenclaturas *crowdfunding* e financiamento coletivo já estarem em uso no Brasil, serão utilizadas ambas as formas terminológicas.

[2] MOLLICK, Ethan. The dynamics of crowdfunding: an explanatory study. **Journal of Business Venturing**, v. 29, n. 1, p. 1-16, 2013, p. 2.

[3] Portais ou plataformas de crowdfunding serão considerados, para a finalidade do presente trabalho, como páginas da internet ou, mais especificamente, como provedores de conteúdo especializados em disponibilizarem na rede mundial projetos que requerem financiamento através de crowdfunding.

para consulta dos internautas, os quais podem optar por apoiar o idealizador e contribuir com pequenas quantias de dinheiro para sua viabilização. Esta contribuição pode vir sob a forma de doação, empréstimo ou até mesmo investimento com expectativa de retorno e, a partir das contribuições financeiras feitas por eles, possibilita-se que o projeto se concretize.

A utilização de uma plataforma de *crowdfunding* não é obrigatória, embora seja bastante comum, existindo diversos sites especializados nessa forma de captação de recursos[4]. Entretanto, é importante que se deixe claro que existem formas de *crowdfunding* que não utilizam a internet para alcançar grande número de pessoas. É o caso, por exemplo, das campanhas televisivas que visam à captação de recursos voltada a algum projeto, geralmente com finalidade filantrópica, tais como o Criança Esperança[5] e o Teleton[6]. Como a internet não consiste na única ferramenta apta a viabilizar a captação de recursos via *crowdfunding*, a sua utilização não é determinante para o financiamento coletivo e, portanto, não pode ser parte integrante de seu conceito. Assim, o *crowdfunding* consiste num fenômeno que, diante de sua necessidade de alcançar um vasto número de pessoas, utiliza-se de ferramentas que permitem a publicidade massificada, tais como a internet.

---

[4] Entre os inúmeros sites especializados em Crowdfunding, podemos destacar: *Kiva* (disponível em: <http://www.kiva.org>.), *Kickstarter* (disponível em: <http://www.kickstarter.com>), *Indiegogo* (disponível em: <http://www.indiegogo.com>), *Crowdfunder* (disponível em: <http://www.crowdfunder.com>). Dentre os sites brasileiros, podem-se destacar: *Catarse* (disponível em: <https://www.catarse.me>), *Kickante* (disponível em: <http://www.kickante.com.br>), dentre outros.

[5] "(...) Durante dois meses, toda a programação da Globo se une para apresentar temas relacionados à campanha, produzindo reportagens e quadros especiais, além de campanha específica, com o objetivo de prestar contas sobre a aplicação dos recursos arrecadados. Há 30 anos o Criança Esperança cria oportunidades de desenvolvimento para crianças, adolescentes e jovens. Até aqui, mais de R$ 290 milhões em doações foram investidos no Brasil em mais de 5 mil projetos sociais, beneficiando mais de 4 milhões de crianças e adolescentes em todo país.". REDE GLOBO. **Campanha Criança Esperança**: mobilização pelos direitos da infância e juventude brasileira. Rio de Janeiro: 2011. Disponível em: <http://redeglobo.globo.com/criancaesperanca/noticia/2011/06/campanha-crianca-esperanca.html>. Acesso em: 29 mar. 2014.

[6] "Com o objetivo de ampliar a quantidade de atendimentos, que até 1998 eram centralizados na unidade de São Paulo, a AACD criou o Teleton, uma maratona televisiva que busca conscientizar a população a respeito das possibilidades de um deficiente físico, gerando grande mobilização social. Além de prestar contas das atividades realizadas pela entidade, é uma das principais ferramentas de captação de recursos da instituição." AACD. **Teleton**. São Paulo. Disponível em: <http://www.aacd.org.br/teleton.aspx>. Acesso em: 29 mar. 2014.

Crowdfunding, na verdade, é algo mais genérico do que uma ferramenta. SIGAR, por exemplo, define esse fenômeno como uma estratégia de angariação de recursos, em que se reúne capital, tipicamente em pequenas quantias, de um grande grupo de pessoas[7]. A definição da autora traça o *crowdfunding* como uma estratégia, que poderá ser efetivada a partir de diversas formas, com ou sem a utilização da internet. A definição de *crowdfunding* como estratégia, portanto, é mais acertada, pois não limita esse fenômeno à utilização de ferramentas, as quais não passam de instrumentos para que o financiamento coletivo tenha sucesso. Destaca a autora que "além dos projetos individuais ou empresas que angariam capital através de *crowdfunding*, existem sites da internet que facilitam o uso de *crowdfunding* como uma estratégia de formação de capital"[8]. Ou seja, empresas ou indivíduos podem recorrer ao financiamento coletivo, utilizando-se de sua própria rede de contatos, de propagandas publicitárias, televisivas ou não, ou, é claro, da internet, muito embora as formas atuais mais utilizadas de *crowdfunding* sejam com a utilização de plataformas especializadas nessa forma de financiamento.

A fim de que se entenda melhor o fenômeno do *crowdfunding*, é importante ter-se em mente de que forma ele foi originado. A ideia do *crowdfunding*, segundo BRADFORD, surge a partir de dois outros fenômenos, quais sejam, o microfinanciamento e o *crowdsourcing*[9]. Entretanto, embora tenha sido inspirado nessas duas outras figuras, o *crowdfunding* representa uma categoria única e própria de angariação de fundos[10], havendo diferenças essenciais entre eles.

O conceito de microfinanciamento é relativamente simples, consistindo ele no empréstimo de quantias muito pequenas de dinheiro, tipicamente para mutuários pobres[11]. Esse empréstimo pode ser feito por instituições bancárias ou por empresas especializadas nesse tipo de financiamento. O microfinanciamento se aproxima do *crowdfunding*, pois, em ambos, o financiamento ocorre a partir de pequenas quantias de dinheiro dadas

---

[7] SIGAR, Karina. Fret no more: inapplicability of crowdfunding concerns in the internet age and the JOBS Act's safeguards. **Administrative Law Review**, v. 64, n. 2, p. 473-506, 2012, p. 4.
[8] Idem, ibidem.
[9] BRADFORD, C. Steven. Crowdfunding and the federal securities law. **Columbia Business Law Review**, v. 2012, p. 1-150, 2012, p. 27.
[10] MOLLICK, Ethan, ob. cit., p. 2.
[11] BRADFORD, C. Steven, ob. cit., p. 28.

a determinado indivíduo ou empreendimento que necessite de capital. Diferenciam-se, por outro lado, pois se no microfinanciamento aquele que oferece o capital é uma instituição bancária, uma empresa ou um indivíduo com capital a dispor, no *crowdfunding* o capital do qual necessita uma ideia ou empreendimento é angariado através de um vasto número de pequenas contribuições, geralmente feitas por um grande número de indivíduos. Conforme se verá adiante, é possível que essa grande quantidade de contribuições some, ao final, um alto valor total.

O *crowdsourcing*[12], por sua vez, é um "modelo de negócio em que se angaria a inteligência da coletividade e a criatividade da multidão"[13]. Trata-se de uma forma inovadora de trabalho, por meio da qual vários indivíduos são convidados a participar e efetivamente participam de um projeto aberto ao público, colaborando com seu desenvolvimento.

Segundo CELLA, as empresas utilizam-se do *crowdsourcing* disponibilizando na internet uma necessidade interna, que pode ser relativa a um problema, produto ou processo, estabelecendo condições para o recebimento de propostas de melhoria, tal como prazos[14].

Diante desta chamada pública disponibilizada na internet, os indivíduos podem dispor-se a colaborar com a construção do projeto. Segundo KLEEMANN ET AL., a participação desses indivíduos no *crowdsourcing* acontece por motivos intrínsecos ou extrínsecos. A motivação extrínseca consiste em uma "recompensa" externa, que pode ser, por exemplo, o reconhecimento pelo serviço prestado ou o desejo de busca de interesses comuns[15]. A motivação intrínseca caracteriza-se, em contraposição a esses

---

[12] O termo *crowdsourcing* é derivado da palavra *"outsourcing"*, que em tradução livre significa "terceirização". Assim, *crowdsourcing* em tradução literal, significaria "terceirização da multidão". Da mesma forma como ocorre com o termo *crowdfunding*, o vocábulo *crowdsourcing* é amplamente difundido, preferindo-se sua utilização no original.

[13] BANKER, Rishin. **A look at crowdfunding: an emerging trend that threatens to displace traditional financial intermediates**. Trabalho de Estágio (Bacharelado em Finance) – Pennsylvania State University, Pennsylvania, 2011, p. 4.

[14] CELLA, Silvana Machado. **Aspectos da inovação e o direito do trabalho**. Tese (Doutorado em Direito do Trabalho) – Pontifícia Universidade Católica de São Paulo, São Paulo, 2012, p. 145.

[15] "Extrinsisch motiviert ist eine Person, die eine Tätigkeit ausführt, um irgendeine Form von äußerlicher „Belohnung" zu erhalten. Für arbeitende Konsumenten können das etwa berufliche Vorteile sein, die Anerkennung für die erbrachte Leistung oder der Wunsch mit anderen gemeinsame Ziele zu verfolgen.". KLEEMANN, Franz; RIEDER, Kerstin;

fatores, pelo fato de que a tarefa é realizada para seu próprio bem, ou, em outras palavras: pelo fato de ser divertida[16].

Quando se está diante de uma empresa que se utiliza de *crowdsourcing* para viabilizar algum de seus projetos, busca-se a força de trabalho em potenciais ou efetivos consumidores do produto ou do projeto em desenvolvimento. Conforme será abordado nos capítulos subsequentes, através de algumas formas de *crowdfunding* também se buscam recursos em potenciais consumidores dos resultados finais do projeto objeto da captação.

Os autores definem esses consumidores que colaboram com o projeto como consumidores-trabalhadores[17] a partir de três grandes características. Em primeiro lugar, apontam a utilização de sua atividade produtiva pelos autores dos projetos de *crowdsourcing*, que a usam como meio de criação de força de trabalho. Em segundo lugar, destaca que os benefícios gerados por esta força de trabalho têm valor de troca, sendo, portanto, também fonte de valor econômico. Por fim, assinala que os consumidores-trabalhadores são integrados sistematicamente em organizações e suas ações são sujeitas ao controle de gestão. Isso os tornaria, em certo sentido, empregados informais[18].

Portanto, *crowdsourcing* consiste em uma forma colaborativa de construção de projetos, geralmente utilizado por empresas que pretendem utilizar-se dos conhecimentos técnicos específicos sem que tenha que promover vultuosos investimentos para tanto, como, por exemplo, aqueles vinculados às verbas trabalhistas e locomoção de empregados ou prestadores de serviço[19].

VOß, Günter. Crowdsourcing und der Arbeitende Konsument. **Sozialwissenchaftlicher Fachinformationsdienst soFid, Industrie- und Betriebssoziologie**, n. 1, p. 9-23, 2009. Disponível em: <http://nbn-resolving.de/urn:nbn:de:0168-ssoar-202223>. Acesso em: 15 fev. 2014, p. 16.

[16] "Intrinsische Motivation zeichnet sich im Unterschied zu diesen Faktoren dadurch aus, dass die Tätigkeit um ihrer selbst willen getan wird oder anders formuliert: dass sie Spaß macht". Idem, p. 16-17.

[17] KLEEMANN ET AL. utiliza-se da expressão "arbeitende Konsumenten" para designar os consumidores que tomam parte em projetos de *crowdsourcing*. A nomenclatura "consumidores- -trabalhadores" é tradução livre desta expressão.

[18] KLEEMANN, Franz; RIEDER Kerstin; VOß, Günter., ob cit, p. 12.

[19] Nesse sentido, CELLA, Silvana Machado, ob. cit.. A autora traz uma abordagem trabalhista para a questão, analisando a aplicabilidade ou não da Consolidação das Leis do Trabalho para projetos realizados por meio de *crowdsourcing*.

Essas características do *crowdsourcing* deixam claro o porquê de este fenômeno ser considerado o pai do *crowdfunding*. Ambos os fenômenos se aproximam pelo fato de que buscam recursos na "multidão" para viabilizar determinados projetos, tendo o *crowdsourcing* como objetivo a reunião de força de trabalho e conhecimento técnico, ao passo que o *crowdfunding* visa à angariação de capital para tanto.

Se por um lado o *crowdsourcing* aproxima-se do *crowdfunding* na forma como se buscam recursos, por outro se diferencia justamente com relação aos recursos almejados. As próprias características trazidas por KLEEMANN, já expostas, permitem que se tracem suas diferenças. Com relação à primeira, através do *crowdfunding* quer-se angariar capital para a viabilização do projeto, em vez de buscar-se força de trabalho. Com relação à segunda, enquanto no *crowdsourcing* o trabalho é utilizado como valor de troca, dando aos consumidores-trabalhadores determinadas vantagens relativas aos projetos com os quais colaboram, no *crowdfunding* o capital dado pelos apoiadores é, por si só, o valor a ser utilizado para o recebimento de vantagens.

Por fim, a diferença com relação à terceira característica apresenta grande importância para o estabelecimento da natureza jurídica do *crowdfunding*. No *crowdsourcing* o autor do projeto exerce certos poderes de gestão sobre os apoiadores, ou seja, sobre os consumidores-trabalhadores. No *crowdfunding*, a relação entre o autor do projeto e os apoiadores é quase de total independência. O vínculo entre eles, na verdade, varia a depender da modalidade de *crowdfunding* que se está utilizando, mas, no geral, aos apoiadores do projeto é somente oferecida espécie de retorno, financeiro ou não. Não é dado aos apoiadores o poder de fiscalizar a forma como o projeto é conduzido, embora possam fiscalizar se de fato o projeto está em execução.

Destaque-se que, diferentemente do que apontou BRADFORD, o *crowdsourcing* não pode ser considerado um ancestral do *crowdfunding* sem que se faça uma restrição. Embora não se tenha uma data precisa do surgimento da primeira plataforma de *crowdfunding* ou do primeiro projeto de *crowdsourcing*, sabe-se que ambos os fenômenos se iniciaram a partir da massificação da internet, no final do século XX. Todavia, conforme visto, por tratar-se de uma estratégia de angariação de recursos da multidão, o fenômeno do *crowdfunding* não é encontrado somente na internet, senão também em campanhas televisivas. Essas, geralmente utilizadas para captação de doações, são mais antigas do que a própria internet. No Brasil, por exemplo, o Criança Esperança foi ao ar pela primeira vez em 1986[20], cerca de três anos do surgimento da internet da forma como a conhecemos, em 1989[21].

Assim, o *crowdsourcing* pode ser considerado como um dos ancestrais do *crowdfunding* somente se considerarmos os projetos que buscam financiamento utilizando-se da internet. Caso consideremos o *crowdfunding* em sua totalidade, incluindo os projetos que se utilizam de outros meios para captar recursos, tais como a televisão, podemos considerá-lo anterior ao *crowdsourcing* e à própria internet.

Com base nisso, pode-se perceber que o vocábulo *crowdfunding* é utilizado para identificar dois fenômenos, um mais amplo, outro mais restrito. Em sentido lato, a palavra *crowdfunding* corresponde à estratégia de angariação de recursos da multidão, a partir de pequenas doações, conforme definição de SIGAR. Em sentido estrito, *crowdfunding* indica o fenômeno caracterizado por HEMINWAY ET AL. como aquele que envolve usar uma empresa de negócios baseados na internet para procurar e obter fundos para empreendimentos, utilizando-se de um website para conectar negócios ou projetos, carentes de fundos, com potenciais financiadores[22]. Neste trabalho, será analisado o conceito mais restrito de *crowdfunding*, pois se quer determinar a natureza e regime jurídico da forma pela qual o *crowdfunding* tem sido popularizado no mundo[23].

Destaque-se que alguns autores consideram o *crowdfunding* como sendo um subtipo de *crowdsourcing*, sendo este, portanto, gênero do qual aquele é espécie. É nesse sentido que conclui WOLSON, que define o *crowdfunding*

---

[20] REDE GLOBO, ob. cit..
[21] Segundo MITTAG; SAHLE (1996), o surgimento da *World Wide* Web no *Conseil Européene pour la Recherche Nucléaire* (C.E.R.N.) data de 1989. MITTAG, Jürgen; SAHLE, Patrick. Geschichte und Computer im Internet – Informationsgewinnung zwischen Chaos und Ordnung. **Historical Social Research**, v. 21, p. 126-32, 1996. Disponível em: <http://nbn--resolving.de/urn:nbn:de:0168-ssoar-51015>. Acesso em: 29 mar. 2014, p. 127.
[22] HEMINWAY, Joan MacLeod; HOFFMAN, Shelden Ryan. Proceed at your peril: crowdfunding and the securities act of 1933. **Tennessee Law Review**, v. 78, p. 879-972, 2010-2011, p. 881.
[23] A natureza jurídica da relação entre apoiadores e autores de projetos independe da ferramenta utilizada para a angariação de recursos. Assim, o estudo da relação jurídica entabulada entre autores e apoiadores dos projetos aproveitará tanto ao crowdfunding que se utilize da internet, tanto àquele que busque outras formas de ser efetivado.

como ato de levar algo que antes era realizado por empregados ou assessoria para uma rede indefinida de pessoas, via internet, chamando por ajuda, no caso, para captação de recursos[24]. É de fácil constatação que o autor se utiliza do conceito de *crowdsourcing* para delimitar o que é o *crowdfunding*. Essa posição, contudo, não deve prevalecer.

Em primeiro lugar, deixou-se claro que o vocábulo *crowdfunding* faz referência a dois conceitos distintos. Ao considerar na definição de *crowdfunding* um dos meios pelos quais ele pode ser viabilizado, isto é, via internet, o autor ratifica que se tratam de dois fenômenos distintos. Na medida em que o *crowdfunding* pode e é efetivado por meios que não a internet, pode-se considerá-lo como um fenômeno ainda mais amplo do que o próprio *crowdsourcing*.

Em segundo lugar, mesmo que o autor tenha considerado o *crowdfunding* em seu conceito estrito, ainda assim não se pode enxergá-lo como uma espécie de *crowdsourcing*. Ambos os fenômenos possuem objetivos completamente diferentes: o *crowdfunding* visa à captação de fundos, ao passo que o *crowdsourcing* tem por objetivo a angariação de força de trabalho. Na medida em que os objetivos de cada um desses fenômenos, conforme já visto, compõem sua própria definição, não se pode considerar um como espécie do outro.

Na verdade, tanto o *crowdfunding* quanto o *crowdsourcing* consistem em espécies de um fenômeno comum, que tem como ponto de partida a colaboração da multidão para viabilizar determinado projeto. O primeiro o faz através da angariação de recursos financeiros, com inspiração adicional do microfinanciamento. O segundo, por sua vez, o viabiliza a partir da captação da criatividade, inteligência e força de trabalho da própria multidão, tendo sido inspirado também pelo próprio conceito de terceirização. Assim, ambos são espécies de um novo fenômeno de convergência da multidão para a concretização de ideais, a partir de determinadas contrapartidas oferecidas por aquele que idealizou o próprio projeto.

Tendo em mente essas considerações, entende-se que a melhor definição para *crowdfunding* foi a traçada por BELLEFLAMME ET AL.: "*crowdfunding* envolve uma chamada pública, na maioria dos casos através da internet, para a provisão de recursos financeiros, seja na forma de doação

---

[24] WOLSON, Stephen Manuel. **Crowdsourcing and the law.** Dissertação (Mestre em Science in Information Studies) – Universidade do Texas em Austin, Texas, 2012, p. 35.

ou em troca de um produto futuro ou alguma forma de recompensa ou direitos de votação"[25]. Além de deixar claro que o *crowdfunding* não ocorre unicamente através da internet, abre-se a definição do fenômeno para as possíveis contrapartidas oferecidas pelos autores do projeto.

Prima facie, o *crowdfunding* poderia ser confundido com uma chamada pública de compra de ações. Entretanto, embora exista um modelo específico de *crowdfunding* que adote o sistema de valores mobiliários, o que será mais profundamente analisado adiante, essas ferramentas de captação não podem ser confundidas. Conforme destacou BANKER[26], existem três principais diferenças entre o *crowdfunding* e o mercado público de ações. Em primeiro lugar, o *crowdfunding* minimiza a influência do intermediário entre o investidor e naquilo em que se investe, sendo os investidores diretamente conectados com os empreendedores[27]. Além disso, as espécies de empreendimentos financiados são específicas e cada uma delas escolhe um dentre vários métodos para recompensar os investidores como contrapartida e incentivo ao investimento[28]. Ou seja, diferentemente do que ocorre em investimentos em ações, cuja retorno oferecido ao investidor é a distribuição de lucros, no *crowdfunding* existem outras formas de contrapartidas oferecidas aos apoiadores de projetos, sendo possível, inclusive, que nenhuma contrapartida seja efetivamente oferecida. Por fim, em terceiro lugar, o *crowdfunding* permite o compartilhamento de informações através de plataformas online que operam como comunidades[29].

Por fim, vale destacar que se analisado sob o viés jurídico, o *crowdfunding* se trata de uma estrutura complexa de contratos firmados entre diversas partes – o autor do projeto, os apoiadores do projeto e a plataforma que realiza a aproximação entre eles. Esses contratos viabilizam a captação de recursos através de contribuições de baixo valor feitas por um número relativamente grande de apoiadores, os quais esperam ou não por alguma

---

[25] BELLEFLAMME, Paul; LAMBERT, Thomas; SCHWIENBACHER, Armin. Crowdfunding: tapping the right crowd. **Journal of Business Venturing**, Forthcoming, 2013. Disponível em: <http://ssrn.com/abstract=1578175>. Acesso em 07.02.2014, p. 7. Tradução livre de: "Crowdfunding involves an open call, mostly through the Internet, for the provision of financial resources either in form of donation or in exchange for the future product or some form of reward and/or voting rights.".

[26] BANKER, Rishin, ob. cit., p. 1.

[27] Idem, ibidem.

[28] Idem, ibidem.

[29] Idem, ibidem.

contrapartida como retorno. Na verdade, é justamente o fato de ser ou não oferecido algum retorno aos apoiadores e o tipo da retribuição concedida fazem com que o *crowdfunding* possa consubstanciar-se em contratos de diferentes naturezas jurídicas.

1.2. Modelos de *crowdfunding*

O *crowdfunding* entendido como aquela estratégia de captação de recursos assume diversas formatações de negócio, que, por conseguinte, consubstanciam-se em diferentes estruturas contratuais. No geral, os modelos de *crowdfunding* diferenciam-se entre si no que tange à forma de atração dos apoiadores do projeto. Cada modelo de *crowdfunding* oferece suas próprias contrapartidas para que os indivíduos façam suas contribuições para o projeto. Assim, se por um lado o *crowdfunding* consiste em um fenômeno que pode ser considerado globalmente homogêneo, por outro varia com relação às contrapartidas oferecidas aos apoiadores.

Os modelos de *crowdfunding* variam com relação ao tamanho do investimento, aos temas adotados, à duração dos projetos, à estrutura de taxas, caso existentes, de forma que ele se manifesta em uma variedade de diferentes modelos de negócio"[30]. Todas essas diferenças, contudo, não afetam a natureza jurídica do *crowdfunding*, senão somente o conteúdo do projeto que se está financiando, não tendo, portanto, relevância para o presente trabalho.

Porém, existe uma diferença entre as diversas formas de *crowdfunding* que se mostra juridicamente relevante: a forma pela qual os autores dos projetos desejam "recompensar" seus apoiadores. Isso ocorre porque a contrapartida oferecida pelos autores de projetos pode efetivamente alterar a natureza jurídica da relação estabelecida entre eles e os apoiadores. Por esse motivo, serão analisadas alguns dos principais modelos pelos quais o *crowdfunding* é efetivado. Dentre eles, podem ser destacados quatro: (i) sistema de doações; (ii) sistema de recompensa; (iii) sistema de empréstimo; e (iv) sistema de valores mobiliários. Embora existam outros modelos intermediários, esses quatro modelos serão abordados por serem

---

[30] BANKER, Rishin, ob. cit., p. 4.

encontrados com grande frequência nas plataformas nacionais e internacionais de *crowdfunding*.

O primeiro modelo a ser analisado é o de doações, que, conforme o próprio nome destaca, consiste na angariação de recursos através de doações de pequena monta por parte de cada um dos apoiadores. Nesse caso, os doadores oferecem seu dinheiro sem receber ou esperar receber qualquer bem material ou imaterial em retorno[31].

Embora BRADFORD destaque que essa modalidade de *crowdfunding* possa ser usada para projetos com ou sem finalidade lucrativa[32], no geral, é utilizada por organizações sem fins lucrativos, tais como partidos políticos ou entidades filantrópicas, para angariação de recursos. Podem ser apontados como grandes exemplos dessa modalidade de *crowdfunding* os já citados programas Criança Esperança e Teleton. Como exemplo internacional de especial relevância, pode ser destacada a campanha eleitoral de Barack Obama, que logrou angariar US$ 750 milhões de 2 milhões de doadores, em apenas 21 meses. Nesse exemplo 80% das doações foram abaixo de US$ 800,00[33] e, dessas, a grande maioria abaixo de US$ 200,00[34]. Por fim, também consistiu em *crowdfunding* o exemplo do ex-ministro José Dirceu, que depois de dez dias de campanha conseguiu arrecadar mais de R$ 1 milhão para pagar a multa a ele imposta por conta de sua condenação na ação penal 470 do Supremo Tribunal Federal[35].

Destaque-se, por fim, que as plataformas de *crowdfunding* que oferecem exclusivamente projetos que visam à angariação de recursos por meio de doações são raras. No geral, os sites de *crowdfunding* que oferecem a modalidade de pré-venda ou recompensas possuem, dentre seus projetos, aqueles voltados para as doações[36]. Além disso, conforme visto, é comum a existência de projetos mistos, que embora tenham como principal foco

---

[31] WOLSON, Stephen Manuel, ob. cit., p. 39.
[32] BRADFORD, C. Steven, ob. cit., p. 15.
[33] BRADFORD, C. Steven, ob. cit., p. 15.
[34] ZHANG, Yi. **An empirical study into the field of crowdfunding.** Tese de Mestrado (Mestrado em accounting e auditing) – School of Economics and Management of Lund University, Carolina do Norte, 2012.
[35] REDE GLOBO. **Dirceu arrecada mais de R$ 1 milhão para pagar multa do mensalão.** Rio de Janeiro: 2014. Disponível em: <http://g1.globo.com/politica/noticia/2014/02/dirceu-arrecada-mais-de-r-1-milhao-para-pagar-multa-do-mensalao.html>. Acesso em: 02 mai. 2014.
[36] BRADFORD, C. Steven, ob. cit., p. 15. O autor destaca como exemplo de plataforma que oferece projetos que buscam fundos por meio de doações o site www.globalgiving.org.

o oferecimento de contrapartidas aos apoiadores, não oferecem contrapartidas às contribuições de menor valor.

Categorizado como um segundo modelo de *crowdfunding*, o sistema de recompensas é o mais comum nas plataformas de financiamento coletivo. Por meio desse modelo, oferece-se algum tipo de incentivo extrínseco como forma de contrapartida. Os incentivos encorajam que seja dado dinheiro ao projeto e, no geral, consubstanciam-se em contrapartidas materiais. As recompensas oferecidas podem assumir qualquer forma, tais como com cartas, autógrafos do autor do projeto ou de personalidades, dentre outros[37]. As recompensas podem variar e, no geral, de fato variam, a depender da quantia ofertada pelo apoiador: quanto maior a contribuição, maior a contrapartida.

BANKER[38] destaca duas vantagens principais que incentivam a utilização desse modelo de financiamento coletivo. Em primeiro lugar, a plataforma que disponibiliza os projetos age simplesmente como incentivador de uma troca de bens, em vez de a disponibilização capital para o projeto ser considerada como um investimento. Conforme se verá adiante, isso seria uma grande vantagem pelo fato de que, nesse caso, evitam-se problemas regulatórios atrelados à negociação de valores mobiliários. Como a troca de bens (dinheiro por alguma recompensa) não pode ser considerada como um investimento, não estaria, portanto, à mercê das normas reguladoras desse tipo transação, as quais são, como não poderiam deixar de ser, bastante rígidas.

Em segundo lugar, aponta o autor como vantagem do modelo de recompensas o fato de que por meio dele se consegue capturar a criatividade, que é talvez um dos grandes diferenciais quando se está diante de projetos financiados através de *crowdfunding*. Como o autor do projeto somente se compromete a entregar ao apoiador algum tipo de recompensa, aquele não estaria adstrito a qualquer regra imposta por este.

Por outro lado, BANKER[39] aponta como desvantagem dessa forma de financiamento o fato de que, no geral, é disponibilizada uma quantidade elevadíssima de projetos que oferecem recompensas como contrapartida,

---

[37] WOLSON, Stephen Manuel, ob. cit., p. 40.
[38] BANKER, Rishin, ob. cit., p. 11-13.
[39] BANKER, Rishin, ob. cit., p. 13.

o que dificulta bastante aos apoiadores encontrarem projetos que, em sua concepção, mereçam seu capital.

Vale aqui ressaltar que alguns autores diferenciam o sistema de recompensas do chamado de sistema de pré-venda. BRADFORD, por exemplo, entende que pelo sistema de recompensa o apoiador recebe algo que pode ser de pequeno valor agregado, tal como um chaveiro, ou algo com uma certa propriedade distintiva, como o nome do apoiador nos créditos de um filme[40]. No sistema de pré-venda, da mesma forma como ocorre no de recompensas, o apoiador não recebe qualquer benefício financeiro, tal como juros, dividendos, ou parcelas do lucro do projeto apoiado. Os apoiadores também recebem como contrapartida um bem material, mas que, nesse caso, consiste especificamente no produto que o autor do projeto deseja produzir ou concretizar[41].

O sistema de pré-venda geralmente funciona da seguinte forma: os consumidores são convidados a efetuar uma pré-compra daquele produto objeto do projeto a ser financiado. O autor do projeto somente lança o produto caso o valor das pré-vendas atinja um valor mínimo estipulado por ele. Este valor mínimo consiste na quantia mínima necessária para que produto seja produzido, já inclusa, no geral, uma margem de lucro para o autor do projeto. Os apoiadores são estimulados a efetuar essa compra porque, nesse momento, o valor que eles oferecem ao autor do projeto é menor do que o preço a ser pago pelo produto, pelos consumidores, se ele vier a ser lançado no mercado[42].

Dessa forma, o sistema de pré-venda é comumente escolhido pelos autores de projeto, pois por meio desse modelo consegue-se oferecer à comunidade que participa do *crowdfunding* um benefício atrativo, qual seja, o menor preço[43]. Destaque-se que os empreendedores tendem a preferir o modelo de pré-venda quando o capital inicial necessário para a concretização do projeto é relativamente pequeno e outros mecanismos, como por

---

[40] Idem, p. 16.
[41] O autor traz dois exemplos de plataformas de crowdfunding que oferecem o sistema de pré-venda, assim como o sistema de recompensa; *KickStarter* e *Indiegogo*. Na verdade, esses dois modelos de crowdfunding são os mais comuns e, salvo em plataformas que se especializam e um único tipo de financiamento coletivo, ambos aparecem em quase todos os sites de crowdfunding.
[42] BELLEFLAMME, Paul; LAMBERT, Thomas; SCHWIENBACHER, Armin, ob. cit., p. 3.
[43] BELLEFLAMME, Paul; LAMBERT, Thomas; SCHWIENBACHER, Armin, ob. cit., p. 4.

exemplo o de divisão de lucro, que será visto adiante, quando se necessita de quantias elevadas de capital[44].

Pela própria natureza desses dois modelos de *crowdfunding*, não se entende que consistam em formas diferentes de angariação de recursos. Na verdade, no sistema pré-venda a recompensa seria justamente aquilo que se está financiando[45]. Portanto, o sistema de pré-venda consiste simplesmente em um submodelo do sistema de recompensa, diferenciando-se desse unicamente com relação a qual a recompensa será oferecida ao apoiador

Como terceiro modelo de *crowdfunding* mais encontrado nas plataformas desse tipo de financiamento, tem-se o sistema de empréstimo. Por esse sistema os apoiadores efetuam um mútuo com os autores de projetos, para que estes possam colocar suas ideias em prática. Essa modalidade de empréstimo também é conhecida como *peer-to-peer*[46], ou seja, empréstimo de indivíduo a indivíduo[47]. Segundo BRADFORD, somente em algumas plataformas os apoiadores recebem juros como contrapartida a seu empréstimo, de forma que, no geral, os apoiadores esperam receber de volta tão somente o principal emprestado ao autor do projeto[48]. Por exemplo, na já citada plataforma *Kiva*, existe a modalidade pela qual caso o autor do projeto consiga concretizar sua ideia, ele deverá devolver aos mutuantes somente o valor mutuado, sem a cobrança de juros[49]. Existem plataformas, por outro lado, *Prosper*[50] e *Lending Club*[51], em que há expectativa, por parte

---

[44] Idem, p. 3.
[45] WOLSON, Stephen Manuel, ob. cit., p. 40.
[46] BRADFORD, C. Steven, ob. cit., p. 20.
[47] "Pelo termo *"peer-to-peer"* (P2P) é concebida a ideia pela qual indivíduos iguais tornam acessíveis mutuamente, em uma conexão, recursos tais como informação, tempo de processamento de CPU, memória e banda de internet, processos colaborativos realizados sob a renúncia de instâncias de coordenação central.". FISCHBACH, Kai; SCHODER, Detlef. Die Bedeutung von Peer-to-Peer-Technologien für das Electronic Business. **Handbuch Electronic Business**, Gaber Verlag, p. 99-115, 2002, p. 101. Tradução livre de: „Mit dem Begriff Peer-to-Peer (P2P) ist die Vorstellung verbunden, dass in einem Verbund Gleichberechtigter („Peers"), die sich wechselseitig Ressourcen wie Informationen, CPU-Laufzeiten, Speicher und Bandbreite zugänglich machen, kollaborative Prozesse unter Verzicht auf zentrale Koordinationsinstanzen durchgeführt werden.".
[48] BRADFORD, C. Steven, ob. cit., p. 20.
[49] Idem, p. 20-21.
[50] Idem, ibidem.
[51] Disponível em: <http://www.lendingclub.com>. Acesso em: 07 mai. 2014.

dos apoiadores, de receber-se retorno financeiro pelo empréstimo, ou seja, espera-se receber de volta juros além do principal mutuado[52].

É interessante notar que a estrutura de funcionamento do *crowdfunding* pelo modelo de empréstimo alterou-se substancialmente com o passar do tempo. Quando dos primeiros anos de implementação desse modelo, os mutuantes emprestavam dinheiro diretamente para os mutuários, que emitiam uma nota promissória aos primeiros. Hoje, no entanto, as notas saem diretamente do site e este empresta o dinheiro com base na arrecadação feita por meio dos apoiadores do projeto[53]. Por conta disso, talvez a denominação de empréstimo *peer-to-peer* não mais faça sentido com relação às plataformas que optam por efetuar elas mesmas os empréstimos. O mútuo não é mais efetuado de um indivíduo a outro, senão pela plataforma ao mutuário. A plataforma, por sua vez, angaria o capital necessário ao empréstimo dos potenciais apoiadores do projeto.

Portanto, em alguns *crowdfundings* pelo modelo de empréstimo, a plataforma deixa de ser uma mera aproximadora entre aquele que possui um projeto e seus potenciais financiadores, tornando-se ela mesma uma entidade que financia diretamente uma ideia. Na verdade, nesse caso, o *crowdfunding* estaria muito mais atrelado à forma por meio da qual a plataforma angaria recursos do que propriamente ao financiamento direto do projeto em concreto. O fato de a plataforma assumir uma função maior do que simplesmente um mecanismo de busca de projetos poderia interferir diretamente na forma como este modelo é encarado pelo ordenamento jurídico brasileiro. No entanto, esse modelo de *crowdfunding* ainda não é utilizada nas plataformas brasileiras e, caso o fosse, elas teriam de enfrentar problemas regulatórios específicos de instituições financeiras.

A última categoria de *crowdfunding* a ser estudada no presente trabalho é a denominada de valores mobiliários. Esse sistema consiste no modelo mais problemático dentre os até agora apresentados, já que, no geral, cada país possui suas próprias regras relativas à forma pelas quais os valores mobiliários são negociados em seus territórios.

O sistema de valores mobiliários apresenta-se de duas formas diferentes: ou pela participação dos apoiadores nos resultados que o projeto possa dar, ou pela participação direta nas quotas ou ações da empresa, caso uma seja

---

[52] WOLSON, Stephen Manuel, ob. cit., p. 41.
[53] BRADFORD, C. Steven, ob. cit., p. 22-23.

efetivamente constituída. Por isso, esse modelo funciona a partir do chamamento de indivíduos para dar dinheiro a um determinado empreendimento em troca de uma parte dos lucros ou até mesmo a compra de valores mobiliários emitidos pela empresa[54]. Nesse caso, a entrega de dinheiro pelos apoiadores pode ou não estar atrelada ao consumo do resultado do projeto investido[55], de forma que esse modelo de *crowdfunding* aproxima-se em muito às formas tradicionais de investimento em empresas.

A primeira forma como é encontrado esse modelo consiste no sistema de *Equity* (participações acionárias). Por esse sistema, os captadores de recursos oferecem porcentagem da propriedade do projeto ou da empresa, quando forem concretizados, a fim de que os financiadores neles invistam[56]. Dá-se, assim, aos apoiadores a chance de lucrarem com o sucesso dos empreendimentos financiados[57], embora eles também corram o risco pelo insucesso do projeto. Essa modalidade de *crowdfunding* encaixa-se, mais precisamente, na modalidade de investimentos chamada de *Private Equity*[58].

Embora tanto o sistema de *Equity* quanto o de participação nos lucros sejam mais raros nos Estados Unidos da América, por serem considerados claramente vendas de valores mobiliários[59] e estarem sujeitos às regras desse país referentes a transações dessa natureza, eles movimentam um montante de capital bastante elevado. Mais especificamente no que se refere ao sistema ora analisado, de *Equity*, WOLSON oferece um exemplo bastante emblemático, tanto no que tange ao valor que potencialmente se pode movimentar através desta modalidade de *crowdfunding*, quanto

---

[54] BELLEFLAMME, Paul; LAMBERT, Thomas; SCHWIENBACHER, Armin, ob. cit., p. 3.
[55] Idem, ibidem.
[56] WOLSON, Stephen Manuel, ob. cit., p. 41.
[57] Idem, ibidem.
[58] Segundo a AGÊNCIA BRASILEIRA DE DESENVOLVIMENTO INDUSTRIAL (2011), *Private Equity* "refere-se (...) em sua definição estrita a investimentos em participações acionárias (*equity*) de empresa de capital fechado (*private*) que: (i) ou não tem tamanho para acessar o mercado financeiro via instrumentos públicos (como o lançamento de ações em bolsa de valores) ou (ii) que já possui tamanho, mas ainda não está suficientemente preparada para ter o seu capital aberto ao público. AGÊNCIA BRASILEIRA DE DESENVOLVIMENTO INDUSTRIAL. **Introdução ao Private Equity e Venture Capital para Empreendedores**. Agência Brasileira de Desenvolvimento Industrial, Centro de Estudos em Private Equity e Venture Capital, Brasília: Agência Brasileira de Desenvolvimento Industrial, 2011. Disponível em: <http://gvcepe.com/site/wp-content/uploads/2010/07/curso.pdf>. Acesso em: 14 mai. 2014.
[59] BELLEFLAMME, Paul; LAMBERT, Thomas; SCHWIENBACHER, Armin, ob. cit., p. 4.

no que se refere aos eventuais problemas regulatórios que esse modelo pode enfrentar: o caso da *Pabst Brewing Company*[60]. Segundo o autor, essa empresa, uma das mais antigas fabricantes dos Estados Unidos da América, foi colocada à venda por US$ 300 milhões. Tendo notícia dessa venda, dois indivíduos interessaram-se nessa transação, entretanto, por não possuírem o capital necessário, ofereceram ao público uma participação na empresa para aqueles que contribuíssem financeiramente com essa compra. Antes mesmo de concluída, a angariação de fundos por esses dois indivíduos foi processada pela *U.S. Securities and Exchange Commission*[61], a qual conseguiu impedir essa transação por ter ferido as leis estadunidenses relativas a investimentos. Entretanto, quando do fechamento da referida angariação de recursos, o projeto já havia recebido US$ 282 milhões em propostas, a partir de investimentos de sete milhões de pessoas, as quais contribuíram individualmente, na média, com o montante de US$ 38,00.

Um exemplo de plataforma de *crowdfunding* que se baseava no modelo de *Equity* era a *ProFunder*. Essa plataforma, seguindo o exemplo da *Pabst Brewing Company*, também foi fechada, dessa vez pelo Estado da Califórnia, que a processou justamente por promover a venda de valores mobiliários

---

[60] WOLSON, Stephen Manuel, ob. cit., p. 42-43.

[61] A *U.S. Securities and Exchange Commission* possui papel semelhante à Comissão de Valores Mobiliários brasileira, regulamentando e fazendo cumprir as regras relativas às negociações de valores mobiliários. Segundo informações da própria U.S. *Securities and Exchange Commission*, "ela tem por objetivo proteger investidores, manter os mercados jutos, em ordem e eficientes, e facilitar a formação de capital. (...) São responsabilidades da comissão interpretar e fazer cumprir as leis federais de valores mobiliários; emitir novas regras e emendar as regras existentes; supervisionar a inspeções de empresas de valores mobiliários, corretores, consultores de investimentos e agências de *rating*; supervisionar organizações privadas de regulação nos campos de valores mobiliários, contabilidade e auditoria; e coordenar a regulação de valores mobiliários dos EUA com autoridades federais, estaduais e estrangeiras.". U.S. SECURITIES AND EXCHANGE COMMISSION. **The Investor's Advocate: how the SEC protects investors, maintains Market integrity, and facilitates capital formation.** Disponível em: <http://www.sec.gov/about/whatwedo.shtml#.U3O2PPl5N9I>. Acesso em: 14 mai. 2014. Tradução livre de: "The mission of the U.S. Securities and Exchange Commission is to protect investors, maintain fair, orderly, and efficient markets, and facilitate capital formation. (...)It is the responsibility of the Commission to: interpret and enforce federal securities laws; issue new rules and amend existing rules; oversee the inspection of securities firms, brokers, investment advisers, and ratings agencies; oversee private regulatory organizations in the securities, accounting, and auditing fields; and coordinate U.S. securities regulation with federal, state, and foreign authorities."

sem prévia autorização[62]. Nessa plataforma, eram oferecidos dois tipos de *crowdfunding*, que diferiam no tocante ao retorno oferecido aos investidores e com relação aos investidores permitidos a participar[63]. O oferecimento de participação aos financiadores era dividido nas chamadas "rodadas públicas" e nas "rodadas privadas". Nas primeiras, as ofertas de participação nas empresas a serem financiadas eram abertas ao público em geral, ao passo que nas segundas o investimento era oferecido a amigos, membros da família e conhecidos de cada um dos empreendedores[64]. Além disso, nas rodadas públicas a quantia retornada aos investidores era limitada à quantia que fosse contribuída, ou seja, não era oferecido qualquer retorno ou lucro aos investidores. Já nas rodadas privadas era permitido que os investidores recebessem quantias maiores do que eventualmente tivessem investido[65], sendo que o retorno seria calculado com base na quantia investida, por um período máximo de cinco anos[66].

Por fim, destacam-se como dois outros grandes exemplos pelo sistema de *Equity*: o *CrowdCube*[67] e o *ChipIn*[68]. A plataforma *CrowdCube* volta-se verdadeiramente ao *crowdfunding* pelo sistema de *equity*, já que oferece aos apoiadores dos projetos a possibilidade de disponibilização de capital aos autores, que seria convertido em ações da empresa investida[69]. O *ChipIn*, por sua vez, consistia em uma espécie de mídia social, por meio do qual os usuários poderiam captar recursos entre si[70].

Ao lado do sistema de *Equity*, ainda no que se refere ao modelo de valores mobiliários, existe o sistema de *crowdfunding* através da participação nos lucros. Nesse caso, como contrapartida à entrega de dinheiro pelos apoiadores, o autor do projeto oferece uma parte dos lucros do projeto ou da empresa.

No modelo de *crowdfunding* que se utiliza a divisão de lucros, embora os apoiadores não tenham direito a uma parcela da propriedade da empresa,

---

[62] BRADFORD, C. Steven, ob. cit., p. 25.
[63] Idem, ibidem.
[64] Idem, ibidem.
[65] BRADFORD, C. Steven, ob. cit., p. 25.
[66] Idem, p. 26.
[67] Disponível em: <http://www.crowdcube.com>. Acesso em: 07 jun. 2014.
[68] Disponível em: <http://www.chipin.com>. Acesso em: 07 jun. 2014. Conforme informado no próprio site, o *ChipIn* foi fechado em 7 de março de 2013.
[69] BANKER, Rishin, ob. cit., p. 17.
[70] Idem, p. 20.

ou do projeto, eles recebem o direito de participar dos eventuais lucros que o autor consiga com a concretização de sua ideia. A plataforma *Caltwalk Genius*[71], por exemplo, funcionava a partir de um sistema pelo qual tanto ela e os financiadores, quanto os donos do projeto dividiam os lucros. Caso o projeto falhasse, ninguém recebia qualquer retorno[72]. Outro exemplo de plataforma que utilizava sistema de divisão de lucro é a *Grow VC*[73], que se focava *startups* de tecnologia. Caso o projeto desse certo, a plataforma cobraria uma taxa de 25% sobre os resultados, sendo que o restante seria dividido entre os financiadores por meio de um sistema de rateio[74].

Feita a enumeração dos principais formatos que o *crowdfunding* tem assumido, é importante destacar que é comum que em um mesmo projeto haja o oferecimento de contrapartidas que se enquadrem em diferentes modelos de financiamento coletivo. Em um *crowdfunding* que tenha como objeto a captação de recursos para a gravação de um álbum musical, por exemplo, é possível e comum que as menores contribuições não ensejem qualquer contrapartida aos apoiadores (tratando-se aqui, portanto, do sistema de doações), ao passo que aos apoiadores que efetuem as maiores contribuições seja entregue um álbum autografado pelo músico (sistema de recompensas). Os modelos de *crowdfunding* são os mais variados e comportam inclusive categorias intermediárias entre cada um deles. De qualquer forma, os modelos analisados cobrem a grande maioria dos formatos que as plataformas de *crowdfunding* têm se utilizado para promover o financiamento coletivo.

Destaque-se que os modelos mais comuns de *crowdfunding* são aqueles em que é oferecida aos apoiadores alguma recompensa, mesmo que de baixo valor agregado. Em número de projetos de *crowdfunding*, cerca de 80% aparentam oferecer alguma forma de recompensa para os financiadores. Isso inclui emissão de quotas, pagamentos diretos em dinheiro, uma cópia gratuita do produto ou uma simples menção do nome dos apoiadores nos créditos do produto (que menciona os nomes daqueles que forneceram fundos)[75].

Cada plataforma de *crowdfunding* possui suas próprias regras, que devem ser cumpridas tanto pelos autores dos projetos, quanto pelos apoiadores. No

---

[71] Essa plataforma de crowdfunding fechou no dia 30 de dezembro de 2011.
[72] BANKER, Rishin, ob. cit., p. 15-17.
[73] Disponível em: <http://group.growvc.com>. Acesso em: 07 jun. 2014.
[74] BANKER, Rishin, ob. cit., p. 21.
[75] LARRALDE, Benjamin; SCHWIENBACHER; Arwin, ob. cit., p. 4.

geral, essas regras estão dispostas no site, em algum espaço reservado para tanto, constituindo uma espécie de contrato digital assinado entre todas as partes do *crowdfunding*. Com essas regras, estipula-se, por exemplo, o que acontece caso o projeto não alcance o valor mínimo para que seja viabilizado. Em alguns casos, as plataformas entregam o dinheiro ao autor do projeto mesmo que o valor mínimo não tenha sido atingido, em outros a plataforma o devolve aos apoiadores. Esse último modelo era adotado pela já citada plataforma *ProFunder*, que após 30 dias sem sucesso para angariar os recursos necessários ao projeto, devolvia os valores aos apoiadores[76]. Outras plataformas, por sua vez, dão a opção ao apoiador de ele se utilizar do dinheiro dado a um projeto que não atinja o valor mínimo exigido em outro projeto de sua escolha. Essas regras podem também abordar, por exemplo, a possibilidade de apoiadores acompanharem ou não a execução do projeto, caso ele tenha conseguido angariar recursos suficientes para ser concretizado.

Vale destacar, por fim, que as plataformas de *crowdfunding* não promovem, necessariamente, somente um dos modelos de financiamento coletivo aqui vistos. Na verdade, inúmeras plataformas de *crowdfunding* possuem variações dos modelos aqui apresentados, ou mesmo disponibilizam para os usuários vários modelos dentro de um próprio projeto, ou em projetos diferentes. É especialmente comum se encontrar, por exemplo, os modelos de recompensa e pré-venda em uma única plataforma[77]. Isso não quer dizer, contudo, que não existam algumas plataformas que preferem disponibilizar tão somente projetos a serem financiados por um único sistema de *crowdfunding*[78].

Não se pôde, com o exame aqui realizado, exaurir todas as formas pelas quais o *crowdfunding* é encontrado na internet. Contudo, a partir dessa abordagem preliminar, se consegue separar o *crowdfunding* em algumas principais categorias que, conforme se verá, possuem naturezas jurídicas distintas e, por conseguinte, terão regimes jurídicos diferenciados.

Seja como for, feita a delimitação do conceito de *crowdfunding*, assim como expostas as formas como ele geralmente é praticado na atualidade, é fundamental que se entenda o porquê do crescimento dessa forma de captação de recursos. A importância que o *crowdfunding* vem ganhando no

---

[76] BRADFORD, C. Steven, ob. cit., p. 27.
[77] BRADFORD, C. Steven, ob. cit., p. 15.
[78] Idem, ibidem.

mundo e a tendência de sua difusão no Brasil justificam o exame de seu regime no ordenamento jurídico brasileiro.

1.3. *Crowdfunding* e a convergência de interesses

Para que se estude o porquê de o *crowdfunding* estar ganhando importância, deve-se ter em mente que ele consiste, basicamente, na colaboração entre idealizadores de projetos que requerem financiamento e pessoas que estão dispostas a prover apoio financeiro[79]. Tal característica traz para dentro do fenômeno o aspecto volitivo, ou seja, a motivação pela qual tanto os autores dos projetos, quanto os apoiadores buscam o financiamento coletivo. Essa abordagem do financiamento coletivo assume importância na medida em que um dos principais motivos pelos quais o *crowdfunding* tem ganhado força é justamente o fato de que os envolvidos em sua contratação – apoiadores, autores e a plataforma – têm algum interesse na viabilização e consequente concretização do projeto financiado.

Conforme visto, o *crowdfunding* surge como uma forma alternativa de angariação de recursos para pequenos negócios ou pequenos projetos. Existem duas principais razões apontadas por BRADFORD pelas quais os indivíduos optam pelo *crowdfunding* em vez de recorrerem às formas tradicionais de financiamento. Em primeiro lugar, existe a chamada de ineficiência informacional, que consiste na dificuldade em reunirem-se potenciais fontes de capital com potenciais oportunidades de investimento. Mesmo que o dinheiro esteja disponível, ele não será utilizado se o empreendedor que dele precisar falhar em contatar o investidor que o tiver[80]. Essa causa é agravada ainda pela indisponibilidade de fontes de financiamento tradicionais para pequenos negócios. Essas fontes tradicionais, tais como empréstimo bancário, capital de risco e investidores anjo não atingem a maioria dos *startups* ou qualquer outro negócio pequeno[81].

A segunda causa apontada pelo autor consubstancia-se como ainda mais grave do que a anterior. Pequenos projetos e negócios são pouco atrativos ao capital privado, que espera determinada taxa de retorno ou impõe taxas

---

[79] BANKER, Rishin, ob. cit., p. 1.
[80] BRADFORD, C. Steven, ob. cit, p. 101.
[81] Idem, ibidem.

de juros acima do que os autores dos projetos podem garantir. Ademais, na maioria das vezes, os autores de pequenos projetos nem sequer possuem conhecimento técnico suficiente para formular uma proposta que contenha todos os requisitos padrões para um financiamento direto[82].

Assim, a indústria de financiamento, definida por BANKER como o setor que apoia a economia alocando produtivamente capital, a ser usado em um negócio para desenvolver um produto ou serviço, gerando retorno econômico[83], não está disponível para todos os projetos. Enquanto alguns empreendedores fazem uma escolha consciente para evitar ou atrasar o uso de capital de risco, a fim de preservar o valor de sua parcela societária, a maioria é simplesmente impossibilitada de angariar financiamento de fontes externas por conta de sua falta de inovação ou de ideias originais, ou pela falta de experiência industrial ou pela experiência administrativa limitada, ou por todas essas razões em conjunto[84]. Portanto, a maioria das *startups* não tem as qualidades que um investidor consideraria valiosas[85].

Seja como for, é inegável que as plataformas de *crowdfunding* oferecem uma alternativa real ao mercado tradicional de financiamento. Nesse mercado, as transações financeiras são, no geral, executadas entre duas partes, ou seja, aquele que está captando o dinheiro e aquele que oferece seu dinheiro esperando lucro. Esse processo é geralmente intermediado por um terceiro[86], por exemplo, um banco ou um corretor.

Destaque-se que, conforme apontou LARRALDE e SCHWIENBACHER, a maioria dos indivíduos já efetua financiamentos de projetos através de suas economias, mas de forma indireta, haja vista que os bancos agem como intermediários entre aqueles que possuem capital e aqueles que necessitam de dinheiro[87]. Esses intermediários elegem quais investi-

---

[82] Idem, ibidem.
[83] BANKER, Rishin, ob. cit. p. 26.
[84] GIRLING, Paul; HARRISON, Richard T; MASON, Colin M.. Financial bootstrapping and venture development in the software industry. **Entrepreneurship and Regional Development**, v. 16, p. 307-333, 2004, p. 308. Disponível em: <http://ssrn.com/abstract=566882>. Acesso em: 03 abr. 2014. Tradução livre de: "While some entrepreneurs make a conscious choice to eschew or delay raising venture capital in order to preserve the value of their equity stake, most are simply unable to raise finance from external sources on account of either their lack of innovative or original ideas or limited industry and management experience, or both.".
[85] GIRLING et al., ob. cit., p. 308.
[86] WOLSON, Stephen Manuel, ob. cit., p. 36.
[87] LARRALDE, Benjamin; SCHWIENBACHER; Arwin, ob. cit., p. 4.

mentos efetuarão, escolhendo aqueles investimentos que possuem menor risco dentre aquele perfil de investimento optado pelo dono do capital. Esse processo é denominado por BANKER de monitoramento delegado, que consiste justamente no processo pelo qual os intermediários tomam frente ao processo de decisão de investimentos, fazendo análises de risco e retorno no lugar do dono do capital[88]. Atesta o autor que mesmo diante da descredibilização dos intermediários por conta da crise imobiliária estadunidense[89], a delegação de investimento continua sendo menos arriscada. Entretanto, o afastamento entre o dono do capital e o investimento efetuado isola aquele do poder de escolha das atividades nas quais preferiria investir. Por conseguinte, conclui o autor que a expansão dos sistemas abertos de mercado, tais como o *crowdfunding*, leva a uma maior inovação do que os sistemas baseados em intermediários, como, por exemplo, o sistema bancário[90], pois permite que os indivíduos contribuam não só com projetos lucrativos, mas também com ideias criativas.

No sistema tradicional de investimento, aqueles que oferecem o capital, utilizando-se de intermediários, precisam de garantias de que seu dinheiro será bem investido, esperando retorno financeiro pela disponibilização do capital. Tais garantias, no entanto, nem sempre conseguem ser oferecidas por aqueles que desejam angariar recursos. Foi justamente para driblar o problema de convencimento de investidores que indivíduos criativos começaram a usar uma nova essa forma de financiamento – o *crowdfunding* –, que atinge a "multidão" em vez de investidores especializados[91], geralmente utilizando-se da internet como forma típica de comunicação[92]. Com isso, há a substituição daquele terceiro, que teria como papel o convencimento dos investidores, pela própria plataforma de *crowdfunding*, que, embora não atue como um banco propriamente dito, oferece um ambiente para que indivíduos procurem projetos criativos para investir.

Diante desses problemas e antes de o *crowdfunding* apresentar-se como uma alternativa de financiamento, não era incomum que os idealizadores de projetos recorressem ao chamado *financial bootstrapping*, que consiste na busca, pelo empreendedor, em sua própria rede pessoal por doações ou

---

[88] BANKER, Rishin, ob. cit. p. 44.
[89] Idem, p. 31.
[90] Idem, p. 33.
[91] BELLEFLAMME, Paul; LAMBERT, Thomas; SCHWIENBACHER, Armin, ob. cit., p. 2.
[92] LARRALDE, Benjamin; SCHWIENBACHER; Arwin, ob. cit., p. 4.

investimentos. Nesses casos, geralmente o idealizador do projeto tinha que abrir mão de parcela de sua participação, em detrimento dos apoiadores, para possibilitar ou incentivar que seus conhecidos invistam em sua ideia[93].

Nesse contexto, o *crowdfunding* ganha importância, pois poderia sanar uma falha de mercado, conectando pequenos negócios ou ideias, marginalizados dos recursos tradicionais de financiamento, com o público em geral[94]. Esse público efetua investimentos que, por serem em sua grande maioria de pequena monta, permitem que novos experimentos sejam tentados[95]. Com esse financiamento viabilizado a partir de contribuições de pequenas quantias, testar novas ideias e testar novos investimentos pode ser feito com a minimização das perdas individuais em caso de fracasso[96], possibilidade essa que, no geral, afasta os investidores tradicionais.

No entanto, se por um lado o *crowdfunding* traz vantagens substanciais para os apartados do mercado tradicional de financiamento, por outro coloca uma maior responsabilidade no investidor, que, por conta do abandono monitoramento delegado, deve buscar pessoalmente as informações oferecidas pelas plataformas para escolherem em quais projetos desejam investir[97]. Essa responsabilidade de colheita de informações não é mitigada pelo fato de as plataformas de *crowdfunding* realizarem triagens das propostas de projetos, conforme afirma BANKER, já que essa pré-seleção é feita de forma menos eficiente do que a realizada pelos intermediários especializados[98]. Contudo, os riscos que assumem os apoiadores, ao financiarem um projeto, podem ser reduzidos, e não somente pelo fato de eles investirem pequenas quantias de capital[99], mas também porque, "a multidão pode depois se tornar consumidora, uma vez que o produto tenha sido trazido ao mercado e tenha um incentivo para disseminar a informações se eles participarem dos lucros do empreendimento"[100].

---

[93] BANKER, Rishin, ob. cit. p. 27.
[94] SIGAR, Karina, ob. cit., p. 5.
[95] KITCHENS, Ron; TORRENCE, Phillip D.. The JOBS Act – crowdfunding and beyond. **Economic Development Journal**, v. 11, n. 4, p. 42-47, 2012, p. 3
[96] .Idem, ibidem.
[97] BANKER, Rishin, ob. cit. p. 32.
[98] Idem, ibidem.
[99] LARRALDE, Benjamin; SCHWIENBACHER; Arwin, ob. cit., p. 12.
[100] LARRALDE, Benjamin; SCHWIENBACHER; Arwin, ob. cit., p. 12.. Tradução livre de: "The crowd may further become consumers once the product has been brought to the market

Assim, pode-se apontar como um dos motivos pelos quais idealizadores de projetos optam pela angariação de recursos via *crowdfunding* a dificuldade de utilização dos meios tradicionais de financiamento disponibilizados pelo mercado. Não se pode esquecer, contudo, que o *crowdfunding* consiste tão somente em um dentre muitos meios de captação de recursos, de forma que, não sendo um fim em si mesmo, é possível que os criadores dos projetos, sejam eles atrativos ou não, utilizem-se inclusive de meios já consagrados para o financiamento de suas ideias, tais como o microfinanciamento bancário, o próprio *financial bootstrapping*[101], ou mesmo os já descritos meios tradicionais de financiamento em conjunto com o financiamento coletivo.

Podem-se apontar ainda outros dois motivos pelos quais os fundadores do projeto ou do negócio recorrem à utilização de *crowdfunding*. O primeiro deles é a demonstração de demanda para propostas de produtos[102]. Através do financiamento coletivo, os fundadores do projeto têm a possibilidade de colher informações acerca de seus produtos e suas ideias. Assim, além de captar recurso para seu projeto, ele conseguirá ter um termômetro para avaliar a potencial demanda que o resultado de seu projeto terá. Ademais, há a possibilidade de criação de interesse em novos projetos em estágios iniciais de desenvolvimento[103], ou seja, a captação de recursos via *crowdfunding* não deixa de ser uma forma de tornar pública uma nova ideia, assim como de despertar o interesse de potenciais consumidores.

Esses três motivos pelos quais os idealizadores de projetos utilizam o *crowdfunding*, motivos esses que, de certa forma, consubstanciam-se em verdadeiras vantagens, justificam o porquê de o *crowdfunding*, embora seja atualmente pequeno em termos de atividade econômica geral, é crescente tanto na variedade de setores em que é aplicado (por exemplo, música, vídeo games, educação, varejo) quanto nos valores das transações[104].

---

and have an incentive to disseminate the information about the product it if they participate in the profits of the venture.".
[101] MOLLICK, Ethan, ob. cit., p. 3.
[102] Idem, ibidem.
[103] Idem, ibidem.
[104] AGRAWAL, Ajay; CATALINI, Christian; GOLDFARB, Avi. The geography of Crowdfunding. **NBER Working Paper Series**, n. w16820, fev. 2011. Disponível em: <http://ssrn.com/abstract=1770375>. Acesso em: 08 fev. 2014, p. 6.

Por conta disso, fica claro o motivo pelo qual os setores predominantes em que o *crowdfunding* é utilizado são principalmente relacionados com mídia, ou seja, filmes, música e arte, embora alimentação e moda também sejam formas populares de sua utilização, assim como os setores de tecnologia e design já deixaram sua marca[105]. Esses setores apresentam entraves na angariação de recursos, já que a possibilidade de retorno é imprevisível. Assim, na medida em que os financiadores tradicionais optam por não investir nessa modalidade de projetos, seus autores buscam formas alternativas, dentre elas o próprio financiamento coletivo. Isso não fez com que, no entanto, empreendimentos em outros setores não tenham sido financiados por meio de *crowdfunding*, que já colaborou com o financiamento nas áreas do jornalismo (*Spot.Us*), cerveja (*BeerBankroll*), software (*Blender Foundation*), turismo (*MediaNoMad*) e esportes (*MyFootballClub*)[106].

O fato de que o *crowdfunding* apresenta vantagens atrativas para os autores dos projetos, isoladamente, não é suficiente para explicar o porquê de esse fenômeno estar em crescimento. O *crowdfunding* também oferece vantagens substanciais àqueles que financiam os projetos, os quais podem ser chamados genericamente de apoiadores[107]. Tais motivos, na verdade, são os mais variados e diferenciam-se a depender da modalidade de *crowdfunding* escolhida para financiar o projeto em questão. A motivação daquele que decide doar dinheiro para que um projeto se realize difere daquele que oferece seu dinheiro em troca de alguma recompensa, ou até mesmo daquele que disponibiliza seu capital na forma de um investimento. Essas diferentes motivações assumem grande importância quando da averiguação da natureza jurídica de cada um dos modelos de *crowdfunding*, pois ajudam a determinar e entender o negócio jurídico estabelecido nos

---

[105] BANKER, Rishin, ob. cit., p. 10. Tradução livre: "The industries that participate are predominantly media-related, such as film, music, and the arts, though food and fashion are also popular, and technology and design have made their marks as well.".

[106] BELLEFLAMME, Paul; LAMBERT, Thomas; SCHWIENBACHER, Armin, ob. cit., p. 8.

[107] Optou-se pela utilização do termo genérico "apoiadores", porque a depender da modalidade de *crowdfunding* com que se está trabalhando, não se pode defini-los como investidores, como o faz boa parte dos autores que tratam sobre o tema. No *crowdfunding* pelo sistema de doações, por exemplo, não se está diante de um investimento, já que o capital doado não dará qualquer espécie de retorno àquele que o oferece. Dessa forma, aqueles que disponibilizam o capital para determinado projeto será denominado ora de apoiadores, ora de financiadores, ambos os termos genéricos o suficiente para abarcar as modalidades de *crowdfunding* abordadas no presente trabalho.

financiamentos coletivos. Faz-se necessário, pois, que se individualizem as principais motivações dos apoiadores em cada uma das modalidades de *crowdfunding* aqui estudadas.

Com relação ao *crowdfunding* pelo sistema de doações, no geral, a motivação dos apoiadores é principalmente o interesse filantrópico[108], razão pela qual organizações sem fins lucrativos assumem papel importante nessa modalidade de financiamento coletivo. O fato de que quem requisita capital é uma organização sem fins lucrativos facilita a angariação de fundos[109]. Isso ocorre porque tais organizações são mais propensas a produzir produtos de maior qualidade quando comparadas às com as de finalidade lucrativa. Os objetivos de maximização de lucros destas últimas são às vezes alcançados com produtos padronizados e de baixa qualidade, que podem ser mais amplamente distribuídos[110]. Além disso, a identificação com a causa faz com que os apoiadores disponibilizem seu dinheiro sem expectativa de retorno econômico, senão somente a fim de contribuir com um projeto com o qual concordam.

Com relação ao *crowdfunding* por meio do sistema de recompensas, o incentivo oferecido aos apoiadores é a própria recompensa a ser dada com a concretização do projeto. Ou seja, os apoiadores disponibilizam seu capital caso a recompensa oferecida pelo autor do projeto seja a eles atrativa. Não se pode ignorar, contudo, que em muitos casos a recompensa possui baixo valor agregado, como, por exemplo, chaveiros ou brindes. Nesse caso, os apoiadores optam por dar seu dinheiro ou porque também se identificam com a causa, ou porque a eles será dada uma vantagem indireta, como, por exemplo, o lançamento de um livro ou de um filme que eles gostariam de apreciar.

Ainda com relação ao sistema de recompensas, mas mais especificamente no tocante à modalidade de pré-venda, a motivação pode ser outra. Conforme já apontado, na maioria dos casos em que se opta pelo sistema de pré-venda, o autor oferece o produto que será lançado a um preço menor quando comparado ao seu futuro valor de mercado. Nesse caso, essa discriminação de preço entre o primeiro grupo (apoiadores) e o segundo

---

[108] MOLLICK, Ethan, ob. cit., p. 3.
[109] LARRALDE, Benjamin; SCHWIENBACHER; Arwin, ob. cit., p. 13.
[110] Idem, ibidem.

grupo (consumidores futuros do produto) estimula que os apoiadores a contribuírem com o projeto.

No que tange ao *crowdfunding* pelo sistema de empréstimo, a principal motivação por parte dos apoiadores é o recebimento de retorno financeiro, a partir da cobrança de taxas de juros[111]. Entretanto, da mesma forma como ocorre no sistema de recompensas, nos casos em que o valor dos juros seja reduzido ou, nos casos em que não é cobrada qualquer taxa do autor do projeto, haveria o interesse social de ver determinado projeto concretizado[112].

Por fim, no quarto e último modelo de *crowdfunding*, qual seja, o modelo de valores mobiliários, a principal motivação dos apoiadores também é o recebimento de retorno financeiro[113], seja ele na forma de divisão dos lucros percebidos pelo projeto, seja ele na forma de quotas sociais da empresa (*Equity*). No caso do *crowdfunding* pelo sistema de *equity*, porém, existe a possibilidade de os apoiadores desejarem ser sócios de uma empresa que desenvolva alguma atividade de seu interesse, como ocorreu, por exemplo, no já citado exemplo da *Pabst Brewing Company*.

Portanto, cada um dos quatro modelos oferece determinados incentivos que tornam o *crowdfunding* atrativo àqueles que decidem oferecer seu capital a determinados projetos. No caso do sistema de doação, o principal interesse é o filantrópico. No sistema de recompensas, o que atrai os apoiadores é a recompensa oferecida como contrapartida à disponibilização do dinheiro atrelado com uma liberalidade. Já nos sistemas de empréstimo e de valores mobiliários, os apoiadores são atraídos principalmente pela possibilidade de perceberem ganhos financeiros, a partir, respectivamente, da cobrança de juros e do recebimento de parcelas dos lucros ou quotas sociais da empresa a ser criada para concretizar o projeto financiado[114].

Mesmo que se faça uma sistematização dos interesses dos apoiadores a fim de tentar-se entender o que levou essa forma de financiamento crescer substancialmente nos últimos anos, é improvável que se tenha exaurido todos os motivos pelos quais os indivíduos interessam-se em oferecer seu dinheiro a determinado projeto, que será conduzido por um desconhecido e, na maior parte das vezes, sem qualquer capacitação administrativa para

---

[111] Idem, ibidem.
[112] LARRALDE, Benjamin; SCHWIENBACHER; Arwin, ob. cit., p. 13.
[113] Idem, ibidem.
[114] MOLLICK, Ethan, ob. cit., p. 3.

fazê-lo. Isso ocorre porque os financiadores possuem objetivos extremamente heterogêneos[115], uma característica típica de fenômenos encontrados na internet.

Entretanto, o que se pode identificar é que independentemente do sistema que se esteja utilizando, o *crowdfunding* está geralmente associado com uma experiência social que gera "benefícios comunitários" para os participantes[116]. Ou seja, o interesse primário daqueles que financiam projetos através de *crowdfunding* consiste na própria vontade de verem o projeto ser concretizado. A concretização desse projeto poderá trazer benefícios diretos, tais como um novo negócio do qual poderá usufruir aquele que o financiou, ou mesmo benefícios indiretos, através, por exemplo, de uma melhoria social quando se está diante de uma ideia com finalidades filantrópicas. Aqueles interesses aqui sistematizados – filantropia, recompensas ou retorno financeiro – se tratam, na verdade, de interesses secundários, ou seja, um atrativo adicional oferecido para que um projeto seja escolhido dentre tantos outros disponibilizados em uma plataforma de *crowdfunding*.

Entende-se, portanto, de forma ligeiramente diferente do que concluíram BELLEFLAME ET AL.. Segundo esses autores, no sistema de divisão de lucros, o benefício prático dado aos apoiadores, qual seja, a distribuição dos resultados do projeto, tende a agradar a todos da comunidade, já que, nesse caso, todos eles possuiriam o mesmo interesse: o retorno financeiro. Para os autores, assim, no caso do *crowdfunding* pelo sistema de divisão de lucros, os interesses da comunidade seriam homogêneos, ao passo que os interesses daqueles que optam por sistemas como o de pré-venda seriam heterogêneos[117]. Embora, de fato, os interesses secundários dos apoiadores difiram com relação aos sistemas adotados, podendo inclusive ser heterogêneos dentro de cada um deles, os interesses primários dos apoiadores tendem a ser o mesmo, qual seja, a vontade de que o projeto dê certo.

É nesse sentido que concluiu o estudo efetuado por LARRALDE e SCWIENBACHER sobre um projeto que buscava financiamento uma plataforma de *crowdfunding* denominada de *MediaNoMad*[118]. Tratava-se de uma *startup* voltada ao compartilhamento de informações sobre viagens, que,

---

[115] Idem, ibidem.
[116] BELLEFLAMME, Paul; LAMBERT, Thomas; SCHWIENBACHER, Armin, p. 3.
[117] BELLEFLAMME, Paul; LAMBERT, Thomas; SCHWIENBACHER, Armin, p. 4.
[118] Disponível em: <http://medianomad.com>.

a fim de angariar fundos, oferecia suas quotas na internet[119], utilizando, portanto, *crowdfunding* pelo sistema de valores mobiliários, mais especificamente na modalidade de *Equity*.

Após os financiadores terem sido questionados acerca dos motivos que os levaram a contribuir com essa *startup*, chegou-se à conclusão de que sua principal motivação não era financeira. Na verdade, a resposta geral dos financiadores é que eles gostariam de participar de projetos inovadores, obtendo reconhecimento e satisfação pessoal. Esse estudo, conforme os próprios autores destacaram, está no mesmo sentido da já exposta teoria desenhada por KLEEMANN ET AL.: tratam-se aqui das motivações intrínsecas dos financiadores[120]. Outro ponto mencionado foi a boa vontade dos investidores em expandir redes de contato, tratando-se esses interesses, por sua vez, dos motivos extrínsecos já expostos[121].

Portanto, pode-se dizer que os interesses dos financiadores do *crowdfunding* consistem em especificações daqueles interesses dos participantes de um *crowdsourcing*, categorizados em interesses intrínsecos – no caso do financiamento coletivo, a própria vontade de fazer parte de um projeto comunitário, ou seja, os interesses primários – e interesses extrínsecos – a vontade de fazer parte de uma rede de contatos, ou qualquer uma das vantagens externas expostas para cada uma das modalidades de *crowdfunding* aqui abordadas, ou seja, os interesses secundários.

Com a compreensão dos motivos pelos quais os financiadores procuram o *crowdfunding*, resta a averiguação dos motivos da terceira parte dessa contratação, qual seja, a plataforma que disponibiliza os projetos. Em primeiro lugar, cumpre destacar que as plataformas de *crowdfunding* consistem em negócios pré-constituídos, que oferecem um serviço tanto aos autores dos projetos – de disponibilização de suas ideias, no geral mediante a cobrança de uma porcentagem sobre o valor angariado –, quanto aos financiadores – catalogando os projetos, trazendo as regras do financiamento coletivo e, em alguns casos, garantindo que o projeto se concretize caso o capital mínimo seja captado.

Como contrapartida ao oferecimento desses serviços, as plataformas de *crowdfunding* no geral cobram uma porcentagem sobre o capital angariado,

---

[119] LARRALDE, Benjamin; SCHWIENBACHER; Arwin, ob. cit., p. 17.
[120] Idem, ibidem.
[121] LARRALDE, Benjamin; SCHWIENBACHER; Arwin, ob. cit., p. 18.

sendo essa, portanto, uma remuneração pelos serviços prestados. Fica claro, por conseguinte, que as plataformas de *crowdfunding* possuem interesse financeiro direto na angariação de recursos, de forma que o seu sucesso depende, necessariamente, do sucesso do financiamento do projeto.

Contudo, não se pode ignorar o fato de que, da mesma forma como ocorre com os financiadores, a plataforma de *crowdfunding* pode ter um interesse voltado à ajuda da comunidade, oferecendo uma nova forma de os indivíduos conseguirem que seus projetos pessoais se realizem.

1.4. Regulação do *crowdfunding* pelo direito estadunidense

O *crowdfunding*, por ser um fenômeno relativamente novo, além de estar expandindo para cada vez mais países, movimentando, por conseguinte, valores crescentes com o passar dos anos, vem enfrentando alguns entraves regulatórios. Isso ocorre principalmente pelo fato de que, da mesma forma como ocorre com relação a qualquer inovação, existe um vazio legislativo no que tange à utilização dessa forma de financiamento[122].

O crescimento do *crowdfunding* pode ser mensurado a partir de um estudo feito por AGRAWAL ET AL.[123] com relação à plataforma de *crowdfunding* musical holandesa chamada *Sellaband*, uma das mais antigas do mercado.

Nessa plataforma, os usuários buscam especificamente financiar novos músicos que não tenham conseguido produzir seus álbuns por falta de capital. Para tanto, os usuários encontram na plataforma diversos perfis de músicos, que devem, por sua vez, disponibilizar ao menos três músicas de demonstração. Caso os apoiadores se interessem em determinado músico, podem adquirir quotas no valor de dez euros cada. Se o artista conseguir angariar um mínimo de € 50.000,00, o projeto pode ser iniciado. Nesse caso, após a produção e início das vendas do álbum musical, além de os apoiadores receberem o CD em suas casas, os lucros gerados pelas vendas são divididos igualmente entre o músico, os apoiadores e plataforma[124].

Nos três anos analisados pelos autores, 4.712 músicos conseguiram angariar, ao menos, uma quota correspondente a dez euros. Desse número,

---

[122] BANKER, Rishin, ob. cit., p. 35.
[123] AGRAWAL, Ajay; CATALINI, Christian; GOLDFARB, Avi, ob. cit..
[124] Idem, p. 6-7.

34 conseguiram os € 50.000,00 requeridos para que a gravação do álbum fosse iniciada e corresponderam a 73% dos $2.322.750,00 que foram investidos no site durante o estudo[125].

O estudo chegou a alguns resultados interessantes. Em primeiro lugar, identificou-se que o padrão de investimento no tempo é independente da distância geográfica entre empreendimento e investidor[126]. Esse resultado contrasta com a literatura existente que enfatiza a importância da proximidade espacial no financiamento empresarial. Pelo contrário, o resultado sugere que os mecanismos online podem reduzir atritos econômicos associados com investimento nos estágios iniciais dos projetos em longas distâncias[127]. De qualquer forma, a família e amigos ainda desempenham um papel importante, tanto online quanto off-line, na geração de investimentos iniciais em empreendimentos empresariais[128].

Os resultados mostraram ainda que o *crowdfunding* aumenta de importância num contexto em que a indústria musical percebeu uma queda em seus lucros em aproximadamente 50% em dez anos[129]. Essa queda é atribuída por muitos especialistas dessa indústria à pirataria através do compartilhamento de arquivos online. Ao mesmo tempo, custos associados com a produção e distribuição da música também caíram substancialmente por conta do desenvolvimento de produção barata de software e distribuição digital de música através da internet[130]. Por conta disso, as grandes marcas de gravadora caíram em importância, o que acarretou a diminuição das opções disponíveis para que artistas aliviem as restrições de caixa, tendo de partir para o empréstimo ou venda sua propriedade intelectual. O *crowdfunding* estaria ajudando a superar essa restrição criando um mercado para os bens salientes disponíveis para aspirantes a artistas – suas ideias, visões, e futura propriedade intelectual – facilitando, portanto, financiamento por estranhos distantes, o que, por conseguinte, pode ajudar a reduzir uma importante falência de mercado[131].

---

[125] Idem, p. 9.
[126] Idem, p. 21.
[127] Idem, p. 21.
[128] Idem, p. 22.
[129] AGRAWAL, Ajay; CATALINI, Christian; GOLDFARB, Avi, ob. cit., p. 20.
[130] Idem, ibidem.
[131] Idem, p. 22.

Vale destacar que embora o *crowdfunding* tenha crescido muito no mercado estadunidense e no mundo, os índices de angariação ainda estão baixos quando se analisa cada projeto isoladamente. Por exemplo, na Inglaterra, os autores buscam angariar uma média de € 100.000,00 por projeto, conseguindo, entretanto, somente uma média de € 28.500,00[132].

De qualquer forma, esses resultados crescentes foram repetidos em outras plataformas de *crowdfunding* ao redor do mundo, o que fez com que, consequentemente, problemas relacionados à sua utilização começassem a surgir. O estudo desses problemas já enfrentados pelo *crowdfunding* em outros países enriquecerá o exame de se e como ele poderá ser encarado pelo ordenamento jurídico brasileiro. No presente capítulo serão analisados os problemas que o *crowdfunding* enfrentou principalmente nos Estados Unidos da América, pois além de ser o país onde, em termos absolutos, essa forma de financiamento é mais popular, é o único em que há literatura vasta escrita sobre o tema.

Vale ressaltar, ainda, que a plataforma analisada *Sellaband* teve de alterar a sua forma de funcionamento com os anos. Ela não mais possui um sistema padronizado de *crowdfunding*, o que permite que os autores dos projetos possam estipular quais são as recompensas que serão dadas a seus apoiadores, que podem variar desde camisetas, instrumentos musicais autografados, até o sistema de valores mobiliários analisado[133].

Nos Estados Unidos da América, de forma semelhante como no Brasil, existe um arcabouço regulatório no que tange ao mercado de ações que, conforme visto, é regido pela *U.S. Securities and Exchange Commission*, a qual

---

[132] LARRALDE, Benjamin; SCHWIENBACHER; Arwin, ob. cit., p. 4.

[133] "Apart from the emotional reward of making a plan possible, this is decided by the Artist. At the very minimum, Believers get a download of an album. The Artist can decide whether or not revenue is shared, (limited edition) CDs are awarded and if there are any extra incentives. With these extra incentives, Artists can showcase their creativity. Autographed T-shirts, lifetime backstage passes, autographed instruments? It is the Artist's responsibility to live up to any promises made. (...) Some artists choose to share revenue only with Believers who buy at least a certain amount of Parts. These artists share their revenue pro-rata, meaning that for each Part, Believers who have enough Parts to get revenue share will receive a share of their number of Parts divided by the total number of Parts of the percentage shown. The maximum value of revenue share is thus only obtained if all Believers in an artist have enough Parts to make the revenue threshold. For artists who offer revenue shares to all believers, the maximum is always reached.". SELLABAND. **Beliver FAQ**. Disponível em: <http://support.sellaband.com/entries/168648-believers-f-a-q>. Acesso em: 10 set. 2015.

assume papel semelhante à nossa Comissão de Valores Mobiliários. Haja vista que o *crowdfunding* por vezes pode ser confundido com uma oferta pública de ações pela internet, na medida em que determinados empreendedores buscam investimento de indivíduos que receberão determinadas recompensas como contrapartidas, a SEC[134] em não raras vezes, interveio nas operações de financiamento coletivo exigindo que se adequasse às normas vigentes.

Entretanto, viu-se que o *crowdfunding* consiste em uma figura extremamente genérica e flexível, comportando os mais variados sistemas por meio dos quais pode ser utilizado. Dentre esses sistemas, abordou-se a existência do modelo de valores mobiliários, que por sua própria natureza poderia estar sujeito às regras estabelecidas pela SEC. A crescente literatura estadunidense sobre *crowdfunding* foca-se principalmente nessa eventual hipótese de o *crowdfunding* ser passível de regulação pela SEC e, se for o caso, na determinação de quais modalidades deveriam estar sujeitas a essas regras.

Em primeiro lugar, é importante que se sabia que nos Estados Unidos da América vigora uma lei denominada *Securities Act* de 1933, que visa a regular o mercado de valores mobiliários dentro daquele país. Esta lei foi criada como uma resposta à crise financeira de 1929, visando à proteção dos investidores contra o mercado fraudulento de ações[135]. Esta norma coloca sob a regulação da SEC quaisquer transações que sejam consideradas valores mobiliários[136], com algumas exceções previstas nela própria.

---

[134] Doravante será utilizada essa abreviação, bastante utilizada pelos acadêmicos estadunidenses, para evocar-se a *U.S. Securities and Exchange Commission.*
[135] WOLSON, Stephen Manuel, ob. cit., p. 43-44.
[136] "O termo "valores mobiliários" significa qualquer nota, ação, ações em tesourarial, títulos futuros, *swaps* baseados em valores mobiliários, contratos, debentures, provas de endividamento, certificado de juros ou participação em qualquer acordo de participação nos lucros, *collateral-trust certificate*, preorganização de certificados ou subscrição, contrato transferível de investimento em ações, certificado de voto, certificado de depósito para um título, fração ideal de lucro em petróleo, gás, ou outros direitos de minerais, qualquer opção de compra, de venda, *straddle*, ou privilégio sobre qualquer título, certificado de depósito, ou grupo, ou índice de valores mobiliários (incluindo quaisquer juros nele ou baseado em seu valor), ou qualquer opção de venda ou compra, *straddle*, ou privilégio celebrado em uma bolsa de valores nacional relativa a moeda estrangeira, ou, em geral, qualquer lucro ou instrumento comumente conhecido como "valores mobiliários", ou qualquer certificado, recibo, garantia, warrant, ou direito de subscrever ou de comprar quaisquer das anteriores.". Tradução livre de: "The term "security" means any note, stock, treasury stock, security future, security-based

Além de ter criado a já citada SEC, determinou que a oferta de valores mobiliários deve ser registrada ou será considerada ilegal, estando sujeita às duras penalidades – cíveis, administrativas e criminais – previstas na lei[137]. Nesse sentido, o *crowdfunding*, caso seja considerado uma transação de investimento, deveria obedecer a todas as normas jurídicas constantes na referida lei.

A determinação do significado de o que viria ser um contrato de investimento que, por conseguinte, estaria sujeito à regulação da SEC, foi debatida e estabelecida num julgado da Suprema Corte estadunidense, em uma ação proposta pela própria SEC contra *Howey Co.*[138]. Nessa ação, a empresa oferecia ao público anualmente a possibilidade de que ele financiasse a metade da produção de laranjas em uma fazenda na Flórida, participando, em contrapartida, dos lucros que eventualmente essa plantação retornasse[139].

Ao fim do julgamento, a Suprema Corte estadunidense estabeleceu quatro requisitos para que determinado contrato possa ser considerado como contrato de investimento: (i) que haja uma prestação em dinheiro, (ii) dada a uma empresa comum, (iii) a partir da qual se tenha uma real expectativa de recebimento de lucros (iv) que dependa unicamente dos esforços de uma terceira parte[140]. São considerados lucros provenientes de esforços de terceira parte aqueles que sejam resultado de atos feitos por

---

swap, bond, debenture, evidence of indebtedness, certificate of interest or participation in any profit-sharing agreement, collateral-trust certificate, preorganization certificate or subscription, transferable share investment contract, voting-trust certificate, certificate of deposit for a security, fractional undivided interest in oil, gas, or other mineral rights, any put, call, straddle, option, or privilege on any security, certificate of deposit, or group or index of securities (including any interest therein or based on the value thereof), or any put, call, straddle, option, or privilege entered into on a national securities exchange relating to foreign currency, or, in general, any interest or instrument commonly known as a "security", or any certificate of interest or participation in, temporary or interim certificate for, receipt for, guarantee of, or warrant or right to subscribe to or purchase, any of the foregoing." ESTADOS UNIDOS DA AMÉRICA. Securities Act of 1933, ob. cit..

[137] WOLSON, Stephen Manuel, ob. cit., p. 43-44.
[138] ESTADOS UNIDOS DA AMÉRICA. US Supreme Court. **Securities and Exchange Commission v. Howey Co. 328 U.S. 293 (1946)**. Autor: Securities and Exchange Commission. Réu: Hoewy Co.. Disponível em: <https://supreme.justia.com/cases/federal/us/328/293/case.html>. Acesso em: 09 out. 2014.
[139] Idem, p. 295-7.
[140] BRADFORD, C. Steven, ob. cit, p. 31.

outros que não sejam os próprios investidores, ou que pelo menos esses esforços dessa terceira parte sejam inegavelmente mais significativos, de forma que a administração que afeta o fracasso ou sucesso da empresa esteja deslocada dos investidores[141]. Destaque-se que o conceito "empresa comum" tem recebido significados diversos nos diferentes circuitos de tribunais estadunidenses[142].

Por essa definição, alguns projetos de angariação de recursos poderiam ser considerados como investimentos, outros não. Nem o *crowdfunding* pelo sistema de doação nem pelo modelo de recompensa e pré-venda poderiam ser caracterizados como contratos de investimento sob a *SEC v. Howey Co.*[143]. A primeira modalidade é claramente um contrato em que não se espera qualquer retorno, ao passo que a segunda é considerada contrato de consumo. A Suprema Corte traçou uma diferença clara entre o que é investimento e o que é consumo: aquele está presente somente quando ao investidor é oferecido um retorno financeiro resultante de sua prestação em dinheiro, como valorização do capital ou participação nos lucros, ou mesmo a fixação de uma taxa de juros; este, por sua vez, ocorre se o comprador é motivado pelo desejo de usar ou consumir o produto[144].

O sistema de empréstimo é o modelo que mais trouxe dificuldade de enquadramento pela doutrina estadunidense. Nele, se não houver promessa de retorno (cobrança de juros), como acontece com plataformas como *Kiva. org*, fica claro que não se pode aplicar a *Security act*[145]. Se há a oferta de juros, como na plataforma *Prosper.com*, devem-se analisar ainda as determinações constantes de outro julgado da Suprema Corte estadunidense[146], o caso *Reves v. Ernst & Young*[147]. Nesse julgado, foram analisados quatro fatores

---

[141] HEMINWAY, Joan MacLeod; HOFFMAN, Shelden Ryan, ob. cit, p. 889.
[142] Idem, p. 886.
[143] BRADFORD, C. Steven, ob. cit, p. 31.
[144] Idem, p. 32. No mesmo sentido, HEMINWAY, Joan MacLeod; HOFFMAN, Shelden Ryan, ob. cit., p. 887.
[145] BRADFORD, C. Steven, ob. cit., p. 39.
[146] Idem, p. 36.
[147] A fim de levantar fundos para apoiar as operações gerais de seu negócio, a *Farmer's Cooperative of Arkansas and Oklahoma* vendeu notas promissórias sem garantia e não segurada, pagáveis à vista quando fossem exigidas. Oferecidas tanto para os membros da cooperativa quanto para não membros como um "Programa de Investimento", as notas pagavam uma taxa de juros variável maior do que a das instituições financeiras locais. Depois de a cooperativa ter aberto falência, o autores, portadores das notas, ingressaram com processo no *District Court* contra o

para que empréstimos fossem regulados pela SEC: (i) as motivações do comprador e vendedor da nota; (ii) o plano de distribuição das notas; (iii) as expectativas razoáveis de investimento do público; e (iv) se algum fator como a existência de outro esquema regulatório reduziria significativamente o risco do instrumento, tornando desnecessária, assim, a aplicação da *Securities Act*[148]. No caso paradigma do julgamento, (i) a empresa havia vendido as notas a fim de levantar fundos e os compradores adquiriram com finalidade de perceberem lucros, (ii) houve transações comuns dessas notas, que foram vendidas e oferecidas abertamente ao público, (iii) que entendeu, com base no plano publicitário da cooperativa, que as notas se tratavam de investimento e, além disso, (iv) não havia qualquer fator de redução de risco que autorizasse a inaplicabilidade das regras da SEC[149]. Por essa razão, a emissão de notas promissórias pela cooperativa foi considerada investimento e da mesma forma o seriam os projetos de *crowdfunding* estadunidense que seguissem a mesma linha.

Assim, os financiamentos coletivos pelo modelo de valores mobiliários, no geral, serão regulados pela SEC. Se os investidores receberem ações ordinárias em retorno de suas contribuições, eles claramente estão

---

auditor da cooperativa, réu, alegando, *inter alia*, que ela havia violado as previsões antifraude da *Securities Exchange Act of 1934* – que regula alguns instrumentos específicos, incluindo 'qualquer nota(s)' – e as leis de valores mobiliários de Arkansas por ter intencionalmente falhado em seguir os princípios contábeis geralmente aceitos, princípios contábeis que teriam feito a insolvência da cooperativa aparente para os potenciais compradores das notas. Tradução livre de: "In order to raise money to support its general business operations, the Farmer's Cooperative of Arkansas and Oklahoma sold uncollateralized and uninsured promissory notes payable on demand by the holder. Offered to both Co-Op members and nonmembers and marketed as an "Investment Program," the notes paid a variable interest rate higher than that of local financial institutions. After the Co-Op filed for bankruptcy, petitioners, holders of the notes, filed suit in the District Court against the Co-Op's auditor, respondent's predecessor, alleging, inter alia, that it had violated the antifraud provisions of the Securities Exchange Act of 1934 – which regulates certain specified instruments, including "any note[s]" – and Arkansas' securities laws by intentionally failing to follow generally accepted accounting principles that would have made the Co-Op's insolvency apparent to potential note purchasers.". ESTADOS UNIDOS DA AMÉRICA. US Supreme Court. **Reves v. Ernst & Young 494 U.S. 56 (1990)**. Autor: Réu: Ernst & Young. Réu: Bob Reves et al... Disponível em: <https://supreme.justia.com/cases/federal/us/494/56/case.html>. Acesso em: 10 out. 2014.
[148] BRADFORD, C. Steven, ob. cit, p. 37.
[149] ESTADOS UNIDOS DA AMÉRICA. US Supreme Court. Reves v. Ernst & Young 494 U.S. 56 (1990), ob. cit., p. 57-8.

comprando valores mobiliários[150]. Mesmo que não fossem oferecidas ações, os investimentos ainda assim seriam considerados valores mobiliários, por conta da definição de contrato de investimento à luz de *SEC v. Howey Co.*, já que (i) há dinheiro oferecido pelos apoiadores dos projetos (ii) geralmente utilizado para financiar empresas comuns, que (iii) dão expectativa de lucro aos investidores (sempre que houver lucros ou juros), (iv) advindos esses lucros de esforços de terceiros, porquanto os investidores geralmente não se envolvem na operação da empresa ou do projeto[151].

A importância que se dá à aplicabilidade das leis da SEC a qualquer transação que seja considerada investimento é a proteção adicional que é trazida aos investidores, já que diversos procedimentos e documentos são necessários e divulgados para dar segurança à operação. Se o *crowdfunding* envolver de fato contrato de investimento, é provável que fraudes ocorram por meio dele, gerando possíveis danos aos investidores[152].

Embora houvesse exceções às duras regras da SEC, por exemplo, em transações de valores mobiliários em que os compradores consigam avaliar os riscos do investimento, tenham acesso à informação que seria passada à comissão e concordem em não revender suas ações, e desde que as ofertas fossem pequenas (abaixo de US$ 1 milhão ou US$ 5 milhões, a depender do caso)[153], geralmente a multidão não tem o conhecimento suficiente em finanças para fazer uma análise de risco[154]. Como nem a plataforma nem o empreendedor, a princípio, se preocuparão com isso, a chance de o investimento ser malsucedido é grande[155].

Por conta disso, existiram diversas propostas para criar uma exceção na lei para regular o *crowdfunding*. Dentre elas, houve petições enviadas por particulares à SEC, assim como projetos de leis enviados ao Congresso e ao Senado, que geraram um endosso por parte do presidente Barack Obama relativo à necessidade de criar-se uma regulação específica ao *crowdfunding*[156].

---

[150] BRADFORD, C. Steven, ob. cit, p. 33.
[151] Idem, p. 33-34.
[152] SIGAR, Karina, ob. cit., p. 5.
[153] WOLSON, Stephen Manuel, ob. cit., p. 46.
[154] BRADFORD, C. Steven, ob. cit, p. 111.
[155] Idem, ibidem.
[156] Idem, p. 78.

As propostas tinham diferentes visões de como uma possível exceção às regras da SEC deveria funcionar, embora todas elas tenham se baseado em alguns pontos comuns, tais como: limite de investimento por parte dos investidores, limite de investimento nos negócios, forma de divulgação, registro dos portais de *crowdfunding* no SEC, dentre outros[157]. Essa regulação traria proteção aos potenciais investidores, dando a eles informações sobre as empresas e sobre os investimentos em geral. Ainda, elas criariam uma camada adicional de proteção, que envolveria obrigações como instituir proteção na administração do dinheiro, conduzir de checagens de histórico dos emitentes e permitir comunicação entre emitentes e investidores[158].

Dentre as leis que tramitavam no congresso estadunidense, uma delas recebeu especial relevo e foi aprovada no texto do chamado *Jumpstart Our Business Startups Act*[159] (*JOBS Act*), cujo título III é denominado *Capital Raising Online While Deterring Fraud and Unethical Non-Disclosure Act of 2012*, ou simplesmente *CROWDFUND Act*. Essa lei foi aprovada em 2012, numa conciliação entre o Senado e o Congresso[160], trazendo maior proteção ao investidor[161]. A lei criou exceções à *Securities Act*, afrouxando as regras incidentes ao *crowdfunding* que fosse considerado investimento, desde que: (i) o valor total vendido a todos os investidores por um único autor de projeto não excedesse US$ 1 milhão num único ano e (ii) o valor total do investimento do apoiador não excedesse o que for maior entre US$ 2.000,00 e 5% de sua renda líquida, se ela for inferior a US$ 100.000,00 anuais; ou 10% de sua renda líquida, desde que não exceda US$ 100.000,00 por ano, se sua renda for superior a US$ 100.000,00 anuais[162]. Determinou também

---

[157] Idem, ob. cit, p. 79.
[158] WOLSON, Stephen Manuel, ob. cit., p. 49.
[159] ESTADOS UNIDOS DA AMÉRICA. **Jumpstart Our Business Startups Act**. An Act to increase American job creation and economic growth by improving access to the public capital markets for emerging companies. Disponível em: <http://www.gpo.gov/fdsys/pkg/BILLS-112hr3606enr/pdf/BILLS-112hr3606enr.pdf>. Acesso em: 28 set. 2015.
[160] WOLSON, Stephen Manuel, ob. cit., p. 57.
[161] Idem, ibidem.
[162] "(6) transactions involving the offer or sale of securities by an issuer (including all entities controlled by or under common control with the issuer), provided that '(A) the aggregate amount sold to all investors by the issuer, including any amount sold in reliance on the exemption provided under this paragraph during the 12-month period preceding the date of such transaction, is not more than $1,000,000; '(B) the aggregate amount sold to any investor by an issuer, including any amount sold in reliance on the exemption provided under this

que as plataformas de *crowdfunding* que oferecessem transações de valores mobiliários deveriam registrar-se na SEC.

A criação dessa exceção ao *crowdfunding* não é suficiente para retirar a totalidade dos riscos inerentes a essa forma de financiamento. Entretanto, conforme afirmou BRADFORD, o maior oferecimento de valores mobiliários – seja esse oferecimento registrado como uma exceção ao *crowdfunding*, ou nos termos de qualquer outra exceção – vai implicar mais fraudes e maior perda por parte dos investidores[163]. Portanto, a eliminação total dos riscos associados ao financiamento coletivo seria impossível, mesmo com a regulação pela SEC[164], o que, por outro lado, não justificaria a proibição total do *crowdfunding*. O que deve ser, de fato, levado em consideração é se os benefícios de se uma exceção ao *crowdfunding* não ultrapassa os custos com fraudes e perda de investidores[165], o que não parece ter acontecido. Os apoiadores já estavam dando quantias substanciais em financiamentos coletivos de sistemas de valores mobiliários[166] mesmo antes do CROWD-FUND Act. Isso ocorria provavelmente porque os apoiadores, ao optarem pela utilização do sistema de valores mobiliários em vez de realizar uma doação ou esperar receber uma recompensa, davam seu dinheiro na expectativa do recebimento de juros ou parcelas dos lucros das empresas, que, mesmo quando frustrada, era melhor do que esperar nenhum retorno financeiro[167].

De qualquer forma, existem outros riscos adicionais, que são inerentes à natureza geral dos negócios pequenos, como, por exemplo, a incerteza sobre o êxito no desenvolvimento de produtos e serviços ainda não testados. Ainda, pela perspectiva do negócio, utilizadores de *crowdfunding* podem encontrar desafios administrativos e contábeis, já que essa estratégia de

---

paragraph during the 12 month period preceding the date of such transaction, does not exceed '(i) the greater of $2,000 or 5 percent of the annual income or net worth of such investor, as applicable, if either the annual income or the net worth of the investor is less than $100,000; and '(ii) 10 percent of the annual income or net worth of such investor, as applicable, not to exceed a maximum aggregate amount sold of $100,000, if either the annual income or net worth of the investor is equal to or more than $100,000.". ESTADOS UNIDOS DA AMÉRICA. Jumpstart Our Business Startups Act, ob. cit..
[163] BRADFORD, C. Steven, ob. cit, p. 115-116.
[164] Idem, p. 112.
[165] Idem, ibidem.
[166] Idem, p. 116.
[167] BRADFORD, C. Steven, ob. cit, p. 116.

formação de capital envolve um grande número de investidores se tornarem acionistas[168]. Dessa forma, projetos de *crowdfunding* serão sempre oportunidades de investimentos relativamente arriscadas para investidores não sofisticados[169].

Outro problema explorado pela doutrina dos Estados Unidos é categorização da natureza jurídica das plataformas de *crowdfunding*. Já foram ventiladas hipóteses de elas se enquadrarem como corretoras de ações (*brokers*), consultoras de investimentos ou até mesmo bolsa de valores.

Entende-se, entretanto, que as plataformas não são bolsas de valores[170]. A *Securities Act* define bolsa de valores como associação ou grupo de pessoas que constituam, mantenham ou provejam um ambiente de mercado ou facilitem transações, reunindo compradores e vendedores de valores mobiliários ou de outros títulos que assim forem considerados[171]. Entretanto, não são consideradas bolsas de valores os ambientes em que as transações que se derem por meio da emissão pelos próprios vendedores de seus valores mobiliários[172], como é o caso do *crowdfunding*[173].

Com relação à consultoria de investimentos, para que os serviços prestados pela plataforma de *crowdfunding* sejam considerados como tal, devem ser preenchidos três requisitos: (i) as plataformas devem dar consultoria, realizando relatórios ou análises relativos aos valores mobiliários; (ii) precisam integrar-se ao ramo de atividade dos que os fazem e (iii) devem receber remuneração em retorno[174].

---

[168] SIGAR, Karina, ob. cit., p. 5.
[169] BRADFORD, C. Steven, ob. cit, p. 112.
[170] Idem, p. 50.
[171] "SEC. 3. (a) When used in this title, unless the context otherwise requires (1) The term "exchange" means any organization, association, or group of persons, whether incorporated or unincorporated, which constitutes, maintains, or provides a market place or facilities for bringing together purchasers and sellers of securities or for otherwise performing with respect to securities the functions commonly performed by a stock exchange as that term is generally understood, and includes the market place and the market facilities maintained by such exchange.". ESTADOS UNIDOS DA AMÉRICA. Securities Act of 1934, ob. cit..
[172] BRADFORD, C. Steven, ob. cit, p. 50.
[173] A plataforma de *crowdfunding*, segundo o ordenamento jurídico estadunidense, poderia ser considerada como bolsa de valores se por acaso elas mesmas fizessem a emissão dos valores mobiliários aos apoiadores dos projetos.
[174] BRADFORD, C. Steven, ob. cit, p. 67-8.

No que se refere ao primeiro requisito, a SEC entende que não são considerados relatórios ou análises as informações (i) que já estiverem disponíveis para o público em estado bruto, (ii) cujas categorias não sejam muito seletivas e (iii) que não sejam organizadas ou apresentadas de uma maneira que sugira a compra, manutenção ou venda de qualquer valor mobiliário[175]. Embora os dois últimos requisitos pareçam ser preenchidos pelas plataformas de *crowdfunding*, o primeiro não é, já que a maioria delas não oferece relatórios aos autores de projetos, senão somente publicam pedidos de financiamento e outras informações produzidas pelos usuários[176]. Isso não quer dizer, contudo, que as plataformas não possam oferecer o serviço de consultoria de investimentos caso se enquadrem nesses requisitos.

Destaque-se que os serviços de unir investidores com empreendedores (*matching services*) também são serviços passíveis de enquadramento como consultoria de investimentos. Esses serviços consistem na tentativa de ligar o potencial investidor a ofertas adequadas. Ao realizar o encontro, o indivíduo que operou o *matching service* estaria, com efeito, "aconselhando" o investidor que aquela oferta em particular se encaixa no que o investidor precisa[177]. Entretanto, as plataformas de *crowdfunding* geralmente não escolhem oportunidades para investidores ou tentam reuni-los com oportunidades "apropriadas"[178], senão somente disponibilizam ofertas para os potenciais investidores, que devem, por si só, escolher o que melhor lhes convier.

A natureza em que mais se parecem enquadrar as plataformas de *crowdfunding* é a de corretores de ações. A *Securities Act* define corretor como "qualquer pessoa envolvida no negócio de efetuar transações de valores mobiliários em nome de outros"[179]. Para BRADFORD, não haveria resposta definitiva para o enquadramento das plataformas de *crowdfunding* como corretores, muito embora, para ele, seja muito possível que esse seja o caso. A receita dos sites de *crowdfunding* –remuneração com base nas transações –, o envolvimento contínuo na relação investidor-empreendedor, a

---

[175] Idem, p. 70-71.
[176] Idem, ibidem.
[177] Idem, p. 76.
[178] Idem, p. 76.
[179] "SEC. 3. (a) When used in this title, unless the context otherwise require (4) BROKER. (A) IN GENERAL. The term "broker" means any person engaged in the business of effecting transactions in securities for the account of others.". ESTADOS UNIDOS DA AMÉRICA. Securities Act of 1934, ob. cit..

propaganda pública, e a finalidade lucrativa podem cumulativamente ser determinantes para permitir que eles assumam o status de corretores[180].

Além da dificuldade de enquadramento do *equity crowdfunding* como valores mobiliários e a determinação dos serviços prestados pelas plataformas, existem outros problemas relativos ao *crowdfunding* que surgiram conforme essa forma de angariação de recursos se desenvolveu. Problemas como o excesso de informação para a escolha de projetos, que dificulta a tomada adequada de decisão por parte do apoiador, assim como a falta de liquidez de investimentos via *crowdfunding*, que acaba por diminuir o valor das ações, vêm sendo indicados como dificuldades a serem enfrentadas pelo *crowdfunding*[181].

Outra problemática bastante abordada pela doutrina são as questões relativas à propriedade intelectual. Empreendedores que fazem uso do *crowdfunding* necessitarão publicar algumas de suas ideias para a multidão antecipadamente, criando riscos de que a ideia seja roubada por conta do fato de que informações potencialmente valiosas são postas no domínio público[182]. Esses são problemas que deverão ser enfrentados pela doutrina e jurisprudência estadunidense nos próximos anos e, provavelmente, também pela brasileira.

Portanto, a análise do *crowdfunding* da forma como vem sendo tratado no âmbito dos Estados Unidos da América, mostra que o fato de ser regulado não elimina totalmente a falha de capital. Isso não deve impedir, no entanto, que o *crowdfunding* continue a abrir caminho para investimentos por meio de outras fontes de capital e a prover uma alternativa que permita potenciais apoiadores com capital inutilizado a conectar-se com empreendedores que dele precisam[183]. É provável até mesmo que os intermediários do mercado financeiro tradicional, tais como bancos e fundos de investimento, abram serviços online para financiar *startups*, assim como provavelmente as plataformas de *crowdfunding* crescerão de escala nos anos que virão[184]. Isso porque o *crowdfunding* provou ser um modelo viável para adaptar-se às necessidades atuais do mercado, dos investidores, de empresas e de novas ideias[185].

---

[180] BRADFORD, C. Steven, ob. cit, p. 66-67.
[181] BANKER, Rishin, ob. cit. p. 40-2.
[182] LARRALDE, Benjamin; SCHWIENBACHER; Arwin, ob. cit., p. 30
[183] BRADFORD, C. Steven, ob. cit, p. 104.
[184] BANKER, Rishin, ob. cit. p. 45.
[185] Idem, ibidem.

1.5. *Crowdfunding* no Brasil

O *crowdfunding*, assim como tantas outras ferramentas que surgiram na internet, chegou ao Brasil e vem sendo utilizado com certa frequência pela população. Alguns de seus projetos, dada a criatividade e importância, têm ganhado espaço até mesmo em reportagens da mídia tradicional[186].

Conforme visto, porém, antes mesmo da criação das primeiras plataformas de *crowdfunding* no Brasil, já existiam os financiamentos coletivos televisivos, orientados principalmente à captação de recursos para entidades sem fins lucrativos. A primeira dessas iniciativas e talvez a mais famosa do Brasil é o "Criança Esperança", lançada em 1986 pela Rede Globo de Televisão[187], que tem como principal foco a arrecadação fundos para patrocínio de projetos que visam à melhoria das condições de vida de crianças carentes, a partir de pequenas doações de seus telespectadores em conta vinculada e controlada pela UNESCO, que é responsável pela seleção dos projetos financiados[188].

Outro financiamento coletivo, pouco mais recente, mas que também logra arrecadar grandes quantias em dinheiro, é a campanha Teleton, lançada em 1998 pelo Sistema Brasileiro de Televisão, em formato similar a outro programa televisivo transmitido nos Estados Unidos da América desde 1966[189]. Essa campanha, que também arrecada fundos a partir de pequenas doações dos telespectadores, visa a financiar projetos de reabilitação da Associação de Assistência à Criança Deficiente.

---

[186] Não raro as plataformas de crowdfunding ganham espaço em jornais de grande circulação, tais como o Estado de São Paulo (por exemplo, na matéria "Em meio à crise, plataformas de financiamento coletivo arrecadam mais", disponível em: <http://blogs.estadao.com.br/link/em-meio-a-crise-plataformas-de-financiamento-coletivo-arrecadam-mais/>. Acesso em: 10 out. 2015) e a Folha de São Paulo (por exemplo, na matéria "Financiamento coletivo virtual, procura por crowdfunding cresce no Brasil", disponível em: <http://www1.folha.uol.com.br/ilustrada/2015/05/1634104-financiamento-coletivo-virtual-procura-por-crowdfunding-cresce-no-brasil.shtml>. Acesso em: 10 out. 2015).

[187] REDE GLOBO. Campanha Criança Esperança, ob. cit..

[188] REDE GLOBO. **Campanha Criança Esperança:** dúvidas frequentes. Disponível em: <http://redeglobo.globo.com/criancaesperanca/noticia/2013/08/duvidas-frequentes.html>. Acesso em: 06 jun. 2014.

[189] SISTEMA BRASILEIRO DE TELEVISÃO. **História do Teleton**. Disponível em: <http://www.sbt.com.br/teleton/sobre/>. Acesso em: 12 jun. 2014.

Relativamente ao *crowdfunding* veiculado pela internet, objeto de análise do presente trabalho, é difícil que se precise exatamente quando foi lançada a primeira plataforma no Brasil. Pode ser destacado como um dos sites mais antigos de *crowdfunding* a plataforma Vakinha.com[190], que foi criada em 2006 com objetivo de viabilizar o financiamento coletivo no Brasil, embora tenha sido efetivamente lançada somente em 2009.

Hoje são vários os sites dedicados ao *crowdfunding* no Brasil, tais como o Queremos.com.br, que reúne projetos de *crowdfunding* voltados à arrecadação de fundos a novos músicos e bandas[191], o Benfeitoria.com, que além de *crowdfunding* oferece cursos e consultorias a projetos[192], dentre outras plataformas disponíveis na internet. Dessas, duas plataformas têm se destacado, pelo volume de acessos, visibilidade na mídia e valor de transações: Catarse.me[193]

---

[190] "Em janeiro de 2009, o Vakinha foi lançado com uma proposta muito simples: levar a prática de fazer uma vaquinha para a internet. Esse conceito, com o lançamento e sucesso do Kickstarter, nos Estados Unidos, ficou posteriormente conhecido como crowdfunding (apesar das diferenças que preservamos no nosso modelo).". VAKINHA. **Quem somos**. Disponível em: <https://www.vakinha.com.br/quem-somos>. Acesso em 09 out. 2015.

[191] "O Queremos! é uma plataforma que possibilita você (...) ajudar a decidir quais bandas quer ver na sua cidade e realizar campanhas de financiamento coletivo (crowdfunding) para confirmar os shows.". QUEREMOS!. **Sobre o Queremos**. Disponível em: <http://www.queremos.com.br/page/aboutus>. Acesso em: 09 out. 2015.

[192] "Na prática, somos um laboratório de experimentos colaborativos que desenvolve conteúdos e ferramentas para estimular pessoas e instituições a fazerem parte de projetos transformadores, de forma simples e lúdica. Além de oferecer esses serviços, realizamos projetos autorais nossos, como o Rio+, o Reboot e o UFC (Universidade do Financiamento Coletivo). Aqui na Benfeitoria entram iniciativas de qualquer tema ou tamanho, desde que promovam um bem comum. A ideia é transformar interesse coletivo em impacto positivo; pessoas de bem em BENFEITORAS! Atuamos ONLINE (através das nossas duas plataformas de crowdfunding: benfeitoria.com e recorrente.benfeitoria.com) e "ONLIFE", através de cursos e consultorias.". BENFEITORIA. **Nossa missão**. Disponível em: <https://beta.benfeitoria.com/descubra>. Acesso em: 09 out. 2015.

[193] "Primeira plataforma de financiamento coletivo para projetos criativos no Brasil, o Catarse entrou no ar em 17 de janeiro de 2011. O manifesto de fundação dizia que o site nasceu por causa de uma dor: ver gente brilhante com projetos engavetados. Projetos dos mais simples aos mais requintados, dos mais lúcidos aos mais extravagantes, dos pequenos aos megalomaníacos, não saíam do papel por falta de recursos, por não terem sido autorizados pelos editais do governo ou por não terem patrocínio. O Catarse veio para mudar esse cenário. Mostrar que é possível, com a união das pessoas, abrir novas vias para realizar projetos.". CATARSE. Histórico de criação do Catarse para Sala de Imprensa. Disponível em: <https://docs.google.com/document/d/1g29ITtXrqBnThAWDHdPz1KqCrmIAb07urVF8Ru6735Q/edit?pli=1>. Acesso em: 09 out. 2015.

e Kickante.com.br[194]. Ambas as plataformas se focam na aproximação entre potenciais apoiadores e autores de projetos, que podem cadastrar suas ideias nos respectivos sites a fim de angariar recursos e permitir que seus projetos sejam concretizados. Além disso, ambos os sites disponibilizam somente *crowdfunding* pelo sistema de doações, de recompensas e de pré-venda. Na verdade, essas três modalidades, juntamente com o sistema de empréstimo, são as que ganharam maior adesão até o presente momento no Brasil, embora o *equity crowdfunding* esteja gradativamente ganhando adeptos no país[195].

Vale destacar, antes de se dar início à análise jurídica do *crowdfunding* no Brasil, que já houve tentativas de regulação dessa forma de financiamento no país, entretanto, até o presente momento, sem êxito. Em 2 de setembro de 2015, por exemplo, foi proposto um Projeto de Lei, de n. 2.862/15[196], pelo Deputado Federal Otavio Leite, do PSDB do Rio de Janeiro, que visa a dar benefício fiscais aos apoiadores de projetos financiados por *crowdfunding*. Se aprovada no estado em que se encontra, a lei daria o benefício aos apoiadores de deduzir 10% do montante investido de seu imposto de renda, assim como 50% do lucro eventualmente auferido[197]. Caso o projeto

---

[194] "Foi por isso que decidimos lançar no Brasil a Kickante. Desenvolvemos nosso site como a mais dinâmica e completa plataforma brasileira de crowdfunding, também chamado de financiamento coletivo. Nos EUA e Europa, esse tipo de financiamento colaborativo é muito famoso, e já ganhou o coração das pessoas. Em sites parecidos ao nosso, pessoas super especiais ajudam causas, artistas, ONGs e empresas na qual acreditam, ajudando-os a tirar projetos bem legais do papel. Esse é um movimento coletivo e colaborativo, algo que sabemos que nós Brasileiros tiramos de letra!". KICKANTE. **Sobre a Kickante**. Disponível em: <http://www.kickante.com.br/sobre>. Acesso em: 09 out. 2015.

[195] Hoje já se consegue encontrar algumas plataformas que utilizam o crowdfunding pelo sistema de valores mobiliários, tais como a Urbe.me: "[é] uma plataforma de investimento coletivo online voltada para o setor imobiliário. Ou seja, uma plataforma de crowdfunding imobiliário cujo objetivo é aproximar pequenos investidores e empreendedores inovadores.". URBE. **Saiba mais**. Disponível em: <http://urbe.me/saiba-mais.php#saiba-mais>. Acesso em: 10 nov. 2015.

[196] Esse projeto é resultado do desarquivamento do Projeto de Lei n. 6.590/13, apresentado pelo mesmo Deputado Federal em 16 de outubro de 2013.

[197] "Art. 4.º. O contribuinte que adquirir quota de planos ou projetos disponibilizados conforme o art. 2.º desta Lei fará jus a deduzir no seu imposto de renda, pessoa física ou pessoa jurídica, o equivalente a 10% do montante por ele investido, bem como, ainda, quando da realização de lucro, nesse caso poderá deduzir no seu respectivo imposto de renda 50% do lucro líquido por ele auferido.". BRASIL. **Projeto de Lei n. 2.862/15**. Disponível em: <http://www2.camara.leg.br/proposicoesWeb/fichadetramitacao?idProposicao=1701673>. Acesso em: 11 out. 2015.

fosse focado em projetos com finalidades sociais, o percentual de possível abatimento do imposto de renda subiria para 50% do total investido[198].

O vazio regulatório relativo ao *crowdfunding* no Brasil cria insegurança jurídica para todas as partes interessadas – apoiadores, autores e plataformas –, o que, ao mesmo tempo, dificulta a resolução de lides que eventualmente possam surgir no âmbito do financiamento coletivo e obstaculiza o crescimento do *crowdfunding* no país. Por isso, faz-se necessária a análise de sua natureza, assim como das normas jurídicas que regerão as relações jurídicas que dele nascem, o que será feito nos capítulos subsequentes.

---

[198] "Art. 5.º. No caso de modalidade de investimento social, instituído no art. 3º, a dedução no seu imposto de renda, pessoa física ou pessoa jurídica, será equivalente a 50% do montante por ele investido.". Idem.

2. Natureza jurídica do *crowdfunding*

A partir da visão geral do *crowdfunding* abordada no capítulo anterior, fica claro que essa forma de captação de recursos não consiste em uma figura única e genérica, passível de ser enquadrada em algum tipo contratual específico, senão em um fenômeno social complexo composto por vários negócios jurídicos, cada qual comportando uma diferente qualificação.

Com efeito, a estrutura do *crowdfunding* é bastante intrincada, envolvendo diversas partes contratuais e diversas relações jurídicas entabuladas entre cada uma delas. Cada uma dessas relações jurídicas possui natureza própria, sendo passíveis, portanto, de aplicação de diferentes regimes jurídicos. A identificação da natureza de cada uma dessas relações será realizada no presente capítulo, que consiste no núcleo desse estudo, possibilitando-se que se determine o regime jurídico aplicável ao *crowdfunding* no ordenamento jurídico brasileiro.

Conforme se verá, alguns dos liames jurídicos criados entre cada uma das partes envolvidas no *crowdfunding* terão natureza de contratos típicos, cujo regime jurídico já se encontra consolidado, bastando somente se realizar um trabalho conceitual de enquadramento no tipo adequado. Contudo, em algumas hipóteses, as partes entabularão contratos atípicos entre si, caso em que as soluções a eventuais conflitos deverão ser pensadas e criadas a partir da combinação de regras dos contratos típicos que mais se assemelharem[199].

---

[199] PENTEADO, Luciano de Camargo. **Doação com encargo e causa contratual**. Dissertação (Mestrado em Direito Civil) – Faculdade de Direito do Largo de São Francisco da Universidade de São Paulo. São Paulo, 2002, p. 196.

Antes de que se adentre à análise da natureza jurídica do *crowdfunding*, cumpre destacar que o presente trabalho se foca na análise das relações jurídicas que se dão no *crowdfunding* pela internet, nos moldes como vem se popularizando no mundo. Esse *crowdfunding* não envolve uma única relação jurídica que se coloca entre duas partes. Na verdade, nem somente duas partes contratam quando da utilização do *crowdfunding*, nem existe somente um contrato firmado entre elas. Ao optar por utilizar-se do *crowdfunding* para angariar recursos para determinado empreendimento, o autor de um projeto celebra dois diferentes negócios jurídicos com os outros dois atores do financiamento coletivo: um com os apoiadores dos projetos e outro com a plataforma de *crowdfunding*. Paralelamente, ao disponibilizar seus recursos para determinado projeto, os apoiadores, além de terem se vinculado ao autor do projeto, também estabelecem uma relação jurídica com a plataforma de *crowdfunding*.

Parece claro, portanto, que o *crowdfunding* consiste em três diferentes relações jurídicas entabuladas entre cada uma das três partes integrantes desse tipo de financiamento. Trata-se, por conseguinte, de uma relação triangular, que, a fim de facilitar sua investigação mais profunda, pode ser esquematizada da seguinte forma:

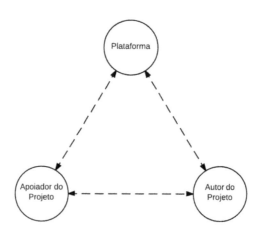

Figura 1 – Relações jurídicas em um *crowdfunding*
Fonte: elaboração própria

Os vértices do triângulo consistem nas partes integrantes da estrutura contratual do *crowdfunding*, ao passo que seus lados representam as relações jurídicas existentes entre cada uma delas. Cada uma das relações representadas pelos lados do triângulo é de natureza jurídica distinta, com diferentes direitos e obrigações que dela decorrerão[200], conforme se examinará adiante.

2.1. Natureza jurídica da relação entre apoiadores e autores de projetos

A primeira relação jurídica a ser examinada, dentre as três anteriormente citadas, é a relação que se dá entre os autores e os apoiadores dos projetos. Pode-se dizer que essa relação jurídica é a de maior importância dentre as estabelecidas em um financiamento por meio de *crowdfunding*, já que, em última instância, consiste no objetivo final dessa figura. Ou seja, o negócio jurídico celebrado entre autor e apoiador é, na verdade, o que justifica a angariação de recursos em si.

A fim de determinar-se a natureza dessa relação jurídica, deve-se ter em mente que o *crowdfunding* não é utilizado de uma única forma, isto é, que existem diversas modalidades de financiamento coletivo praticadas no mercado. Esses modelos de *crowdfunding*, já analisados no primeiro capítulo, diferenciam-se entre si justamente com relação ao título pelo qual os autores de projeto receberão o capital disponibilizado pelos apoiadores.

A fim de que se facilite a determinação da natureza jurídica da relação jurídica estabelecida entre apoiadores e autores de projetos, as diversas formas de *crowdfunding* serão reunidas em cinco sistemas estanques: (i) sistema de doação; (ii) sistema de recompensa; (iii) sistema de pré-venda; (iv) sistema de empréstimo e (v) sistema de valores mobiliários. É importante salientar, porém, que sendo o *crowdfunding* um fenômeno social complexo do qual se tenta definir a natureza e regime jurídicos, não se propõe por meio dessa divisão exaurir todas formas por meio da qual o financiamento

---

[200] As relações jurídicas dadas entre autor-apoiador, autor-plataforma e apoiador-plataforma constituem negócios jurídicos independentes. Prova disso é que existe a possibilidade de crowdfunding sem a intermediação necessária de uma plataforma. Nesse caso, o próprio autor do projeto promove a publicidade de seu próprio projeto. A possibilidade de o *crowdfunding* consistir num negócio jurídico único e complexo, entretanto, será enfrentada em subcapítulo posterior dedicado ao tema da coligação contratual.

coletivo pode se dar. Conforme se verá, a determinação dos tipos contratuais aos quais se subsume o *crowdfunding* dependerá da análise concreta do meio pelo qual cada projeto foi financiado. Tanto novas modalidades de *crowdfunding* podem surgir, o que demandará a criação de uma nova categoria ou a adaptação de uma já existente, quanto alguns financiamentos concretamente analisados consistirão em categorias intermediárias entre um ou outro sistema adiante examinados.

A análise de cada uma das modalidades de *crowdfunding* partirá do exame, em primeiro lugar, do propósito dos contraentes, da intenção de firmar determinado tipo contratual, que terá precedência sobre a lei[201]. Após essa identificação, será analisado se essa intenção, quando objetivada num contrato, subsumiu-se ao contrato querido pelos contratantes, ou se deu vez a negócio jurídico distinto do que imaginavam ter celebrado.

2.1.1. *Crowdfunding*: sistema de doação

O primeiro modelo a ser analisado é *crowdfunding* pelo sistema de doações. O funcionamento desse sistema pode ser sintetizado da seguinte forma: o autor do projeto cadastra sua ideia na plataforma de *crowdfunding*, esperando receber o capital dos apoiadores, sem oferecer qualquer contrapartida a eles. Os apoiadores, por sua vez, transferem pequena quantia de dinheiro aos autores sem esperar qualquer benefício em contrapartida.

A princípio, parece claro, nesse caso, que se está diante de um contrato de doação firmado entre o apoiador do projeto, que assume a condição de doador, e o autor do projeto, na condição de donatário. Para que se confirme essa hipótese, entretanto, é necessário que se aprofunde o entendimento acerca dos elementos constitutivos e das características do contrato de doação.

O Código Civil brasileiro define, em seu artigo 538, o contrato de doação como aquele "em que uma pessoa, por liberalidade, transfere do seu patrimônio bens ou vantagens para o de outra"[202]. Esse dispositivo legal traz dois elementos constitutivos essenciais ao contrato de doação, quais

---

[201] PENTEADO, Luciano de Camargo, ob. cit., p. 196.
[202] Art. 538. Considera-se doação o contrato em que uma pessoa, por liberalidade, transfere do seu patrimônio bens ou vantagens para o de outra. BRASIL. **Lei Federal n. 10.406, de 10 de janeiro de 2002**. Institui o Código Civil. Disponível em: <http://www.planalto.gov.br/ccivil_03/leis/2002/l10406.htm>. Acesso em: 28 jul. 2014.

sejam: (i) que haja o enriquecimento do donatário pelo doador (elemento objetivo) e (ii) o espírito de liberalidade (elemento subjetivo)[203].

Com relação ao elemento objetivo, é imprescindível que na doação haja uma transferência patrimonial, conforme previsto no já citado artigo 538 do Código Civil e que, além disso, haja concomitantemente o empobrecimento do doador e o enriquecimento do donatário[204]. Essa determinação de que a mera transferência patrimonial não configura necessariamente um contrato de doação, a não ser que haja efetivamente o empobrecimento do doador e enriquecimento do donatário, foi também abordada por PONTES DE MIRANDA, para quem se não houver causalidade entre a diminuição do patrimônio do doador e o aumento do donatário não estaria configurado, necessariamente, esse tipo contratual[205].

A liberalidade, elemento subjetivo da doação, por sua vez, "caracteriza-se pela prática de um benefício desinteressado do doador em favor do donatário, sem a exigência de qualquer contraprestação equivalente"[206]. Ela consiste em verdadeira causa do contrato de doação. Vale destacar, contudo, que a liberalidade, embora seja causa do contrato de doação, não é suficiente para explicá-lo. Na verdade, existem outros motivos de ordem pessoal, tais como religiosa, pessoal ou familiar, que coexistem com a li-

---

[203] SANSEVERINO, Paulo de Tarso Vieira. **Contratos nominados II:** contrato estimatório, doação, locação de coisas, empréstimo (comodato – mútuo). São Paulo: Revisto dos Tribunais, 2011, p. 62.
[204] Idem, p. 63.
[205] Nas palavras do autor, "Com o aumento do patrimônio do donatário diminui-se o do doador. Se não há causalidade entre essa diminuição e aquele aumento, não há doação. Se A era chamado à herança de C e renuncia à herança, e a aceita B, não houve doação de A a B, porque, segundo o conceito de repúdio da herança, A não herdou. Para que do seu patrimônio houvesse saído o que B herdou, seria preciso que A tivesse aceito, e A não aceitou.". E, ainda, "A atribuição patrimonial a que não corresponda diminuição do patrimônio do doador não é doação. Quem doa sofre com a doação. Quem dá, sem que aumente o patrimônio de outrem, não doa. Nem doa quem faz aumentar o patrimônio de outrem, sem que, com isso, diminua o seu. Se A, com as obras que está fazendo de muralhas do rio, aumentou a margem que tinha o terreno do vizinho, com perda, ou não, de extensão do terreno de outro vizinho (Código Civil, arts. 538 e 541), não doou. Se o possuidor de má fé construiu no sítio ou na fazenda de outrem, ou se aplainou o terreno de outrem, a benfeitoria é adquirida pelo dono da área (Código Civil, art. 517), sem que haja, aí, contrato de doação". PONTES DE MIRANDA, Francisco Cavalcanti; MIRAGEM, Bruno (atualiz.). **Tratado de direito privado:** parte especial. Tomo XLVI. Direito das obrigações. Seguro. 5. ed. São Paulo: Revista dos Tribunais, 2012, p. 272-3.
[206] SANSEVERINO, Paulo de Tarso Vieira, ob. cit., p. 64.

beralidade. No entanto, conforme será melhor analisado adiante, o direito intencionalmente determina a não investigação desses outros motivos[207]. Na doação, portanto, a contraprestação, que usualmente configura a causa do contrato, é substituída pela liberalidade como causa da contratação, que, por sua vez é convertida em causa civil pela necessidade de forma específica como requisito de validade da contratação. A liberalidade é, conforme entendimento de PENTEADO, a causa razoável do contrato de doação[208].

Existe, ainda, uma certa discussão acerca de um possível terceiro elemento do contrato de doação, que consistiria na aceitação da doação por parte do donatário. Essa ideia de exigência da aceitação por parte do donatário está prevista, por exemplo, no Direito alemão, que em seu *Bürgerlichen Gesetzbuches* (BGB), no § 516, conceitua doação da seguinte forma: "uma disposição através da qual alguém, por meio de sua própria propriedade, enriquece outrem é uma doação se ambas as partes estiverem de acordo que a concessão ocorra gratuitamente"[209]. Contudo, além de a previsão da aceitação da doação como elemento de existência desse tipo contratual não estar expressa em nosso sistema, existem situações em que a aceitação seria dispensada, como, por exemplo, nos casos de doação a incapazes[210]. A determinação de se a aceitação consiste ou não num elemento de existência da doação, contudo, pouco impactará na determinação da natureza jurídica do *crowdfunding* pelo sistema de doações.

Além desses três elementos acima elencados, é importante que se destaque que o contrato de doação se trata de um contrato (i) unilateral, já que só gera obrigações para uma das partes (doador); (ii) gratuito, pois o doador não espera contrapartida equivalente do donatário, tendo a realizado por liberalidade; (iii) solene, haja vista necessitar, em regra, de escritura pública para ser válido; e (iv) consensual ou real, a depender da espécie de doação que se está analisando[211].

---

[207] PENTEADO, Luciano de Camargo, ob. cit., p. 245.
[208] Idem, ibidem.
[209] Tradução livre de: "Eine Zuwendung, durch die jemand aus seinem Vermögen einen anderen bereichert, ist Schenkung, wenn beide Teile darüber einig sind, dass die Zuwendung unentgeltlich erfolgt.". ALEMANHA. Bürgerliches Gesetzbuch. Disponível em: <http://www.gesetze-im-internet.de/bgb/>. Acesso em: 29 jul. 2014.
[210] SANSEVERINO, Paulo de Tarso Vieira, ob. cit., p. 68-9. O artigo 543 do Código Civil assim dispõe: "se o donatário for absolutamente incapaz, dispensa-se a aceitação, desde que se trate de doação pura.". BRASIL. **Lei Federal n. 10.406, de 10 de janeiro de 2002**, ob. cit..
[211] SANSEVERINO, Paulo de Tarso Vieira, ob. cit., p. 69.

A enumeração desses dois (ou três) elementos de existência do contrato de doação permite que se enquadre a relação jurídica estabelecida entre autores e apoiadores de projetos do *crowdfunding* pelo sistema de doações como tal. O elemento objetivo é facilmente constatado, já que o apoiador do projeto dispõe de seu patrimônio, mesmo que de pequena parte dele, transferindo-o à esfera patrimonial do autor do projeto. A seu turno, o elemento subjetivo (liberalidade) também está presente nesse sistema de *crowdfunding*, já que o apoiador de projeto, quando transfere de seu patrimônio determinada quantia em dinheiro, não o faz, em princípio, esperando qualquer contraprestação equivalente.

Por fim, ainda que se adote o entendimento de que a aceitação pelo donatário configura um elemento da doação, é patente também sua presença nesse modelo de *crowdfunding*. Mesmo que não haja aceitação expressa do donatário, que receberá o valor a partir da intermediação feita pela plataforma de *crowdfunding*, não entrando em contato direto com o apoiador, existe, nesse caso, aceitação tácita. Considera-se que há aceitação tácita nos contratos de doação "quando o donatário, embora sem declarar expressamente sua aceitação, pratica atos que denotam o seu consentimento, sendo o seu comportamento posterior incompatível com a recusa"[212]. Pode ser considerado comportamento incompatível com a recusa o fato de o autor do projeto iniciá-lo após receber os valores da plataforma de *crowdfunding*. Além disso, para fazer a doação numa plataforma de *crowdfunding*, tanto os apoiadores quanto os autores devem aceitar suas condições e termos de uso, em que está prevista a forma pela qual se dará o financiamento.

Superada a identificação desses três elementos que formam o contrato de doação no sistema de *crowdfunding* ora analisado, são pertinentes algumas considerações no que tange ao elemento subjetivo, isto é, no que concerne à liberalidade.

Em primeiro lugar, deve-se ter em mente que o fato de a liberalidade ser a causa do negócio jurídico de doação não quer dizer que ela tenha sido o único motivo pelo qual o doador efetuou a transferência patrimonial. É nesse sentido que entende PONTES DE MIRANDA, que destaca ser a doação um negócio jurídico de natureza causal, porque a liberalidade, isto é, o *animus donandi,* é a causa pela qual o doador decide por realizá-lo[213].

---

[212] Idem, p. 67.
[213] PONTES DE MIRANDA, Francisco Cavalcanti, ob. cit., p. 275.

Ele distingue, entretanto, a causa do motivo do negócio, explicitando que se por um lado a liberalidade é a causa do negócio jurídico, por outro o eventual elemento que explique a liberalidade seria o motivo da doação, irrelevante juridicamente.

Conforme abordado no primeiro capítulo deste trabalho, em cada uma das modalidades de *crowdfunding* é possível identificar as motivações dos apoiadores, que os levam a contribuir com determinada quantia de seu dinheiro em prol de um projeto. No caso do financiamento coletivo pelo sistema de doações, os apoiadores não esperam receber qualquer contrapartida. Dessa forma, quando se identifica que o apoiador do projeto deseja doar determinada quantia a um projeto de sua escolha, pouco importa se ele o fez por filantropia ou por qualquer outro motivo menos nobre[214]. Fato é que eles, na figura de verdadeiros doadores, transferem determinada quantia em dinheiro sem esperar qualquer contrapartida equivalente pelo valor doado, confiando, somente, que o projeto seja efetivamente realizado.

Se por um lado o estado de espírito que leva os apoiadores a doarem a determinado projeto é juridicamente irrelevante, já que a ausência de expectativa de contraprestação por si só se consubstancia em verdadeira liberalidade que dá causa ao contrato, por outro não se pode dizer que esse motivo deva ser totalmente desconsiderado quando se analisa o *crowdfunding* pelo sistema de doação.

Ao acessar uma plataforma de *crowdfunding*, o potencial apoiador vê listada, à sua disposição, uma determinada quantia de projetos que buscam, por meio de financiamento coletivo, angariar recursos. Ali se encontram projetos que pretendem levantar fundos por meio de vários sistemas de *crowdfunding*, alguns deles pelo sistema de doação. O potencial apoiador, então, encontra um projeto com o qual se identifica, seja por acreditar na causa a ser encampada, seja por simplesmente ter se simpatizado com aquele projeto em específico, ou por qualquer outra motivação cuja identificação pouco afeta a natureza dessa relação jurídica. O que se pode dizer com certeza é que o apoiador escolheu aquele dentre todos os outros, pois

---

[214] SANSEVERINO, ao abordar a motivação que leva os doadores a efetuarem uma doação, observa: "Ocorre que, apesar de a motivação, em regra, estar ligada a nobres sentimentos como o amor, a amizade, a filantropia e a gratidão, pode também derivar de razões mais corriqueiras, como o temor da reprovação alheia, a vaidade ou o interesse em vantagens futuras, como pode ocorrer nas doações em período eleitoral.". SANSEVERINO, Paulo de Tarso Vieira, ob. cit., p. 65.

gostaria de ver, especificamente, aquela ideia ser concretizada. Ao efetuar a doação, portanto, é seguro dizer que o apoiador do projeto espera uma conduta do autor do projeto, qual seja, de realizá-lo nos termos em que definiu quando o publicou na plataforma de *crowdfunding*.

Tal conduta esperada do autor, então, deixa de ser mero motivo, passando a constituir a parte da própria causa da doação efetuada pelo apoiador. Embora ele faça a doação por liberalidade, ele também a faz com o propósito específico de ajudar o autor do projeto a concretizar aquela sua ideia. Se assim não fosse, não haveria qualquer necessidade da publicação e explicação dos projetos nas plataformas: as doações seriam simplesmente ao autor do projeto, completamente desvinculadas a qualquer ideia.

Existe, portanto, uma intenção por parte do apoiador do projeto de que seu autor utilize a quantia doada para a concretização da ideia financiada. Essa intenção gera, por conseguinte, uma obrigação por parte do autor de utilizar aquela quantia específica na execução de seu projeto. Dessa constatação surge o problema de delimitar-se no que consiste essa obrigação para, a partir daí, determinar-se se a sua presença desnaturaria essa relação jurídica como doação. Daqui decorrem duas possibilidades: (i) que essa obrigação por parte do autor do projeto consista num encargo anexo ao contrato de doação ou (ii) que essa obrigação seja verdadeira contraprestação à entrega do dinheiro, o que tornaria esse sistema de *crowdfunding* numa doação mista ou num contrato atípico. Para a averiguação dessas duas hipóteses, é necessário que se aprofunde na natureza jurídica dessa obrigação, explorando-se os conceitos de doação modal e das doações mistas.

Doação modal é o negócio jurídico por meio do qual o doador transfere uma coisa ao donatário, por um ato de liberalidade, impondo aquele a este, entretanto, uma obrigação determinada[215]. Trata-se o encargo da doação, por conseguinte, de um elemento acidental do negócio jurídico, que vincula o donatário à realização de determinada tarefa ou atividade especificada pelo próprio doador. O encargo, também denominado de modo, consiste em uma ferramenta para que o doador, ao entregar determinada quantia em dinheiro ao donatário, possa dar relevância aos motivos que o levaram

---

[215] GOMES, Orlando. **Contratos**. Atualizadores: Antonio Junqueira de Azevedo e Francisco Paulo De Crescenzo Marino. Rio de Janeiro: Forense, 2009, p. 259.

a fazer uma doação[216]. É especificamente através do encargo que o doador traz para dentro das causas do negócio jurídico pelo menos uma parte de seus motivos, que, agora juridicamente relevante, vinculará o donatário.

O que difere a doação pura da doação modal é o fato de que na primeira a causa do contrato é uma liberalidade, desvinculada de qualquer ônus atribuído ao donatário, ao passo que na segunda, embora a liberalidade continue consistindo na causa do contrato, existe um ônus imposto àquele que recebeu a quantia doada.

Observe-se que o encargo não deve ser considerado mero ônus material, senão verdadeira obrigação imposta à parte. Segundo PENTEADO, os ônus materiais são "situações jurídicas nas quais o onerado sofre uma redução no complexo de faculdades adquiridas por um ato jurídico se não cumpre o objeto do ônus"[217]. Para o autor, o descumprimento dessa redução no complexo de faculdades gera uma "sanção enfraquecida", como ocorre, por exemplo, no ônus processual de provar-se o alegado. Os ônus materiais seriam, então, uma espécie de terceira categoria entre as obrigações naturais e os deveres. Naquelas, não existe qualquer sanção ao devedor na resistência à pretensão do credor. Os deveres, por sua vez, implicam sanções àquele que os descumprem, sanções que podem se concretizar pela via judicial ou extrajudicial. Os ônus materiais, por sua vez, embora gerem sanções, são sanções menos fortes do que aquelas impostas aos deveres[218].

O encargo é verdadeira obrigação, podendo ser definida como uma estipulação que por meio da qual se restringe a liberalidade e a vantagem, determinando-se a finalidade para a qual deve ser utilizada a coisa doada, ou mesmo impondo-se que haja determinada prestação por parte do donatário[219].

---

[216] MARQUES, Roberto Wagner. **A doação modal no Código Reale**. Revista de Direito Privado, São Paulo, ano 11, n. 42, p. 91-105, abr./jun. 2010, p. 96.

[217] PENTEADO, Luciano de Camargo, ob. cit., p. 229.

[218] Idem, ibidem.

[219] ALVIM, Agostinho Neves de Arruda. **Da doação**. 2ª ed.. São Paulo: Saraiva, 1972, p. 232. O autor, lembrando da definição dada por Clóvis Beviláqua, afirma que o encargo "é a determinação acessória em virtude da qual se restringe a vantagem criada pelo ato jurídico, estabelecendo o fim a que deve ser aplicada a coisa adquirida, ou impondo uma certa prestação". Conforme será explorado com mais profundidade adiante, essa prestação não pode ser suficiente para caracterizar-se como uma contraprestação correspectiva ao objeto da doação, sob pena de estar configurado negócio misto com doação, contrato de troca ou compra e venda.

Existe certa dificuldade na determinação do limite em que essa obrigação deixa de ser acessória, passando a ser contraprestação ao objeto da doação. Essa análise deve dar-se pelo exame de se a liberalidade deixa de ser causa razoável do contrato, passando a própria obrigação imposta ao donatário, simplesmente, a ser causa suficiente daquela contratação. Nessa hipótese, o modo deixa de ser uma obrigação acessória, sem caráter de prestação, e assume papel de verdadeira contraprestação, tornando-se a real causa da doação, caso em que se estaria diante de uma doação atípica[220].

Como propostas de solução a esse problema, foram desenvolvidas três teorias principais: a teoria objetiva, a teoria subjetiva e a teoria francesa[221]. As duas primeiras correntes analisam dois aspectos na relação contratual para o enquadramento dessa obrigação como encargo. Para elas, em primeiro lugar, deve-se realizar uma análise de se aquela conduta imposta ao donatário possui caráter tipicamente econômico e se essa mesma conduta, em contratos típicos, assume o papel de contraprestação (aspecto objetivo). Além disso, deve-se analisar o aspecto volitivo dos contratos, determinando-se se essa obrigação foi querida pelas partes como contraprestação, a ser trocada pela prestação da doação (aspecto subjetivo).

O que diferencia a corrente objetiva da corrente subjetiva é que, para a primeira, o aspecto objetivo assume maior importância, de forma que se aquela conduta imposta ao donatário não puder ser reduzida a dinheiro, o contrato entre as partes tem a tendência de se subsumir a uma doação modal, mesmo que as partes tenham subjetivamente querido aquela conduta como contraprestação. A corrente subjetiva, por sua vez, propõe que o aspecto subjetivo tenha mais valor. Assim, se as partes tiverem querido que aquela obrigação imposta ao donatário fosse encargo, a tendência é que o contrato assuma a forma de doação modal, mesmo que esse encargo possua caráter tipicamente econômico[222].

Por fim, para a corrente francesa, a obrigação imposta ao donatário deveria ser considerada como contraprestação sempre que tenha se originado de um interesse que justificasse socialmente a prestação do doador. Assim, mesmo que fosse simbólica, se a obrigação imposta ao donatário

---

[220] PENTEADO, Luciano de Camargo, ob. cit., p. 246-7.
[221] Idem, p. 249-52.
[222] Idem, ibidem.

for causa típica de outros contratos, estaria configurada a troca (ou compra e venda) em vez da doação[223].

É importante se destacar que, aplicando-se qualquer das teorias analisadas, mesmo que a conclusão seja a de que a obrigação imposta ao donatário tenha sido desnaturada enquanto encargo, não necessariamente o negócio jurídico acordado entre as partes será enquadrado num contrato típico, tal como compra e venda ou troca. Existem três grandes polos de análise dos contratos de doação, que podem ser colocados em uma gradação de acordo com a "importância" que assume a obrigação imposta ao donatário. Se houver um deslocamento patrimonial que enriqueça o donatário, sem qualquer contrapartida, acessória ou não, haverá doação pura. No polo oposto, existe o caso em que essa obrigação imposta ao donatário seja verdadeira contraprestação, que, por ser a causa razoável da contratação, transformará o negócio jurídico em um negócio jurídico sinalagmático e correspectivo. Nesse caso, provavelmente se estará diante de um contrato de troca ou de uma compra e venda. Entre esses dois polos, existe a hipótese em que o doador imponha uma obrigação ao donatário sem que ela, contudo, seja a causa do negócio jurídico. A causa da prestação do doador continua sendo a liberalidade, que é restringida por uma obrigação acessória. Nesse caso, estar-se-ia diante de uma doação modal, cuja diferença para a doação é o fato de envolver uma prestação (encargo) que poderá (i) diminuir o valor do que foi doado, ou (ii) estabelecer uma forma em que o valor doado deverá ser empregado, ou ainda (iii) ter conteúdo meramente moral, não atributiva[224].

Entretanto, existem casos em que essa obrigação do donatário possui caráter econômico, mas não é querida pelas partes como contraprestação ou, ainda, é querida pelas partes como contraprestação, mas não possui caráter econômico. Nessa hipótese, aplicando-se ora a teoria subjetiva, ora a objetiva, não se estará diante de uma doação modal, nem de outro contrato sinalagmático típico ou atípico. Essa região entre a doação modal

---

[223] Idem, p. 252.
[224] PENTEADO, Luciano de Camargo, ob. cit., p. 242-3. O autor ainda destaca que a vantagem de se utilizar essa gradação para o entendimento da transição entre as causas que definem o negócio jurídico é perceber que o contrato pode ser variar desde um ato puramente liberal e, até mesmo "antes" dele, a possibilidade de um ato de presentear – que nem sequer estaria na esfera jurídica – até os contratos sinalagmáticos e onerosos, cuja causa é o intercâmbio de mercadorias, sem qualquer interesse na liberalidade. Idem, p. 243.

e os contratos típicos é chamada por PENTEADO de "zona cinzenta", onde estariam situados contratos atípicos intermediários[225].

A determinação de se um negócio jurídico se enquadrada numa doação modal, num contrato de compra e venda ou troca, ou numa figura intermediária já fora enfrentada diversas vezes pela doutrina, poucas vezes, contudo, com soluções precisas. A essa figura intermediária entre compra e venda e doação modal comumente se dá o nome de *negotium mixtum cum donatione*. No geral, são enquadrados nessa figura de difícil delimitação teórica aqueles contratos que, embora tenham forma de compra e venda, sendo, portanto sinalagmáticos e onerosos, acabam por dar resultado a uma liberalidade, dado seu preço extremamente baixo. Da mesma forma, são contidos nessa figura híbrida aqueles contratos que, embora tenham forma de doação, são utilizados, com efeito, para a realização de uma troca de coisa por preço. No primeiro caso se diz estar diante de um contrato parcialmente oneroso, ao passo que, no segundo, de contrato parcialmente gratuito.

Essa dificuldade de conceituação atingiu os mais diversos juristas, tais como ORLANDO GOMES, para quem "o *negotium mixtum cum donatione* é, realmente, de caracterização difícil. Doação não é, segundo o entendimento predominante, porque tem causa contraditoriamente gratuita e onerosa". Por exemplo, para ele, a venda de coisa a preço vil tem, ao mesmo tempo, por causa uma liberalidade e uma troca de coisa por preço.

Entretanto, esse problema conceitual reside principalmente na confusão que é comumente feita entre as diversas acepções que o vocábulo "causa" possui no campo do Direito. Segundo expôs JUNQUEIRA DE AZEVEDO é possível que se encontrem cinco diferentes acepções que a palavra "causa" pode assumir nas ciências jurídicas[226]. Primeiramente, pode ser utilizada como significando a fonte da obrigação (*causa efficiens*), ou seja, sua origem. Poderá, ainda, significar o motivo que levou as partes a celebrar determinado negócio jurídico (motivo psicológico ou causa impulsiva). Em terceiro lugar, pode ser utilizada na acepção de reconhecimento social do negócio jurídico (*causa civilis*). Em quarto lugar, no sentido de atribuição

---

[225] Idem, ibidem.
[226] AZEVEDO, Antonio Junqueira de. **Negócio jurídico e declaração negocial** (noções gerais e formação da declaração negocial). Tese (Titularidade em Direito Civil da Faculdade de Direito do Largo de São Francisco da Universidade de São Paulo) – Faculdade de Direito do Largo de São Francisco da Universidade de São Paulo, São Paulo, 1986, p. 121-129.

patrimonial, ou seja, a justificativa pela qual houve a transferência patrimonial de um indivíduo para outro. Por fim, a palavra "causa" pode significar a finalidade do negócio jurídico, ou seja, a função econômico-social a que ele visa[227]. MARINO, ainda com relação à função econômico-social do negócio jurídico, aponta para a diferença entre a função típica de determinado negócio abstratamente considerado e a função econômico-social individualmente considerada para o contrato analisado concretamente[228]. A esta última acepção da palavra causa, de causa concreta do contrato, o autor prefere o termo "fim do contrato"[229].

Ao identificar que o *negotium mixtum cum donatione* possui duas causas distintas, ORLANDO GOMES, colocou em pé de igualdade dois significados completamente distintos de "causa". Aqui, a palavra causa foi usada em seu sentido da função econômico-jurídica a que visa o tipo negocial analisado. Além disso, utilizou-a significando o motivo psicológico que levou as partes a celebrarem determinado negócio jurídico. De qualquer sorte, conforme afirma o próprio autor, a doutrina tende a considerar o negócio misto com doação como um contrato misto, atípico, não efetivamente como uma doação.

Contudo, essa tendência não exaure o problema, já que a análise do enquadramento do *negotium mixtum cum donatione* está ainda vinculada a duas discussões distintas. Se por um lado alguns doutrinadores o consideram como um negócio jurídico indireto, como, por exemplo, ASCARELLI, por outro pode ser encarado sob a perspectiva de um contrato misto, na esteira do próprio nome usualmente a ele dado.

Os contratos mistos consistem em negócios jurídicos perfeitos com base na fusão de dois tipos contratuais distintos, ocorrendo, portanto, "quando

---

[227] Importante reparar que a causa do contrato, no Brasil, não possui dispositivos expressos que a regulem no Código Civil de 2002, diferentemente do que ocorre com codificações de outros países. Por exemplo, o Código Civil do Chile dispõe em seu artigo 1.467 que "[n]o puede haber obligación sin una causa real y lícita; pero no es necesario expresarla. La pura liberalidad o beneficencia es causa suficiente. Se entiende por causa el motivo que induce al acto o contrato; y por causa ilícita la prohibida por ley, o contraria a las buenas costumbres o al orden público. Así la promesa de dar algo en pago de una deuda que no existe, carece de causa; y la promesa de dar algo en recompensa de un crimen o de un hecho inmoral, tiene una causa ilícita.".

[228] MARINO, Francisco Paulo De Crescenzo. **Contratos Coligados no Direito Brasileiro**. São Paulo: Saraiva, 2009, p. 135-140.

[229] Idem, p. 138.

num mesmo negócio concorrem prestações típicas de vários negócios diferentes, ou prestações que não correspondem às típicas de nenhum contrato nominativamente regulado na lei (...)"[230]. Não se trata, aqui, de um negócio jurídico principal com cláusulas acessórias, senão de um novo contrato, que combina elementos inderrogáveis de ambos os negócios jurídicos[231]. ʹ

Contrato misto é uma espécie de contrato complexo. Consideram-se contratos complexos aqueles em que há ou (i) pluralidade de sujeitos, ou seja, mais de um sujeito em pelo menos um dos polos do contrato, ou (ii) pluralidade de declarações de vontade, considerando-se que um dos polos contratuais efetuou mais de uma declaração de vontade, ou ainda (iii) pluralidade de objeto, quando uma das partes se obriga a mais de uma prestação, ou se as prestações contratuais correspondem a dois ou mais tipos contratuais distintos[232]. Contratos mistos enquadram-se na espécie de contrato objetivamente complexo, em que as prestações correspondem a dois ou mais tipos contratuais distintos[233].

Nos negócios indiretos, por sua vez, está-se diante de um único negócio típico, que fora utilizado para chegar a um resultado ulterior de outro negócio jurídico diferente. Não há, nesse caso, concomitância de prestações de dois negócios jurídicos diferentes, senão somente um único negócio jurídico típico que é utilizado para uma finalidade diferente do que foi originariamente concebido.

Negócio indireto, segundo ASCARELLI, existirá "porque as partes recorrem a ele para atingirem, por seu intermédio, e de modo indireto, objetivos diferentes dos que se poderiam induzir a estrutura do negócio adotado"[234]. É dizer, nas palavras de MARINO, que nos negócios jurídicos

---

[230] ASCARELLI, Tullio. Contrato misto, negócio indireto, *"negotium mixtum cum donatione"*. **Revista do Tribunais**, São Paulo, v. 925, p. 27-43, nov. 2012, p. 31. ASCARELLI traz como exemplo de negócio jurídico misto o contrato de locação de cofre em um banco, para depósito de valores. Esse contrato possui elementos do contrato de locação (pagamento de uma prestação pela utilização da posse do cofre) e do contrato de depósito (relativo aos bens que serão colocados no interior do cofre). Idem, ibidem.
[231] PENTEADO, Luciano de Camargo, ob. cit., p. 270-3.
[232] MARINO, Francisco Paulo De Crescenzo. Contratos Coligados no Direito Brasileiro, ob. cit., p. 111.
[233] Idem, ibidem.
[234] ASCARELLI, Tullio, ob. cit., p. 35-36.

indiretos as partes "escolhem apenas um negócio jurídico, correspondente a um determinado fim prático típico, para alcançar fim prático distinto"[235].

Esse é o motivo pelo qual alguns doutrinadores entendem que os negócios indiretos (o negócio misto com doação inclusive, para aqueles que como tal o consideram) possuem duas causas. Na verdade, na mesma esteira da consideração feita com relação à abordagem dada por ORLANDO GOMES, esses autores atestam que esse negócio possui duas causas distintas, se entendidas na acepção de função contratual[236]. O negócio indireto possui, com efeito, duas funções, entretanto somente uma causa de atribuição patrimonial[237]. Portanto, não seria necessário, por exemplo, num negócio misto com doação (se considerado como negócio indireto) que houvesse tanto o sinalagma, presente nos contratos de compra e venda ou de troca, quanto a forma necessária para a conversão da liberalidade em causa civil[238].

ASCARELLI, ao fim de seu artigo, conclui que embora tenha nomenclatura de negócio misto, na verdade o *negotium mixtum cum donatione* consiste num negócio indireto[239]. Nesse caso, as partes, mesmo tendo como motivação psíquica uma liberalidade, decidiram por realizar um outro negócio jurídico, com causa econômico-jurídica distinta, qual seja, um contrato de compra e venda. Portanto, a causa do negócio misto com doação nunca seria, integral ou parcialmente, uma liberalidade, mesmo que essa tenha sido o motivo psicológico de as partes contratarem, mas sim a contraprestação do negócio escolhido, por exemplo, troca ou compra e venda[240]. Se o contrato escolhido pelas partes for uma compra e venda, ela terá seus aspectos típicos, quais sejam, entrega da coisa contra preço[241].

PENTEADO, por sua vez, defende que o negócio misto com doação não se trata de um negócio indireto, porque, para ele, existe a possibilidade de a finalidade indireta ser declarada e, nesse caso, influir em sua

---

[235] MARINO, Francisco Paulo De Crescenzo. Notas sobre o negócio jurídico fiduciário. **Revista Trimestral de Direito Civil**, Rio de Janeiro, v. 20, p. 35-63, out./dez. 2004, p. 62.
[236] PENTEADO, Luciano de Camargo, ob. cit., p. 280.
[237] Idem, ibidem.
[238] Idem, ibidem.
[239] ASCARELLI, Tullio, ob. cit., p. 39.
[240] Idem, p. 51.
[241] Idem, ibidem.

qualificação[242]. Entretanto, defende que a análise de se o negócio constitui uma troca ou uma doação com encargo depende muito mais de uma análise fática, individualizada, de cada relação contratual[243]. Para o autor, em primeiro lugar, deve-se analisar a vontade das partes da forma como foi exteriorizada no contrato. A partir daí, será possível a identificação de se existe ou não sinalagma na relação contratual para, então, distinguir-se se o negócio jurídico se trata de doação modal, negócio misto com doação ou algum outro negócio típico, como por exemplo a troca ou a compra e venda.

Portanto, na linha seguida por PENTEADO, o enquadramento de um determinado negócio jurídico em uma das categorias acima expostas depende diretamente da análise em concreto da contratação. No caso específico do *crowdfunding* pelo sistema de doação pura, não existe relação sinalagmática entre apoiador e autor do projeto. Aquele disponibiliza uma pequena quantia em dinheiro como ato de liberalidade, não esperando qualquer contrapartida do autor do projeto, a não ser a obrigação de que este utilize o dinheiro para promover determinado projeto. Essa obrigação de escopo da doação não se trata de verdadeira contraprestação, mas sim de um temperamento à liberalidade, que continua sendo a causa da contratação.

Aplicando-se qualquer das teorias, objetiva ou subjetiva, para a determinação de se o encargo foi ou não desnaturado, tem-se que ele permanece categorizado como tal. O espírito do *crowdfunding* pelo sistema de doação é efetivamente a colaboração para que determinados projetos criativos sejam realizados, sem que haja qualquer contrapartida ou vantagem para os apoiadores do projeto, a não ser ver o projeto ser efetivado. Portanto, subjetivamente as partes desejam que o negócio seja uma doação. Ainda, o encargo não possui valor econômico, já que seu objeto é tão somente a obrigação de utilizar o valor doado no projeto publicado pelo autor. Portanto, o *crowdfunding* pelo sistema de doações pura consiste numa doação modal, cujo encargo é a obrigação de o autor utilizar o valor doado no projeto. Não existe qualquer contraprestação a que se obriga o autor do projeto que desnature o contrato de doação.

Destaque-se que o encargo, no *crowdfunding* pelo sistema de doação pura, é uma obrigação de meio, não de resultado. Efetivada a doação, o

---

[242] PENTEADO, Luciano de Camargo, ob. cit., p. 281.
[243] Idem, p. 280-5.

autor do projeto compromete-se unicamente a utilizar o valor doado no projeto, que poderá ou não ser bem-sucedido. É hipótese semelhante às doações eleitorais, em que os filiados de determinados partidos doam determinada quantia para que o candidato, em que acreditam ou em cuja vitória tenham interesse, a utilize em sua campanha. A vitória do candidato não é certa e, caso efetivamente não vença, o eleitor não tem direito a revogar a doação.

Assim como na hipótese das doações eleitorais, nessa modalidade de *crowdfunding* o autor do projeto não se compromete com o resultado positivo de seu empreendimento, mas tão somente que o valor doado será utilizado exclusivamente para sua execução.

Existe outro problema levantado pela doutrina no que se refere ao objeto do encargo numa doação modal, que ainda deve ser levado em consideração quando da análise da natureza jurídica do *crowdfunding* no Brasil. Muitos dos autores que se debruçam sobre o assunto da doação modal fazem a ressalva de que o valor do encargo não deve superar ao valor da doação, podendo, no máximo, equivaler-lhe em termos econômicos[244]. Esse é um potencial problema a ser enfrentado para a determinação da natureza do contrato de *crowdfunding* pelo sistema de doação, já que o próprio conceito do financiamento coletivo pressupõe doações de quantias inferiores ao valor do projeto. Conforme já abordado, a dinâmica do *crowdfunding* consiste no oferecimento, por parte dos autores dos projetos, de uma multiplicidade de "quotas" a seus potenciais apoiadores. O potencial apoiador escolhe uma dessas "quotas", cujo valor será sempre menor do que o valor do projeto como um todo, já que, por exemplo, num *crowdfunding* em que o valor do projeto tenha sido dividido em 100 quotas, cada apoiador doará um centésimo do necessário para a sua realização.

Embora a ressalva de que o valor do encargo nunca pode superar o valor da doação se aplique à grande maioria das hipóteses, ela não toca no ponto central para a determinação de se houve desnaturação de uma

---

[244] Dentre outros autores, Sílvio de Salvo Venosa, Roberto Wagner Marques, Paulo de Tarso Vieira Sanseverino e Agostinho Alvim. Para este último jurista, entretanto, o valor do encargo nem sequer poderá equivaler ao valor da doação. Caso o valor do modo seja superior ao valor da doação, diz o autor que os polos contratuais estariam invertidos: o doador, na verdade, seria o donatário. Se o encargo equivaler ao valor doado, na verdade doação não seria, pois o donatário seria mero executor do modo no interesse do doador. ALVIM, Agostinho Neves de Arruda, ob. cit., p. 237.

doação modal. A desproporção entre a prestação e eventual contraprestação não é determinante para a definição de se o negócio em análise se trata, de fato, de uma doação com encargo ou de um negócio misto com doação. Com efeito, o que deve ser analisado continua sendo a causa do negócio jurídico. Se essa causa for a liberalidade (convertida em causa civil mediante o emprego da forma), que possui uma cláusula acessória que dela deriva, estamos diante de doação com encargo[245]. Se a causa deixa de ser a liberalidade, configurando-se esse encargo como verdadeira contraprestação do valor doado, está-se diante ora de um negócio misto com doação, ora de uma troca.

Existe um caso paradigmático analisado por LIMONGI FRANÇA[246] e PENTEADO para determinar se o valor do encargo é fator determinante no enquadramento de determinado negócio jurídico como doação modal ou como contrato misto com doação. Trata-se de caso de uma doação com encargo feita à Coletividade Helênica de São Paulo. Por meio desse negócio jurídico, foi doado um terreno à Coletividade, que se obrigou a utilizar o valor doado para a construção de uma igreja e de um salão destinados à reunião da Comunidade Grega. Além disso, foram impostas algumas disposições sobre a forma como esse imóvel seria administrado, estabelecendo-se alguns poderes aos doadores. Anos depois da doação, os doadores notificaram a Coletividade para que essa disponibilizasse informações contábeis acerca da utilização do imóvel, o que não foi atendido, gerando-se um processo judicial. Nesse processo, foi requerida, dentre outros, a revogação da doação por descumprimento do encargo e, subsidiariamente, a revogação da doação por ingratidão.

Na análise desse caso, levou-se em consideração que o encargo determinado na doação seria de valor excessivo quando comparado à própria doação. Isso, segundo LIMONGI FRANÇA, implicaria a mudança do contrato de doação com um encargo para um contrato misto, que seria resultado da fusão de uma liberalidade com um negócio a título oneroso[247].

O parecerista, como bem constatado por PENTEADO em sua análise desse mesmo parecer, embora tenha utilizado a nomenclatura e tenha

---

[245] PENTEADO, Luciano de Camargo, ob. cit., p. 310-1.
[246] FRANÇA, Rubens Limongi. Revogação de doação onerosa. In: **Revista dos Tribunais**, ano 78, v. 644, jun./89. São Paulo: Revista do Tribunais, 1989, p. 29-45.
[247] Idem, p. 34.

argumentado no sentido de que o contrato que havia entre a Coletividade e os doadores era de fato uma doação com encargo, chegou à conclusão de que, no caso concreto, havia na verdade um contrato atípico, verdadeiro negócio misto com doação[248].

De qualquer sorte, para solucionar esse mesmo caso, PENTEADO realizou em primeiro lugar um exame de se o negócio jurídico tinha como causa (i) uma liberalidade dos doadores, em que se tenha determinado uma cláusula restritiva à eficácia do negócio (utilização do terreno para finalidade específica), ou (ii) uma prestação (terreno) que teria como causa uma contraprestação (construção da igreja e do salão). Na primeira hipótese, tratar-se-ia o contrato de verdadeira doação com encargo, enquanto na segunda de negócio misto com doação, ou mesmo de troca. A determinação de se haveria doação mista ou troca dependeria, por sua vez, da análise do equilíbrio econômico entre prestação e contraprestação.

Conclui o autor então que, a fim de que se determine qual o tipo de negócio que se está diante, é necessário que se analisem as causas que levaram as partes a realizá-lo. Por exemplo, se a causa do negócio tiver sido uma liberalidade, estar-se-ia diante de uma doação, cujo encargo constitui-se como cláusula acessória que a restringe[249]. Nesse caso, a liberalidade é convertida em causa civil mediante o emprego de forma específica estipulada no Código Civil. Por outro lado, caso a causa do contrato seja uma contraprestação, estar-se-ia diante ou de (i) um negócio misto com doação, ou de (ii) uma troca. Se a contraprestação for desproporcional[250] e não lesionária[251], ela será causa natural do contrato, que se qualificaria como negócio misto com doação. Por fim, caso a causa natural do contrato seja uma contraprestação com sinalagma perfeito, estar-se-á diante de uma troca.

Embora a desproporção entre encargo e doação não seja por si só determinante para a desnaturação do contrato de doação modal, ela deve servir ao menos como parâmetro de análise da causa contratual, caso ela não

---

[248] PENTEADO, Luciano de Camargo, ob. cit., p. 310.
[249] PENTEADO, Luciano de Camargo, ob. cit, p. 300-6.
[250] Luciano de Camargo Penteado utiliza-se do termo "sinalagma liberal", realizando ele mesmo uma ressalva quanto à atecnicidade do termo. Preferiu-se nesse trabalho a utilização da expressão "contraprestação desproporcional" para fazer referência à causa de um negócio misto com doação. PENTEADO, Luciano de Camargo, ob. cit., p. 304-6.
[251] Idem, p. 306.

tenha sido expressamente declarada no negócio jurídico. A desproporção é um forte indício de que a causa do contrato não foi efetivamente uma liberalidade, já que o suposto doador impõe obrigação ao donatário que o onera mais do que beneficia. Entretanto, a existência dessa desproporção não faz com que a causa do contrato deixe de ser, necessariamente, uma liberalidade. Existem casos em que o encargo na doação modal é de único e exclusivo interesse de terceiros ou do donatário. Nessas hipóteses, mesmo que o valor do encargo seja superior ao valor da doação, ainda assim ele não poderá ser considerado contraprestação.

Utilizemos como exemplo uma situação em que determinado indivíduo A deseje atribuir determinada destinação a um terreno seu que, atualmente, se encontra desocupado. Ele poderia, por exemplo, simplesmente doá-lo a B (doação pura). Em outra situação, poderia doar a B, estipulando, contudo, que se este fizer qualquer construção nesse terreno, essa edificação deverá ser receber o nome de determinado indivíduo (doação modal). Se, por outro lado, A desse o terreno a B para que este construísse um prédio e devolvesse a A alguns apartamentos de valor equivalente ao terreno, não se estaria diante de uma doação, senão de uma troca. Caso, numa última situação, A determinasse que alguns apartamentos fossem dados a uma organização sem fins lucrativos que promove moradia popular, não parece que o contrato detenha deixado de ser uma doação modal[252].

Nessa situação, pode-se excluir, pelo menos *prima facie*, que tenha havido troca, já que inexiste qualquer correspectividade ou sinalagma nessa contraprestação que beneficie A. O que há, na verdade, é uma atribuição patrimonial em favor de B, com consequente diminuição do patrimônio de A. A causa deste negócio claramente é uma liberalidade, convertida em causa civil pela utilização de forma específica. Nesses casos em que o

---

[252] Existe um caso, no direito italiano, em que se entendeu diversamente. Trata-se de uma situação em que um cidadão italiano, preocupado com a extinção de um colégio, comprometeu-se a subscrever mil liras anuais para a sua manutenção, durante dez anos. Após três anos, o cidadão parou de realizar as subscrições, tendo sido demandado em juízo. Sua principal alegação foi no sentido de que não teriam sido preenchidas as formalidades da doação. O Tribunal, entretanto, entendeu estar diante de um contrato inominado *do ut facias*, condenando-o a continuar a fazer os pagamentos durante o tempo remanescente. Portanto, segundo o Tribunal, mesmo o caráter não patrimonial da utilização de suas doações para a manutenção do colégio, que eram dadas em conjunto com um investimento governamental, eram causas suficientes do contrato, descaracterizando-se o contrato de doação. PENTEADO, Luciano de Camargo, ob. cit., p. 263.

encargo seja de benefício de terceiros, ou do próprio donatário, o fato de o valor do encargo ser equivalente ou maior do que o valor da doação não é suficiente para transformá-lo em outro tipo contratual. O que continua determinando o enquadramento do negócio é a causa da atribuição patrimonial.

Essa é a razão pela qual alguns autores como PONTES DE MIRANDA e ORLANDO GOMES admitirem que, mesmo nos casos em que um encargo seja excessivamente oneroso, ainda assim o contrato deve ser considerado uma doação caso ele tenha sido estabelecido em proveito de terceiros[253]. Essa determinação do encargo em favor de terceiro faz com que o contrato tenha, em regra, como causa uma liberalidade, mesmo que seja de valor superior ao valor da doação. Se, por outro lado, esse encargo tivesse sido determinado em favor do próprio doador, seria difícil a defesa de que a causa do contrato não tenha sido o próprio encargo, que se tornaria verdadeira contraprestação.

Com relação à análise específica do *crowdfunding* pelo sistema de doações, via de regra, o apoiador não se beneficia economicamente do projeto apoiado. O interesse do apoiador, nesses casos, é um interesse indireto, moral, relativo à efetivação do projeto. O apoiador pode querer que determinado compositor consiga gravar um álbum, ou que determinado filme seja produzido. Pode até mesmo ter como intenção que determinado jogo eletrônico ou um produto seja produzido pelo autor do projeto para consumo posterior, sem que, no entanto, aufira qualquer vantagem de caráter econômico diretamente envolvida.

De qualquer forma, ainda que não se admita a possibilidade de que o valor do encargo supere o valor da doação, mesmo naqueles casos em que o modo seja no interesse de terceiro, o *crowdfunding* pelo sistema de doação não estaria desnaturado como tal. Isso ocorre porque o encargo no *crowdfunding* pelo sistema de doações nunca será superior ao valor doado. Não se pode considerar que a obrigação acessória vinculada à pequena doação feita pelo doador seja que o donatário realize o projeto em sua totalidade. Isso acarretaria dizer que, ao receber a doação de uma quota no valor de

---

[253] GOMES, Orlando. Contratos, ob. cit., p. 268. Nesse mesmo sentido diz Pontes de Miranda que "o *modus* não pode ser de tal valor que torne contra oneroso a doação. Todavia, se o *modus* é para proveito de terceiro, em cujo enriquecimento tenha interesse o doador pode ser convencionado". PONTES DE MIRANDA, Francisco Cavalcanti de, ob. cit., p. 287.

um centésimo do total necessário para a execução do projeto, o donatário se comprometeria a realizar o projeto integralmente considerado, no valor de cem vezes a quantia recebida. Na verdade, o encargo nesse sistema de *crowdfunding*, conforme já analisado, consiste numa obrigação de meio, de utilização do valor doado na execução do projeto, que poderá ou não ser bem-sucedido. Ao valor doado pelo apoiador do projeto corresponde, portanto, encargo de mesmo valor, qual seja, de sua integral utilização na execução do projeto.

A partir dessa análise, portanto, pode-se concluir que o *crowdfunding* pelo sistema de doações é efetivado através de um contrato de doação modal, cujo encargo consiste na obrigação de o donatário (autor do projeto) utilizar a totalidade da quantia doada para a execução do projeto da forma como publicou na plataforma de *crowdfunding*. Essa obrigação de utilização da quantia doada na execução do projeto não a desnatura enquanto encargo, já que: (i) a causa do contrato continua sendo a liberalidade, convertida em causa civil por meio da imposição de forma, (ii) o encargo é uma obrigação de meio, de utilização do valor doado para a execução do projeto, não se podendo falar em superação do valor da doação, e (iii) o valor do encargo, mesmo que equivalente ao valor da doação, por ser em benefício exclusivo de terceiros ou do donatário, não é suficiente para desnaturá-lo como modo.

2.1.2. *Crowdfunding*: sistema de recompensas

O *crowdfunding* pelo sistema de recompensas é um dos mais utilizados pelas plataformas brasileiras de financiamento coletivo. Antes, contudo, de analisar-se essa forma, deve-se ter em mente que o *crowdfunding* pelo sistema de recompensas possui um espectro de possibilidades muito maior do que o anteriormente analisado, o que torna a categorização abstrata dessa forma de financiamento em algum tipo contratual específico uma tarefa impossível. A determinação de se o *crowdfunding* pelo sistema de recompensas consiste num contrato típico, ou mesmo num atípico, exigirá análise concreta da forma como o financiamento de um projeto em específico foi desenhada.

Nessa modalidade, os apoiadores disponibilizam seu capital aos autores dos projetos, que deverão utilizá-lo para concretizar a ideia financiada. Entretanto, além da obrigação de empreenderem o projeto a que se dispuseram, os autores se obrigam a recompensar os apoiadores com pequenos brindes, ou com gestos que, embora sem valor patrimonial, os incentivam a efetuar a transferência de dinheiro. Esses gestos podem ser, por exemplo, em um *crowdfunding* para a publicação de um livro, de um álbum musical ou de um filme, a colocação do nome do apoiador nos créditos do projeto. Pode ser ainda a entrega de algum chaveiro, de um brinde, que não se vincula diretamente ao produto final do projeto desenhado pelo autor.

Em uma análise primária, esse modelo de *crowdfunding* poderia encaixar-se na mesma situação do modelo anteriormente analisado: tratar-se-ia de um contrato de doação modal, cujo modo se dividiria em dois distintos: (i) a de levar o projeto adiante, dentro das regras estabelecidas pela plataforma de *crowdfunding*, e (ii) a de entregar ao apoiador o brinde prometido, ou realizar o ato a que se comprometeu caso o projeto se concretizasse.

Isso ocorre porque é perfeitamente possível que num contrato de doação modal haja dois encargos cumulados, já que não existe qualquer disposição legal o proibindo. Entende nesse mesmo sentido ROBERTO MARQUES, para quem na doação modal, por se enquadrar no campo dos interesses privados disponíveis, seria perfeitamente possível a cumulação de encargos, que consistira num exemplo típico de obrigações conjuntivas[254]. Segundo o autor, esse modo pode ter natureza dúplice, ou mesmo tríplice, continuando as obrigações acessórias a enquadrar-se como encargo. Os encargos, então, poderiam assumir diferentes combinações: obrigação de dar e fazer, de dar e não fazer, fazer e não fazer, ou todas, simultaneamente[255].

É exatamente o que ocorre no *crowdfunding* pelo sistema de recompensa. Além da obrigação que o autor tem de utilizar a quantia recebida em seu projeto, a segunda obrigação (recompensa) poderá consubstanciar-se ou em uma obrigação de fazer, ou em uma obrigação de dar. Quando se analisa uma obrigação de dar, a coisa a ser entregue ao doador consiste, no geral, em um brinde, um objeto sem grande valor agregado a ponto de desnaturar a gratuidade típica de um contrato de doação. Se se estiver analisando uma obrigação de fazer, menos ainda é o valor atribuído a ela, pois, no geral, são obrigações que nem sequer podem ser quantificadas pecuniariamente. No entanto, o problema, nesse sistema de *crowdfunding*, é que as recompensas podem assumir a forma das mais variadas prestações,

---

[254] MARQUES, Roberto Wagner, ob. cit., p. 100.
[255] Idem, ibidem.

que vão desde esses pequenos brindes até viagens caras para encontrar pessoas famosas.

Tome-se como exemplo um *crowdfunding* efetuado pelo sistema de recompensa no site *KickStarter*, uma das plataformas mais acessadas dos Estados Unidos da América. Em um dos projetos publicados, cujo autor era o diretor de cinema estadunidense Spike Lee, foram pedidos US$ 1,25 milhões para financiar a gravação de um novo filme, ainda sem nome[256]. Os apoiadores poderiam fazer suas contribuições com quotas que variavam entre US$ 5,00 e US$ 10.000,00. Aqueles que dessem US$ 5,00 receberiam um adesivo de carro autografado pelo próprio Spike Lee. Os doadores que dessem a quantia máxima, de US$ 10.000,00 ou mais, teriam direito a jantar com o diretor do filme em sua casa, ou, se preferissem, ganhariam uma pintura do artista Michael Ray Charles[257]. O valor das recompensas, portanto, variava de acordo com o valor contribuído pelos apoiadores.

Por esse exemplo, ficam claros dois aspectos do *crowdfunding* pelo sistema de recompensas. Em primeiro lugar, que é impossível que se elaborar um enquadramento unificado sobre qual é a natureza jurídica dessa recompensa, já que as obrigações a que se vinculam o autor do projeto são dos mais variados tipos e valores. Em segundo lugar, que o valor das recompensas varia proporcionalmente ao valor entregue pelo apoiador do projeto: quanto maior a doação, melhor a recompensa. Isso, é claro, ocorre para incentivar que os apoiadores doem o máximo de valor possível para o projeto.

Mesmo diante desses dois aspectos, é possível estabelecer critérios de análise para que, num caso concreto, se possa determinar a natureza jurídica do *crowdfunding* pelo sistema de recompensas. Para tanto, os conceitos trazidos no subcapítulo que abordou o financiamento coletivo pelo sistema de doações se mostram úteis.

Conforme visto, o que determina se se está diante de um contrato de doação modal, de um negócio misto com doação, ou de uma verdadeira compra e venda, ou prestação de serviços, é a causa da prestação feita pelo potencial doador. Se a causa da entrega do valor pelo apoiador do projeto for uma liberalidade (que poderá ser temperada por um encargo),

---

[256] KICKSTARTER. **The newest hottest Spike Lee joint**. Disponível em: <https://www.kickstarter.com/projects/spikelee/the-newest-hottest-spike-lee-joint>. Acesso em: 01 ago. 2014.

[257] Esse projeto foi bem-sucedido, tendo angariado até 21 de agosto de 2013 a quantia de US$ 1.418.910,00, a partir de 6.421 doações. KICKSTARTER, ob. cit..

o contrato será de doação (ou de doação modal, como ocorre no *crowdfunding* pelo sistema de doação). Se a causa for uma contraprestação oferecida pelo autor do projeto, o contrato será de compra e venda, ou de prestação de serviços, ou mesmo uma empreitada, a depender se a contraprestação consistir em obrigação de dar, ou de fazer. Se, por fim, a causa do negócio for uma contraprestação de valor desproporcional e não lesionária, haverá um contrato atípico, um negócio misto com doação.

Viu-se que os motivos psicológicos que levaram o apoiador a contribuir com o projeto, embora não seja determinante para a determinação da natureza jurídica de determinado contrato, ajuda a compreender o contexto no qual aquele contrato foi firmado e, ao menos, ajuda a identificar qual é a causa suficiente daquela contratação[258]. Dado que no modelo de *crowdfunding* em análise as recompensas apresentam valor substancialmente menor do que o valor dado pelo apoiador do projeto, parece provável que os motivos psicológicos que o levaram a contribuir com ele continue sendo uma liberalidade. Contudo, isso somente será verdade se esse mesmo apoiador que contribuiu com um projeto esperando uma recompensa também estivesse disposto a contribuir com seu dinheiro na hipótese de nada ser oferecido em contrapartida. Mostra-se possível, portanto, a situação de um apoiador somente se motiva realizar a transferência patrimonial somente por conta do oferecimento de recompensas em contrapartida, caso em que não seria a liberalidade causa suficiente para que ele apoiasse o projeto.

Para resolver-se essa situação, deve-se ter em mente que análise da causa suficiente do contrato nessa modalidade de *crowdfunding* deve se focar no exame principalmente das duas obrigações cumuladas no contrato. Conforme já abordado anteriormente, o simples fato de o apoiador do projeto doar uma certa quantia e determinar que o autor a utilize no projeto publicado na plataforma, por si só, não é suficiente para que o modo seja desnaturado. A obrigação de destinar a quantia doada para a concretização do projeto é somente um temperamento à liberalidade. Entretanto, a imposição de uma segunda obrigação ao autor do projeto, de entregar determinada recompensa ao apoiador, poderia fazer com que surgisse uma

---

[258] "A doação mista assemelha-se tanto à doação modal que às vezes se torna difícil distingui--las, e, quando for isto necessário, pesquisar-se-á a intenção das partes, a saber se prevalece o *animus donandi*, caso em que será doação, ou ao revés a outra espécie contratual, e serão dominantes os princípios respectivos.". PEREIRA. Caio Mário da Silva. **Instituições de direito civil**. 18ª Ed.. Rio de Janeiro: Forense, 2014, p. 407.

contrapartida ao valor disponibilizado pelo apoiador, o que desnaturaria esse tipo de *crowdfunding* como uma doação modal.

Ao contrário do que ocorre com o *crowdfunding* pelo sistema de doações, no *crowdfunding* pelo sistema de recompensas uma das obrigações impostas ao autor do projeto beneficia diretamente aquele a quem se está entregando o dinheiro. Não existe mais tão só a obrigação de o autor do projeto utilizar a quantia entregue para a concretização daquilo que publicou na plataforma de *crowdfunding*. Essa obrigação, conforme visto, muito embora possa beneficiar de forma indireta o apoiador, é de benefício direto tão somente do autor do projeto e de terceiros que com ele possam de alguma forma se favorecer. No *crowdfunding* pelo sistema de recompensas, ao contrário, a entrega da recompensa é um benefício direto oferecido àqueles que apoiarem o projeto. Além disso, esse benefício no geral possui caráter pecuniário, mesmo que de baixo valor agregado.

No *crowdfunding* pelo sistema de recompensas, os apoiadores têm interesse no recebimento dessa recompensa e, na maior parte dos casos, só oferecem dinheiro porque existe uma contrapartida oferecida, o que faz com que essa assuma a forma de causa suficiente do contrato. Utilizando-se do exemplo supra analisado, é de difícil suposição que algum indivíduo, mesmo que se interessasse muito no filme objeto do *crowdfunding*, estivesse disposto a doar a quantia US$ 10.000,00 sem que qualquer contrapartida fosse oferecida em retorno. Assim, o jantar com o diretor do filme ou o quadro de um artista renomado são as efetivas causas da entrega do valor pelo apoiador do projeto.

A determinação de se a recompensa é a causa suficiente do contrato parte da análise de se ela se constitui como contraprestação ao valor dado pelo apoiador do projeto. Segundo PENTEADO, uma das formas de análise de se essa obrigação dada pelo suposto donatário se configura como uma contraprestação ou como um modo é a análise de se ela caminha no mesmo sentido da prestação, ou se ela está contraposta a esta. Se essa obrigação acompanhar a prestação do doador, ela consistirá num encargo e, por conseguinte, numa doação modal. Se, por outro lado, essa obrigação for contraposta ao valor entregue, ou seja, não caminhar no mesmo sentido da prestação, trata-se de verdadeira contraprestação, podendo, portanto, configurar ora negócio misto com doação, ora um contrato sinalagmático típico[259].

---

[259] PENTEADO, Luciano de Camargo, ob. cit., p. 262.

Isso não quer dizer, contudo, que o espírito de liberalidade não esteja presente no *crowdfunding* pelo sistema de recompensas. Na maior parte dos casos, as recompensas oferecidas aos apoiadores são de baixo valor agregado e desproporcionais ao valor oferecido ao autor do projeto. Tal desproporção é querida pelas partes, pois a utilização do *crowdfunding*, conforme abordado anteriormente, se dá também pelo espírito comunitário de colaborar com aqueles que precisam captar recursos para colocar suas ideias em prática.

Portanto, existe nessa modalidade de *crowdfunding* um sinalagma desproporcional. Por um lado, a causa da prestação do apoiador do projeto é a contraprestação oferecida pelo autor do projeto. Por outro lado, essa contraprestação geralmente é de valor bastante inferior à quantia entregue por aquele. Essa desproporcionalidade é querida pelas partes, principalmente pelo apoiador do projeto, que escolhe fazê-lo com o intuito de colaborar com uma causa em que acredita, ou em que tenha interesses indiretos. Esse intuito – motivo psicológico da contratação – é trazido para dentro da relação contratual justamente por meio da desproporcionalidade entre a prestação (entrega do dinheiro pelo apoiador) e a contraprestação (recompensa), tratando-se ela de verdadeira liberalidade da parte do apoiador[260]. Portanto, não consiste esse negócio numa doação, pois há contraprestação à entrega do dinheiro. No entanto, não há também uma compra e venda, prestação de serviços ou empreitada, pois, embora presente a contraprestação, seu valor é baixo quando comparado à prestação e essa desproporcionalidade é gerada pelo *animus donandi* parcial do apoiador. Alocando-se como um intermediário entre uma doação e uma compra e venda (ou de outro negócio sinalagmático típico), configura-se o *crowdfunding* pelo sistema de recompensas como verdadeiro exemplo de negócio misto com doação.

Contudo, a análise do enquadramento de um contrato como doação modal, negócio misto com doação ou outro contrato típico sinalagmático

---

[260] Agostinho Neves de Arruda Alvim entende que nos casos de compra e venda a preço vil feita entre amigos, não há outra explicação para a diferença de preço senão um verdadeiro *animus donandi*. Para ele, nesses casos, haveria negócio misto. Entretanto, para o autor, o negócio deveria ser analisado a partir de uma cisão desse negócio em dois: haveria compra e venda com relação à parte do bem que corresponder ao preço e doação na parte em que o bem for superior ao preço. ALVIM, Agostinho Neves de Arruda, ob. cit., p. 13.

deve ser feita levando-se em consideração as nuances do caso concreto[261]. Impossível que se consiga categorizar todas as recompensas possíveis num *crowdfunding*, pois as possibilidades são tantas quantos forem os tipos de projetos apresentados. Por esse motivo, podem existir hipóteses em que a recompensa oferecida pelo autor do projeto se equivalha ao valor oferecido pelo apoiador, ou em que, embora seja inferior ao valor oferecido, não chegue a ser desproporcional a ponto de existir uma liberalidade no negócio concretamente analisado[262]. Quando ocorrer de a recompensa equivaler ou ser de valor ao menos equiparável ao valor dado pelo apoiador, deixando, portanto, a contraprestação de ser desproporcional, haverá um contrato de troca, de compra e venda, de prestação de serviços ou outro contrato que, embora atípico, será sinalagmático e correspectivo.

Existe, ainda, a possibilidade inversa, de que a recompensa não tenha qualquer valor pecuniário que beneficie o apoiador do projeto, mas seja tão somente uma obrigação de cunho moral. Seriam os casos, por exemplo, dos projetos de entretenimento, tais como de produção de filmes, ou gravações de álbuns musicais, em que o autor estipula que, concretizado o projeto, os nomes dos apoiadores constarão dos créditos. Nesse caso, existirá tão somente um dever imposto ao donatário que consiste somente num temperamento à liberalidade, que, embora deva ser cumprido e possa fazer parte dos motivos psicológicos que levaram o apoiador do projeto a doar determinada quantia, não constituirá causa do negócio, que continuará a ser uma liberalidade. Nesse caso, estar-se-á diante de uma doação modal de dois encargos (obrigação de utilizar a quantia doada na execução do projeto e de colocar o nome do apoiador nos créditos do filme).

Portanto, no *crowdfunding* pelo sistema de recompensas a forma de análise proposta por PENTEADO se mostra bastante útil. Deve-se enxergar

---

[261] "Suposto, porém, um caso, como decidir se o baixo preço representa liberalidade, hipótese de *negotium mixtum cum donatione*, ou se, pelo contrário, entende-se com outro motivo? A questão é de fato e não de direito. As circunstâncias dirão. Por isso mesmo que a questão é de fato, adverte BUTTERA que decisões sobre tais assuntos não comportam recursos para cassação.". Idem, ibidem.

[262] É difícil se pensar numa hipótese em que o valor da contraprestação supere o valor da prestação, pois, nesse caso, o autor do projeto estaria em prejuízo e não conseguiria empreender sua ideia. Exceção se faz somente à hipótese em que o autor do projeto preste um serviço cujo valor, no mercado, seja superior ao valor entregue pelo apoiador do projeto, pois, nesse caso, haveria troca de dinheiro por uma atividade do autor, que não necessariamente teria prejuízo financeiro direto.

que existe uma gradação das causas de diferentes negócios, que parte de (i) uma liberalidade pura (doação), passando por (ii) uma liberalidade limitada (doação modal), (iii) pela contraprestação desproporcional – em que ainda existam traços de liberalidade (negócio misto com doação) –, até, por fim, (iv) por uma contraprestação equivalente (troca, compra e venda, prestação de serviços ou qualquer outro contrato sinalagmático, típico ou não). O *crowdfunding* pelo sistema de recompensas ora poderá ser uma doação modal de dois encargos, na hipótese de a recompensa ter conteúdo unicamente moral, ora um negócio misto com doação, se a recompensa se configurar como contraprestação desproporcional e não lesionária da contribuição do apoiador, ora algum outro contrato sinalagmático e correspectivo, típico ou atípico, se a recompensa for a contraprestação que causou a contribuição do apoiador, e, além disso, for de valor equivalente ou equiparável à quantia contribuída. Essa determinação, no modelo de *crowdfunding* em análise, deverá ser feita a partir de um exame concreto de cada projeto.

2.1.3. *Crowdfunding*: sistema de pré-venda

O *crowdfunding* pelo sistema de pré-venda é o último dos modelos que ainda gera dúvidas acerca do seu enquadramento pela análise de sua causa. Por esse sistema, os apoiadores transferem determinada quantia em dinheiro aos autores de projetos, os quais, por sua vez, possuem duas obrigações: (i) a de levar o projeto adiante, dentro das regras da plataforma de *crowdfunding* e da forma como foi publicada sua ideia, e (ii) de entregar aos apoiadores o produto resultado do projeto financiado.

O sistema de *crowdfunding* por pré-venda assemelha-se muito ao modelo de recompensas, já que em ambos existe uma obrigação por parte do autor do projeto a uma prestação. Entretanto, no *crowdfunding* pelo sistema de pré-venda a recompensa a ser entregue ao apoiador será o produto final do projeto, ou seja, a mercadoria final que será produzida caso o projeto seja bem-sucedido. Um exemplo de crowdfunding em sistema de pré-venda é no caso de um projeto que vise a angariar recursos para a gravação de um disco, o oferecimento de um disco autografado aos apoiadores, caso o projeto dê certo. Na verdade, o modelo de pré-venda poderia ser enquadrado como subtipo do sistema de recompensas, com a especialidade de que, naquele, a recompensa será sempre uma obrigação de dar o produto final do projeto aos apoiadores.

Talvez um dos maiores exemplos dessa modalidade de *crowdfunding* tenha sido o projeto denominado "*TikTok + LunaTik Multi-Touch Watch Kits*"[263]. Esse projeto, lançado por Scott Wilson em 2010, visava à produção de pulseiras de borracha que seriam utilizadas em um aparelho de reprodução de músicas, transformando-o em um verdadeiro relógio inteligente. Esse projeto, que pediu a quantia total de US$ 15.000,00, conseguiu angariar a impressionante marca de US$ 942.578,00 em 17 de dezembro de 2010, a partir da contribuição de 13.512 apoiadores. Os apoiadores puderam contribuir com o projeto a partir da "compra" de seis diferentes categorias de quotas: (i) caso contribuíssem com valores entre US$ 1,00 e US$ 25,00, não receberiam nada em retorno; (ii) se contribuíssem entre US$ 25,00 e US$ 50,00, os apoiadores receberiam uma pulseira *TikTok*, cujo valor final de venda, depois de colocado no mercado, seria de US$ 34,95; (iii) caso disponibilizassem entre US$ 50,00 e US$ 70,00, os apoiadores receberiam uma pulseira *LunaTik*, cujo valor final de venda seria de US$ 69,95; (iv) se disponibilizassem entre US$ 70,00 e US$ 150,00, os apoiadores receberiam ambas as pulseiras; (v) caso contribuíssem com valores entre US$ 150,00 e US$ 500,00, os apoiadores receberiam uma pulseira *TikTok* e uma edição especial da pulseira *LunaTik*; (vi) por fim, caso disponibilizassem mais de US$ 500,00, os apoiadores receberiam uma edição especial da pulseira *LunaTik*, cinco pulseiras *LunaTik* padrão, cinco pulseiras *TikTok* padrão e um aparelho de reprodução de músicas, compatível com as pulseiras.

Vê-se, a partir do exemplo dado, que, no sistema de pré-venda, os apoiadores disponibilizam seu dinheiro a fim de receber, ao final do projeto, um produto de interesse, objeto do próprio projeto a ser financiado. Ressalte-se que, como ocorre em grande parte dos projetos de *crowdfunding*, existem quotas de diversas faixas de preço, que deverão ser escolhidas pelos apoiadores dos projetos. Quanto menor o valor das quotas, menor ou nenhuma será a contrapartida. Assim, é possível que em um *crowdfunding* seja principalmente encaixado em um dos sistemas analisados (no caso em exame, principalmente no sistema de pré-venda), mas que existam faixas de quotas que correspondam a outras modalidades de *crowdfunding*,

---

[263] KICKSTARTER. **TikTok + Luna Tik Multi-Touch Watch Kits**. Disponível em: <https://www.kickstarter.com/projects/1104350651/tiktok-lunatik-multi-touch-watch-kits>. Acesso em: 02 ago. 2014.

como, no exemplo analisado, as quotas que variavam entre US$ 1,00 e US$ 25,00, que, se escolhidas, configurariam um contrato de doação modal (cujo modo consistiria na utilização do valor doado na concretização do projeto). Sendo o caso de um projeto de *crowdfunding* possuir quotas que se enquadrem nos outros modelos de *crowdfunding*, a análise a seguir valerá somente para as quotas cuja contrapartida seja a entrega do produto final do projeto aos apoiadores.

Ao contrário do que ocorre no *crowdfunding* pelo sistema de recompensa, em que a obrigação do autor do projeto poderia configurar desde um encargo até uma contraprestação de um contrato sinalagmático, essa mesma obrigação, no sistema de pré-venda será sempre uma contraprestação. Isso ocorre porque o produto final do projeto financiado terá sempre valor econômico e será sempre entregue ao apoiador do projeto como contrapartida. A questão de análise, nesse tipo de financiamento coletivo, resta no exame de se há desproporção entre prestação e contraprestação que configure liberalidade no negócio jurídico, ou se a causa da prestação do apoiador é pura e simplesmente a contraprestação oferecida pelo autor do projeto.

Conforme já abordado anteriormente, a análise da existência ou não de proporcionalidade entre prestação e contraprestação atua no campo interpretativo do contrato, tornando mais fácil a determinação da causa do contrato.

Da mesma forma como ocorre em grande parte dos projetos de *crowdfunding*, sejam eles pelo sistema de pré-venda, ou qualquer outro, os autores dividem a quantidade de dinheiro que precisam para concretizar seu projeto em quotas, cujos valores variam entre um mínimo e um máximo. No exemplo dado, em uma das quotas, os apoiadores poderiam transferir entre US$ 25,00 e US$ 50,00 e receberiam uma das pulseiras que seriam fabricadas com a conclusão do projeto. O valor mínimo que poderia ser transferido pelos apoiadores, dentre desse espectro, equivalerá, a, no mínimo, o valor de fabricação da coisa a ser dada a eles caso o projeto se concretize. Assim, os possíveis US$ 25,00 transferidos, *a priori*, deveriam equivaler a um valor mínimo aproximado do valor da pulseira a ser entregue aos apoiadores. Se tal não fosse o caso, ou seja, se o valor mínimo do espectro não fosse suficiente para, ao menos, cobrir o valor de fabricação da coisa a ser transferida, existiria a possibilidade de o projeto, mesmo angariando o capital inicialmente pedido, não ter fundos suficientes para produzir o número de pulseiras correspondentes a cada transferência de valores[264]. Portanto, o valor mínimo de compra de cada quota corresponde, ao menos aproximadamente, ao valor de fabricação da coisa futura a ser produzida.

Poderíamos, em contrapartida, considerar o inverso: que os apoiadores comprassem a quota pelo valor máximo do espectro oferecido. Em nosso exemplo, seria a hipótese de o apoiador transferir US$ 50,00 para receber em contrapartida a pulseira. Haja vista ter o autor do projeto estimado o preço de venda da pulseira no varejo em US$ 34,95, o apoiador teria transferido para o autor um valor muito acima não só do valor de fabricação, como também do valor final de venda do produto, no qual já estaria computado o eventual lucro do autor.

Logo, o espectro de variação dos possíveis valores entregues pelos apoiadores no *crowdfunding* pelo sistema de pré-venda abre duas possibilidades: (i) que o valor da prestação do apoiador do projeto equivalha ao valor da contraprestação, ou (ii) que o valor da prestação do apoiador supere o valor da contraprestação do autor.

Na primeira hipótese, por não haver desproporção entre prestação e contraprestação, não se poderia afirmar que exista qualquer liberalidade na causa contratual. Mesmo que tenha sido intenção das partes que o negócio jurídico firmado entre elas fosse uma doação, o fato de existir correspectividade e proporcionalidade entre prestação e contraprestação afasta a liberalidade da causa contratual. Essa intenção permanece, nesse caso, no campo dos motivos psicológicos que motivaram o apoiador a dar seu dinheiro em prol do projeto criado pelo autor.

Vale aqui retomar as observações feitas por ASCARELLI quando abordou o enquadramento jurídico do *negotium mixtum cum donatione*[265]. O autor, em seu artigo, defende que o negócio misto com doação não configuraria, ao contrário do que a doutrina majoritária afirma, um contrato misto, senão

---

[264] É claro que, por exemplo, o autor do projeto poderia ter prejuízo com as doações mínimas, de US$ 25,00, mas compensar essa perda com as transferências patrimoniais que superassem os US$ 500,00. Ou mesmo, ser compensada pelo fato de que, hipoteticamente, aquelas pulseiras de edição especial não valham o valor mínimo de compra daquela quota. Mesmo nesses casos, seria difícil se conceber que o autor do projeto tivesse um grande prejuízo caso os apoiadores comprem a quota pelo seu valor mínimo, pela grande possibilidade de ele não conseguir concretizar seu projeto. Os valores mínimos das quotas, se não corresponderem ao valor de fabricação da coisa a ser produzida, será sempre próximo desse valor, sob pena de o projeto não ser bem-sucedido.

[265] ASCARELLI, Tullio, ob. cit..

um negócio indireto, que se dá pela utilização de contratos típicos para o atingimento uma função ulterior, que, embora querida, permanece no campo dos motivos psicológicos dos contratantes. Ele se ateve à hipótese mais corrente de negócio misto com doação, a compra e venda a preço vil. Segundo ASCARELLI, mesmo que exista a intenção de doar (que, ratifique-se, permanece no campo dos motivos do negócio) sobrepondo a intenção de trocar, isso não impede que subsista como causa da contratação a troca de coisa por preço e que essa tenha sido, efetivamente, a vontade das partes[266].

Por conseguinte, para ASCARELLI, caso tenha sido vontade das partes efetivar uma compra e venda para atingir uma intenção ulterior de liberalidade, não se deveria considerar que tal contrato fosse misto, pois o contrato imediato utilizado pelas partes teria sido, efetivamente, uma compra e venda. Essa conclusão, deve, de fato, prevalecer quando a liberalidade das partes permanecer no campo dos motivos e não afetar a causa do contrato, o que deve ser feito a partir de uma análise concreta do negócio jurídico[267].

Da mesma forma como ocorreria numa compra e venda a preço vil, no *crowdfunding* pelo sistema de pré-venda, quando a prestação for proporcional à contraprestação, a estrutura querida pelas partes é, efetivamente, a troca de preço por coisa. O apoiador do projeto oferece ao autor determinada quantia de dinheiro a fim de que este, ao finalizar o projeto, entregue àquele o produto final de seu empreendimento. Conforme abordado no primeiro capítulo deste trabalho, nesse sistema de *crowdfunding*, ao lado do espírito comunitário, está o desejo de o apoiador do projeto receber determinado produto antes mesmo que ele seja colocado no mercado, ou então por valores abaixo do que ele custará quando for comercializado. A causa do contrato, portanto, está primariamente atrelada à aquisição do produto final.

Isso não quer dizer, contudo, que aquele interesse comunitário deixe de existir. Na verdade, ele é um plus à contratação, um estímulo para o apoiador do projeto adquirir aquele produto. Além de adquirir determinado produto de interesse, ele estaria contribuindo com o autor do projeto

---

[266] Idem, p. 39.
[267] Mesmo PENTEADO, para quem o negócio misto com doação consistiria efetivamente num contrato misto, entende que essa qualificação depende de uma análise fática, individualizada da relação contratual. PENTEADO, Luciano de Camargo, ob. cit., p. 280-285.

que, possivelmente, não conseguiria concretizar sua ideia por meio dos métodos convencionais de financiamento. Esse estímulo permanece, nesse caso, no campo dos motivos psicológicos, dos motivos mediatos queridos pelo apoiador.

Essa primeira hipótese, de a contraprestação do autor do projeto corresponder à prestação do apoiador, se trata, pois, de uma verdadeira compra e venda ou, no máximo, de um negócio indireto, em que se utiliza uma compra e venda de bem para que se, eventualmente, atinja uma possível finalidade indireta, qual seja, de doar[268].

A compra e venda, nesse caso, será de coisa futura, isto é, de coisa ainda inexistente. Essa possibilidade é reconhecida pelo artigo 483[269] do Código Civil. Os contratos de compra e venda de coisa futura são comumente divididos pela doutrina nos contratos *emptio spei* e *emptio rei spectatae*. Naqueles, o comprador interessou-se mais pela esperança de vir a coisa a existir do que pela coisa em si. Nestes, por outro lado, o comprador tem como foco a aquisição do objeto, que é o que mais importa, sendo a esperança apenas um traço que a ele concerne[270]. A compra e venda *emptio rei spectatae* se trata de negócio jurídico para aquisição de coisa que ainda não existe, mas que se espera que venha a existir como, por exemplo, a compra e venda do resultado de uma colheita[271]. A compra e venda *emptio spei*, por sua vez, é um contrato plenamente eficaz cujo objeto é a própria esperança de que determinada coisa venha a existir, como, por exemplo, a compra e venda de um poldro antes mesmo de ser concebido pela égua[272]. Nesse caso, ainda não se sabe se aquela égua dará um poldro, mas, caso venha a fazê-lo, ele deverá ser entregue ao comprador. O contrato de compra e venda *emptio*

---

[268] Vale a ressalva de que a intenção de doar, nesse caso, é somente possível, mas não necessária. Parece ser razoável supor que para muitos apoiadores do projeto TikTok, por exemplo, o interesse único fosse a aquisição da pulseira, pouco importando se isso colaboraria ou não com o autor do projeto em sua empreitada. Nesse caso, o apoiador adquirira, de fato, uma quota de valor equivalente ao valor do produto final, pois inexistiria qualquer intenção de doar.
[269] "Art. 483. A compra e venda pode ter por objeto coisa atual ou futura. Neste caso, ficará sem efeito o contrato se esta não vier a existir, salvo se a intenção das partes era de concluir contrato aleatório.". BRASIL. **Lei Federal n. 10.406, de 10 de Janeiro de 2002**, ob. cit..
[270] PONTES DE MIRANDA, Francisco Cavalcanti; MARQUES, Claudia Lima (atualiz.). **Tratado de direito privado**: parte especial. Tomo XXXIX. Direito das obrigações. Compra-e-venda. Troca. Contrato estimatório. 5 ed. São Paulo: Revista dos Tribunais, 2012, p. 77.
[271] Idem, p. 79.
[272] Idem, ibidem.

spei, dessa forma, é contrato aleatório, cujo risco de a coisa não existir é suportado pelo comprador. Este, na verdade, vislumbrou como objeto da compra e venda a própria esperança de a coisa vir a materializar-se. A *emptio rei spectatae*, por sua vez, é contrato comutativo, sendo que, caso a coisa não venha a existir, fica sem efeito o contrato de compra e venda, conforme determinado na parte final do artigo 483, Código Civil.

O negócio jurídico direto firmado pelo apoiador e autor do projeto, portanto, é um contrato de compra e venda futura, na modalidade *emptio rei spectatae*, já que aquele compra determinada quota com a expectativa de receber, ao fim, o produto do projeto desenhado pelo autor. Isso é especialmente reforçado pelo fato de que, nessa modalidade de compra e venda, o vendedor é obrigado a comportar-se de tal forma que não impeça a existência daquele bem futuro e a praticar todos os atos que tenha à sua disposição para possibilitar o surgimento do bem objeto do contrato[273]. É exatamente o que ocorre no *crowdfunding* pelo sistema de pré-venda, já que o autor do projeto, reunido o capital necessário para tanto, deverá empregar todos seus esforços para fazer com que sua ideia seja concretizada e o que bem futuro seja produzido e entregue aos seus apoiadores.

Assim, essa hipótese de *crowdfunding* pelo sistema de pré-venda será regida pelos artigos 481 a 501 do Código Civil. Pela própria definição de compra e venda, que é entendida como o contrato pelo qual "um dos contratantes se obriga a transferir o domínio de certa coisa, e o outro, a pagar-lhe certo preço em dinheiro", vê-se que ao entregar quantia compatível com o produto final do projeto, o apoiador e autor firmam esse tipo contratual. São elementos essenciais do contrato de compra e venda: (i) a coisa a ser transferida; (ii) o preço; e (iii) o consentimento. Isso quer dizer que, ao serem consentidos a coisa a ser transferida e o preço que deverá o comprador pagar por ela, o contrato de compra e venda estará perfeito e acabado[274], elementos presentes na hipótese sob análise.

---

[273] PONTES DE MIRANDA, Francisco Cavalcanti de. **Tratado de direito privado:** parte especial. Tomo XXXIX..., ob. cit., p. 81.

[274] GOMES, Orlando. Contratos, ob. cit., p. 272. É o que dispõe o artigo 482 do Código Civil: "a compra e venda, quando pura, considerar-se-á obrigatória e perfeita, desde que as partes acordarem no objeto e no preço. BRASIL. **Lei Federal n. 10.406, de 10 de Janeiro de 2002**, ob. cit..

Ao discorrer sobre o preço num contrato de compra e venda, observou ORLANDO GOMES que é necessário que o preço tenha valor suficiente, quando comparado à coisa, para que possa ser considerado como contrapartida. Segundo o autor, são "inadmissíveis, portanto, o preço simulado, o preço irrisório e o preço vil. Se fictício, não vale a venda"[275]. Para ele, o que se exige, na verdade, é que o preço não seja tão pequeno, quando comparado ao valor da coisa, que importe em mera liberalidade do vendedor, ou que este tenha o propósito de não o exigir[276]. Por essa afirmação, ORLANDO GOMES enfatiza que a causa contratual de uma compra e venda deve ser a troca de preço por coisa. Se houver desproporção entre o valor da prestação e da contraprestação, havendo, pois, traços de liberalidade, para o autor estaria descaracterizado o contrato de compra e venda.

O enquadramento das hipóteses em que o valor da prestação do apoiador seja proporcional ao valor da contraprestação do autor do projeto como contrato de compra e venda ou, no máximo, como negócio indireto em que a compra e venda (negócio direto) é um meio de atingir-se uma liberalidade, típica de uma doação (negócio indireto), contudo, não esgota a totalidade das hipóteses de *crowdfunding* pelo sistema de pré-venda. Existe ainda, conforme visto, a possiblidade de que o valor da quota comprada pelo apoiador do projeto seja substancialmente maior do que o valor do produto final a ser entregue. Em um caso extremo, poder-se-ia imaginar, no projeto *TikTok*, que um apoiador comprasse uma quota no valor de US$ 2.000,00 (já que não existe limite) para receber em troca produtos cujo valor agregado deve girar em torno do mínimo daquela quota, ou seja, cerca de US$ 500,00.

Diferentemente da hipótese anterior, nesse caso não estaria configurado um negócio jurídico indireto, senão propriamente um negócio misto com doação. Para ASCARELLI, o *negotium mixtum cum donatione* seria sempre um negócio jurídico indireto, pois as partes contratantes teriam efetiva e intencionalmente firmado uma compra e venda, cujos efeitos indiretos seriam uma doação. Na hipótese analisada, contudo, a situação é exatamente a inversa.

O espírito geral que permeia o *crowdfunding* é o de contribuir para que determinado projeto seja concretizado, de forma que a liberalidade é determinante para que haja contribuições aos autores dos projetos. Se na

---

[275] GOMES, Orlando. Contratos, ob. cit., p. 275.
[276] Idem, ibidem.

pré-venda por valor equivalente não existe qualquer traço de liberalidade entre prestação e contraprestação, sendo esta causa suficiente daquela, naquelas em que o valor dado pelos apoiadores for desproporcionalmente superior ao valor do produto final, a contraprestação não será a causa suficiente do negócio. A intenção do apoiador, nesse caso, não é primariamente efetivar uma compra e venda, senão fazer uma doação, com o incentivo de que ele receberá como contrapartida uma contraprestação, mesmo que desproporcional. Não se poderia dizer, nesse caso, que o apoiador queria fazer uma compra e venda com o efeito indireto de realizar uma doação. Isso porque ele possui à sua disposição uma gama de opções de quotas, dentre as quais uma que equivalha, ou seja ao menos proporcional, ao valor do produto final. Ao escolher uma quota cujo valor seja substancialmente superior ao valor do produto final, o apoiador faz uma escolha consciente de oferecer mais do que o produto vale para, mais do que somente receber sua recompensa, colaborar para que o projeto adquira todo o valor necessário para ser bem-sucedido.

Nesse caso, portanto, o produto final do projeto financiado pelo *crowdfunding*, embora seja contraprestação, não é a causa suficiente do negócio jurídico. Se a assim o fosse, o apoiador escolheria uma quota compatível com o valor da contraprestação. Na verdade, a causa suficiente do negócio jurídico é a fusão de duas: em primeiro lugar, a liberalidade, a intenção de colaborar para que o projeto seja bem-sucedido e, em segundo lugar, a contraprestação, incentivo adicional para que o apoiador contribua com aquela causa.

2.1.4. *Crowdfunding*: sistema de empréstimo

O sistema de *crowdfunding* por empréstimo, embora ainda bastante raro no Brasil, é de bastante utilização nos Estados Unidos da América. Por meio desse sistema de *crowdfunding* o apoiador não transfere ao autor dinheiro de forma definitiva, senão somente empresta determinada quantia que, cumpridas determinadas regras relativas ao prazo, deverá ser devolvida àquele.

Diferentemente das modalidades anteriormente analisadas, portanto, não existe qualquer ato de liberalidade que possa implicar doação, ou mesmo qualquer obrigação que pudesse configurar uma contraprestação, desproporcional ou não. Essa modalidade de *crowdfunding* se trata efetivamente de um contrato de mútuo e será regida nos termos dos artigos 586 a 592 do Código Civil. Está configurado contrato de mútuo, pois emprestando o apoiador coisa fungível (dinheiro), deverá o autor do projeto restituir a ele a quantia recebida, na mesma quantidade[277].

Esse sistema é utilizado por meio de duas possibilidades: (i) que o apoiador do projeto empreste determinada quantia, que deverá ser restituída na mesma quantidade ao fim do prazo estipulado, ou (ii) que o autor do projeto deva restituir ao apoiador, além da quantia mutuada, juros.

Em qualquer das duas hipóteses, o *crowdfunding* pelo sistema de empréstimo, para se adequar ao sistema de financiamento coletivo, não escapa à regra presente nos outros modelos, de que o valor contribuído pelos apoiadores deve ser integralmente utilizado para a concretização do projeto nos moldes como foi concebido e publicado pelo autor na plataforma.

Por conta dessa característica, percebe-se que o mútuo no *crowdfunding* não segue uma estrutura padrão, em que a opção de como utilizar a quantia mutuada recai na figura do mutuário. O financiamento coletivo via contrato de mútuo consiste num negócio jurídico pelo qual o mutuante determina onde deverá ser utilizada a quantia que por ele foi emprestada. Trata-se, portanto, de um contrato específico de mútuo, que a doutrina nomeou como contrato de mútuo de escopo.

Ambos os contratos, mútuo e mútuo de escopo, consistem no negócio por meio do qual uma das partes adianta fundos para outra. O que difere um do outro é que, no primeiro caso, não importa ao mutuante qual será o destino do valor emprestado, ao passo que no mútuo de escopo existe uma obrigação de o receptor dos fundos utilizar a quantia emprestada de determinada forma[278]. A única diferença entre ambos, portanto, é a destinação específica da quantia emprestada imposta no mútuo de escopo, tratando-se, portanto, de uma diferença qualitativa[279].

---

[277] "Art. 586. O mútuo é o empréstimo de coisas fungíveis. O mutuário é obrigado a restituir ao mutuante o que dele recebeu em coisa do mesmo gênero, qualidade e quantidade.". BRASIL, **Lei Federal n. 10.406, de 10 de janeiro de 2002**, ob. cit..

[278] Carlos Augusto de Carvalho Filho utiliza esse critério para diferenciar um financiamento de um mútuo. O financiamento é o nome que se dá comercialmente o mútuo de escopo, já que ambos consistem no mesmo negócio jurídico: o adiantamento de fundos por uma das partes para que a outra os utilize de forma específica, estipulada pelo próprio fornecedor dos valores. CARVALHO FILHO, Carlos Augusto de. **O contrato de financiamento**. Dissertação (Mestrado em Direito Civil) – Faculdade de Direito do Largo de São Francisco da Universidade de São Paulo, São Paulo, 2003, p. 101.

[279] Idem, ibidem.

É bastante comum, principalmente no que se refere os contratos firmados no âmbito do sistema financeiro, que haja nos contratos de mútuo uma finalidade declarada, isto é, um escopo específico determinado no contrato, que poderá, em algumas hipóteses, vincular o uso do valor emprestado. Essa finalidade declarada, contudo, não necessariamente obrigará o mutuário a utilizar o objeto do mútuo de uma forma específica. Sendo essa declaração simplesmente uma enunciação de motivos (por exemplo, constante nas considerações contratuais), ela deverá ser utilizada tão somente para a interpretação do contrato de mútuo[280].

Ocorre que em alguns casos, seja o mútuo gratuito ou feneratício, impõe-se ao mutuário uma obrigação de fazer acessória à prestação de dar, que determinaria a finalidade para a qual o valor mutuado seria utilizado[281]. Para alguns autores, essa obrigação de fazer, por ser acessória, consiste num encargo anexo à prestação de dar, e a ele se aplicam as mesmas regras de um encargo num contrato de doação, como ocorre, por exemplo, na Itália[282]. Para outros autores, contudo, essa obrigação nasceria a partir da realização de um contrato indireto, acessório, por meio do qual se estabeleceria a destinação do valor mutuado. Para a doutrina italiana, porém, essa hipótese não seria propriamente um mútuo de escopo, senão de dois contratos distintos com objetos distintos[283]. A consideração de que um mútuo de escopo consiste em dois contratos distintos não parece ser a solução mais adequada, já que parte de uma abstração de que foram

---

[280] "In tal caso, vista l'influenza sull'interpretazione del contratto (ad es. per l'individuazione di un termine implicito: art. 1817 o ai fini dell'accertamento dei presupposti dell'usura art. 1815/3), ma non giunge a modificar elle obbligazioni fondamentali delle parti, rispetto a quelle del mutuo tipico.". CAPECCHI, Marco. La qualificazione giuridica del mutuo di scopo. **Contratto e impresa**: dialoghi con la giurisprudenza e commerciale diretti da Francesco Galgano, Padova, p. 540-78, 1997, p. 548.

[281] Idem, p. 549.

[282] "Una seconda possibilità è costituita dal mutuo gratuito con clausola modale, in cui si ha un'obbligazione di facere accessoria a carico del mutuatario. Questa figura è considerata valida in dottrina ogni qualvolta il contratto si caratterizzi per la "straordinaria sproporzione tra le prestazioni" e ad essa si ritiene applicabile la disciplina del modus nella donazione.". CAPECCHI, Marco, ob. cit., p. 549.

[283] "Siffatta costruzione non è riconducibile al negozio in esame in quanto l'obbligo di destinare la somma costituirebbe l'oggetto di un'autonomo negozio e quindi la clausola di scopo non farebbe parte degli elementi costituenti il contratto di mutuo.". Idem, ibidem.

firmados dois contratos quando, via de regra, as partes celebraram somente um negócio jurídico entre elas[284].

A consideração de um mútuo de escopo como contrato único traz algumas incertezas relativas à natureza jurídica dessa obrigação de fazer acessória. O contrato de mútuo é comumente definido pela doutrina como contrato gratuito e unilateral, já que, sendo ele um contrato real[285] que se concretiza a partir da prestação do mutuante, haveria tão somente a obrigação de o mutuário restituir exatamente o valor recebido ao mutuante. A partir do momento em que há a aposição de uma obrigação fazer ao negócio jurídico, determinando que o mutuário utilize o valor mutuado a certa destinação, questiona-se se o contrato de mútuo não estaria desnaturado, dando lugar a um contrato atípico de empréstimo, pois poderia essa obrigação tornar o contrato ao mesmo tempo oneroso e bilateral.

De fato, o contrato de mútuo por vezes admite certas confusões conceituais por parte da doutrina. Embora seja a princípio contrato unilateral, isto é, contrato que não possui prestações correspectivas, uma de suas formas mais usuais coloca essa classificação em xeque. No mútuo feneratício, além da prestação de restituição do valor mutuado por parte do mutuário, existe uma segunda obrigação do mutuário, de pagamento de juros. Para

---

[284] Isso não quer dizer, contudo, que as partes não possam firmar dois contratos distintos, um de mútuo e outro com uma obrigação de fazer. Essa hipótese, contudo, além de ser incomum, não é utilizada no *crowdfunding*. Ao emprestar determinado valor ao autor do projeto, o apoiador entende estar realizando somente um negócio jurídico, de adiantar fundos para que o autor utilize especificamente na concretização de seu empreendimento.

[285] A natureza real ou consensual do mútuo também é tema de controvérsia na doutrina brasileira. A maioria dos doutrinadores brasileiros posiciona-se no sentido de que o contrato de mútuo é contrato real, tais como Pontes de Miranda (PONTES DE MIRANDA, Francisco Cavalcanti. **Tratado de direito privado**: parte especial. Tomo XLII. Direito das obrigações. Mútuo. Mútuo a risco. Contrato de conta corrente. Abertura de crédito. Assinação e acreditivo. Depósito. 5ª ed. São Paulo: Revista dos Tribunais, 2012), Orlando Gomes (GOMES, Orlando. Contratos, ob. cit.), Teresa Ancona Lopez (LOPEZ, Teresa Ancona. **Comentários ao Código Civil**: parte especial: das várias espécies de contratos; da locação de coisas; do empréstimo; da prestação de serviço; da empreitada; do depósito (arts. 565 a 652), vol. 7. São Paulo: Saraiva, 2003), dentre outros. Caio Mário é um dos principais opositores à classificação desse contrato como real, já que para ele "basta o acordo de vontade à sua [contrato de mútuo] celebração. A tradição do objeto é o primeiro ato de sua execução e a *conditio iuris* da restituição. Seria então obrigação do mutuante.". Embora faça essa ressalva, o autor admite que a sistemática do Código Civil de 2002 manteve o contrato de mútuo como contrato real. PEREIRA, Caio Mario da Silva, ob. cit., p. 564. A classificação do contrato de mútuo como real ou consensual, contudo, pouco impactará a definição do enquadramento do crowdfunding.

alguns autores, o simples pagamento dos juros não tornaria o contrato de mútuo bilateral, senão somente reforçaria seu caráter unilateral[286]. Por outro lado, o pagamento de juros pode ser considerado uma contraprestação ao empréstimo do valor mutuado: seria o preço que o mutuário paga ao mutuante pelo empréstimo da soma em dinheiro.

Na verdade, vê-se uma certa dificuldade na determinação de se a estipulação de obrigações ao mutuário retira o caráter de gratuidade e unilateralidade do contrato. A partir dessa dificuldade, que não afeta somente os contratos de mútuo, senão também outros contratos tipicamente gratuitos, tais como o depósito e o comodato, criaram-se três principais teorias para solucionar-se a questão: (i) a teoria da equivalência objetiva entre prestações, (ii) a teoria da causa crítica e (iii) a teoria da correspectividade.

A teoria da equivalência objetiva entre prestações é proveniente principalmente do Código Italiano de 1865, que em seu artigo 1.101[287] estipulava que um contrato seria considerado oneroso se os contratantes quisessem auferir vantagem no contrato por meio de prestações equivalentes. Se, por outro lado, somente uma das partes auferisse vantagem desse negócio, o contrato seria gratuito por não haver equivalência entre as prestações. Segundo os teóricos partidários dessa teoria, para a determinação de se ambas ou somente uma parte auferiu vantagem no negócio, o aspecto volitivo interno deveria ser desconsiderado, devendo ser analisada somente a vontade declarada no contrato[288].

Essa teoria foi fortemente criticada por tomar como critério distintivo a equivalência econômica entre as prestações, o que poderia levar à conclusão

---

[286] Para Caio Mário, a própria natureza real do contrato faz com que naturalmente o mútuo seja unilateral, mesmo quando na forma feneratícia (PEREIRA, Caio Mario da Silva, ob. cit., p. 565). No mesmo sentido entende Orlando Gomes, para quem "a estipulação de juros não altera a unilateralidade do contrato, pois quem se obriga a pagá-los é a mesma parte que nele figura na qualidade de devedor. O mútuo é o único contrato unilateral oneroso, quando feneratício.". GOMES, Orlando. Contratos, ob. cit., p. 391.

[287] "È a titolo oneroso quel contratto nel quale ciascuno dei contraenti intende, mediante equivalente, procurarsi un vantaggio: a titolo gratuito o di beneficenza quello in cui uno dei contraenti intende procurare un vantaggio all›altro senza equivalente.". ITÁLIA. **Codice Civile del Regno D'Italia**. 1865. Disponível em: <http://www.notaio-busani.it/download/docs/CC1865_100.pdf>. Acesso em: 15 jul. 2015, p. 267.

[288] TEPEDINO, Maria Celina Bodin de Moraes. **O procedimento de qualificação dos contratos e a dupla configuração do mútuo no direito civil brasileiro**. Revista Forense, v. 306, p. 33-61, jan./mar. 1999, p. 44.

de que uma ligeira desproporção entre prestação e contraprestação seria suficiente para desconfigurá-lo como oneroso[289], pois, nesse caso, somente uma das partes teria auferido vantagem econômica. Essa crítica levou à elaboração do conceito de "quase equivalência", que consideraria como equivalentes as prestações que tivessem pequena desproporção entre si[290]. Mesmo essa formulação teórica não conseguiu resistir às críticas que acusavam essa teoria de ser afastada da realidade econômica. O desequilíbrio contratual somente é determinante ao contrato se ele não tiver sido previamente acordado entre as partes (ou seja, somente se houver acontecimentos extraordinários e imprevisíveis, que autorizem a revisão ou resolução do contrato por excessiva onerosidade, ou a configuração, no caso contrato, de estado de necessidade ou lesão)[291]. Caso contrário, o desequilíbrio entre as prestações seria perfeitamente comum numa sociedade capitalista em que o auferimento de lucro é objetivo último, mesmo em contratos tipicamente sinalagmáticos e proporcionais, como uma compra e venda.

A não adequação dessa teoria à realidade econômica fez com que fosse criada uma segunda, que toma como critério a chamada causa crítica. Por esse critério, haveria de fazer-se a identificação da função econômico-social típica do contrato. Se a intenção objetivada dos contratantes foi uma troca de prestações, estar-se-ia diante de um contrato oneroso. Por outro lado, se a intenção de um dos contratantes foi a beneficência, estar-se-ia diante de um contrato gratuito[292]. O problema dessa teoria é que ela não abarca os contratos ditos neutros, tais como o mútuo ou o depósito, que são ora onerosos, ora gratuitos. Para adequá-los a essa teoria, ou eles deveriam de fato ser considerados contratos neutros, com uma multiplicidade de causas típicas, ou se teria que admitir que a causa típica deles mudaria caso a caso. Ambas as hipóteses desqualificam a própria teoria[293].

Dada a insuficiência das duas teorias analisadas, TEPEDINO sugere uma terceira forma de resolver-se o problema, a partir do chamado critério do correspectivo. Para a teoria da correspectividade, diferencia-se o caráter oneroso de um contrato de seu caráter correspectivo. As prestações de um contrato serão correspectivas caso haja uma relação de causa

---

[289] TEPEDINO, Maria Celina Bodin de Moraes, ob. cit., p. 44.
[290] Idem, ibidem.
[291] Idem, p. 45.
[292] Idem, ibidem.
[293] Idem, ibidem.

e consequência entre elas, um nexo de causalidade[294]. O caráter oneroso do contrato, por sua vez, diz respeito a alguma retribuição econômica de valor equivalente dada por uma das partes, que de forma alguma altera a função e identidade do negócio jurídico[295]. Conforme defende a autora, os contratos comumente qualificados como gratuitos, mas considerados "neutros" pela teoria da causa crítica, podem ser gratuitos ou onerosos sem perder a sua identidade funcional. Por exemplo, um contrato de depósito, que não apresente prestação correspectiva, é concebido, em princípio, como contrato gratuito, por não pressupor qualquer ato acessório de caráter oneroso por parte do depositário. Entretanto, nada impediria que o depositante oferecesse gratificação ao depositário, o que tornaria o contrato oneroso. Essa gratificação, entretanto, não é suficiente para alterar a estrutura funcional do contrato, desde que não constitua prestação correspectiva, apta a gerar resolução do contrato por inadimplemento. Caso a gratificação do depositante tenha sido causa do contrato, configurando-se como verdadeira contraprestação correspectiva, estar-se-ia diante de um contrato de aluguel de serviços.

Assim, segundo a autora, nada impede que as partes tragam o elemento acidental e acessório do negócio ao status de verdadeira prestação correspectiva de forma a alterar a substância do negócio firmado entre elas. Por exemplo, na doação, enquanto o encargo puder ser enquadrado como elemento acidental do negócio jurídico, cuja inexecução por si só não seja apta a resolver o contrato por inadimplemento, não se estaria diante de um contrato com nexo de sinalagmaticidade. Por outro lado, caso o encargo da doação seja trazido a uma posição sinalagmática à entrega do bem doado, a doação passaria a ser correspectiva e onerosa, deixando de ser contrato típico de doação para se tornar contrato atípico[296].

---

[294] Idem, p. 46.
[295] Idem, ibidem.
[296] TEPEDINO, Maria Celina Bodin de Moraes, ob. cit., p. 47. Esse é justamente o caso analisado nos subcapítulos anteriores, em que se determinou que, caso a causa da doação deixasse de ser uma liberalidade pura e simples, tornando-se o encargo uma contraprestação à prestação de dar do doador, ou se estaria diante de um contrato atípico (negócio misto com doação) – caso essa contraprestação tenha sido desproporcional e não lesionária –, ou um contrato sinalagmático típico (tal como uma compra e venda ou uma troca), ou mesmo um contrato sinalagmático atípico.

O mesmo ocorre com o mútuo, cujas características de correspectividade e onerosidade não se confundem. Perfeitamente possível um contrato de mútuo correspectivo oneroso (mútuo feneratício), assim como de mútuo correspectivo gratuito (caso os juros estipulados no contrato de mútuo sejam irrisórios). Da mesma forma, possível a concepção de contrato de mútuo não correspectivo, em que a causa seja a benevolência ou filantropia, que poderá ser gratuito ou mesmo oneroso (caso se estipule um encargo, uma obrigação acessória ao mútuo)[297].

Entretanto, o mútuo somente poderia ser considerado contrato bilateral se o pagamento de juros for efeito essencial do contrato e se consistir em verdadeira contraprestação correspectiva quando contraposta à obrigação de entrega do valor mutuado[298]. Existindo, portanto, nexo de causalidade entre o pagamento de juros e a entrega da soma em dinheiro por parte do mutuante, está-se diante de um contrato bilateral (com contraprestação correspectiva), que poderá ser resolvido, por exemplo, pelo não pagamento dos juros[299], caracterizando-se como contrato atípico de crédito.

Assim, enquanto não houver a previsão expressa de que o escopo do mútuo seja obrigação que possa gerar o inadimplemento contratual, aquele escopo permanece tão somente no campo dos motivos, cujo descumprimento não poderá implicar rescisão contratual[300]. Por conseguinte, para

---

[297] Nesse caso, para Maria Celina Bodin de Moraes Tepedino, o encargo não necessariamente adquire um caráter de correspectividade com relação à quantia mutuada. Idem, p. 49.

[298] "A caracterização do mútuo feneratício depende, pois, da resposta a duas indagações: se a prestação de juros é efeito essencial do contrato; e se serve a qualificá-lo, encontrando-se em posição de correspectividade, como contraprestação.". TEPEDINO, Maria Celina Bodin de Moraes, ob. cit., p. 42.

[299] TEPEDINO, Maria Celina Bodin de Moraes, ob. cit., p. 42. Vale dizer que para a autora o contrato de mútuo feneratício deixaria de ser contrato real, passando à classificação de contrato consensual. Assim, contraposta à obrigação de pagamento dos juros por parte do mutuário existe a obrigação, por parte do mutuante, de entregar a coisa. Para essa corrente, portanto, ao tornar-se contrato consensual, além de correspectividade entre as prestações, o contrato de mútuo torna-se bilateral. Se, por outro lado, se entender pela corrente de que o contrato de mútuo feneratício permanece classificado como contrato real, embora presente a correspectividade das prestações, ele permaneceria contrato unilateral, pois somente existente a obrigação de restituição do valor mutuado mais os juros. Idem, p. 43.

[300] "O mútuo pode ter finalidade, escopo, que resulta de alguma cláusula, ou de lei. Por exemplo: A dá em mútuo a B, para que pague o que deve a C, ou para que acabe a construção do edifício (pode ser, até, que A tenha pré-contrato para a compra de andar, ou de apartamento). Ou para que B compre uma casa ou um escritório. Para que nasça a B o dever de aplicação, é

a determinação de se essa obrigação acessória constitui contraprestação ao adiantamento de valores por parte do apoiador do projeto, caso em que se estaria diante de um contrato atípico de crédito, deve-se analisar, uma vez mais, a causa que levou as partes a efetuarem um negócio jurídico entre elas. Existindo um nexo de correspectividade entre prestação e a obrigação de escopo, seria o *crowdfunding* pelo sistema de empréstimo contrato atípico de crédito. Não havendo esse nexo, sendo, portanto, a obrigação efetivamente um encargo contratual, estar-se-ia diante de um mútuo de escopo.

Para CAPECCHI, é importante que se identifique se, no mútuo de escopo concretamente considerado, essa obrigação de destinação ao valor mutuado se trata mais de uma limitação à causa do próprio mútuo, ou se ela se trata propriamente de uma modificação de sua causa[301]. Para tanto, pode-se adotar o critério de análise de se a cláusula de escopo constitui uma estipulação de interesse exclusivo do mutuário, de interesse exclusivo do mutuante, ou de interesse compartilhado entre as partes[302].

O espectro das causas que levam ao fazimento de um contrato de mútuo de escopo é tão amplo que os diferentes contratos podem ser qualificados de diferentes formas analisando-se o caso concreto. Caso o escopo determinado no contrato seja de interesse exclusivo do mutuário, poder-se-ia estar diante, por exemplo, de um *leasing* ou de um financiamento. Caso o escopo seja determinado em interesse comum do mutuante e do mutuário, poder-se-ia estar diante de um contrato de associação. Por fim, caso o escopo seja estipulado em interesse exclusivo ou prevalente do mutuante, poder-se-ia estar diante de um contrato de mandato[303].

---

preciso que haja cláusula ou pacto expresso. Fora daí, a aplicação do bem fungível é simples motivo. Se foi estipulado que o mutuário aplicaria a soma, ou parte da soma, a não-aplicação é infração do contrato, e dela resultará resolução, se foi inserta, ainda só implicitamente, a cláusula. A infração é do dever de aplicar.". PONTES DE MIRANDA, Francisco Cavalcanti; MIRAGEM, Bruno (atualiz.). **Tratado de direito privado**: parte especial. Tomo XLII. Direito das obrigações. Mútuo. Mútuo a risco. Contrato de conta corrente. Abertura de crédito. Assinação e Acreditivo. Depósito. 5 ed. São Paulo: Revista dos Tribunais, 2012, p. 59.

[301] CAPECCHI, Marco, ob. cit., p. 560.
[302] CAPECCHI, Marco, ob. cit., p. 560.
[303] "Si rivela, quindi, opportuno prendere atto di una tale situazione operando una qualificazione variabile, analogamente a quanto avviene, ad esempio, in materia di leasing – che accosti il mutuo di scopo ora al mutuo – qualora la clausola di scopo persegua un interesse esclusivo o prevalente del mutuatario –, ora all'associazione in partecipazione – qualora

Nas duas últimas hipóteses, o contrato de mútuo estaria desconfigurado. Diferencia-se, por exemplo, o contrato de mútuo da associação, porque nesta não existe necessariamente uma correspondência entre o dinheiro dado e a quantia a ser devolvida. No mútuo, por sua vez, a quantia mutuada, em regra, deve ser devolvida em sua integralidade ou, sendo o mútuo feneratício, adicionando-se os juros. Além disso, nos casos de mútuos onerosos, os juros contratualmente estipulados são fixos, enquanto na associação os ganhos dos associados dependem do resultado das operações[304]. Assim, pode-se dizer que os riscos são divididos de forma diversa quando se compara um mútuo de escopo com uma associação: naquele há uma obrigatoriedade de devolução do valor mutuado cumprido determinado prazo e determinadas condição, passo que neste não existe qualquer garantia de que o valor investido seja retornado[305].

No caso de o contrato de mútuo ser de interesse exclusivo do mutuante, poderia estar configurado um contrato de mandato. Se o empréstimo de dinheiro visar exclusivamente ao pagamento de dívida do mutuante, ou a financiar determinado empreendimento, cujo lucro, da mesma forma, beneficiaria exclusivamente ao mutuante, não seria o contrato propriamente um empréstimo. Como o mutuário estaria alheio ao resultado das atividades em que seria utilizado o valor mutuado, tendo a quantia emprestada

---

l'interesse cui la provvista viene destinata sia comune – infine al mandato – se la dazione avvenga per il perseguimento di finalità in interesse esclusivo o prevalente del mutuante.". Idem, p. 578.

[304] "Tale osservazione risulta incontrovertibile ogniqualvolta il finanziamento sia remunerato con la corresponsione di interessi in misura fissa: nell'associazione in partecipazione il legislatore prevede che il corrispettivo debba consistere in una partecipazione agli utili, da commisurarsi agli utili del soggetto finanziato, comportando in tal modo una determinazione del guadagno incerta.". Idem, p 576-8.

[305] Essa posição é criticada por Marco Capecchi. Segundo o autor, existe a possibilidade de em um contrato de associação garantir-se que o investidor receba integralmente o valor investido, obrigando-se o outro associado a devolvê-lo caso a associação não traga os resultados esperados. "Anche nei confronti di questa presa di posizione bisogna osservare che la prestazione di restituzione del capitale (essenziale nel contratto di mutuo di scopo) può essere garantita anche nell'associazione in partecipazione; esiste, infatti, anche in quest'ultimo contratto, la possibilità di inserire una pattuizione che escluda il rischio per l'associato di perdita del capitale impiegato, il che equivale a dire un accordo che obblighi l'associante a restituire il capitale qualunque sia l'andamento dell'impresa finanziata.". Idem, p 579.

sido utilizado em nome e em benefício exclusivo do mutuante, para CAPECCHI estaria, na verdade, configurado um contrato de mandato[306].

Outra forma de determinação de se a obrigação de fazer integra a causa contratual, implicando obrigação de fazer, é a averiguação de se existe ou não sanção em caso de não cumprimento do escopo do mútuo. Se o seu inadimplemento gerar somente a própria devolução do valor mutuado, estar-se-ia diante de uma cláusula de destinação subordinada ao contrato de mútuo. Aqui, a estipulação do escopo não modificaria a causa do contrato, tendo somente a limitado[307].

Nesse caso, o mútuo de escopo seria um contrato típico de mútuo, em que a liberalidade do mutuante está limitada por uma obrigação de fazer. A destinação, assim, não alteraria a figura contratual do mútuo, pois somente se previu uma finalidade de aplicação como pressuposto para haver o acordo dos contratantes. O desrespeito, assim, à cláusula de destinação daria ensejo à resilição do contrato, por adimplemento ruim[308].

Entretanto, caso o contrato concretamente analisado não encontre previsão típica adequada, deve-se encará-lo como um contrato atípico de crédito, aplicando-se por analogia o regramento do contrato de mútuo ao mútuo de escopo. Nessa hipótese, é importante salientar que a cláusula de escopo estaria posta em uma relação sinalagmática com a concessão do

---

[306] "La situazione in esame evidentemente sembra rispettare i caratteri del mandato quali il rapporto di cooperazione seppure con la precisazione che, di regola, il soggetto che esercita l'attività di collaborazione resta estraneo al risultato di tal attività e, comunque, la esercita sempre per conto altrui; l'alienità dell'interesse gestito l'attività oggetto del contratto, che è limitata alla cooperazione giuridica, rimanendo esclusa ogni attività materiale.". O próprio autor, contudo, admite que a doutrina tem criticado essa posição, embora ele continue a defendendo. CAPECCHI, Marco, ob. cit., p. 573.

[307] Idem, p. 560-1.

[308] PONTES DE MIRANDA, Francisco Cavalcanti; MIRAGEM, Bruno (atualiz.), **Tratado de direito privado**: parte especial. Tomo XLII..., ob. cit., p. 67. Marco Capecchi não concorda com essa posição. Para o autor, o mútuo de escopo seria um contrato atípico, em que a obrigação do mutuário não se restringe tão somente a uma obrigação de dar (devolver a quantia mutuado remunerar pelos juros, caso seja oneroso o contrato de mútuo), mas também uma obrigação de fazer, consistente na persecução e realização do escopo contratualmente estipulado: "Conseguentemente il mutuo di scopo non assolve una mera funzione di prestito, ma di perseguimento dello scopo, come dimostrato dal fatto che la prestazione del mutuatario non si esaurisce in un dare (restituzione de tantundem), ma consiste anche in un facere (perseguimento dello scopo).". CAPECCHI, Marco, ob. cit., p. 575.

crédito, de forma que o não cumprimento dessa obrigação de fazer poderia levar à resolução contratual por inadimplemento[309].

Assim, no contrato de mútuo padrão, a prestação entregue pelo mutuante é a causa da obrigação de restituir por parte do mutuário[310]. Se a causa da prestação do mutuante, por sua vez, for mera liberalidade, benevolência, o contrato de mútuo será não correspectivo, podendo ser gratuito ou oneroso a depender do caso. Por outro lado, se a prestação do mutuante tiver como causa suficiente alguma obrigação de fazer por parte do mutuário, que se somará à obrigação de restituição, o contrato de mútuo será correspectivo. Portanto, o enquadramento do mútuo de escopo como contrato atípico de crédito ou como contrato de empréstimo gravado com uma obrigação acessória dependerá da análise em concreto da causa do contrato.

Especificamente no que se refere ao *crowdfunding* pelo sistema de empréstimo, existem duas possibilidades comuns: (i) que o apoiador empreste determinada ao autor do projeto, com o fito específico de este o utilizar em sua concretização, ou (ii) que o apoiador, além de determinar a utilização do valor emprestado na concretização do projeto, espere receber juros como contrapartida do negócio jurídico.

Na primeira hipótese, estar-se-ia diante de um contrato de mútuo de escopo, cuja obrigação de destinação consiste num encargo, uma restrição à liberalidade do mutuante. O apoiador do projeto, ao emprestar dinheiro ao seu autor, não espera receber qualquer contrapartida de sua parte. A causa suficiente do contrato, nesse caso, é uma liberalidade. Os seus motivos, de ter emprestado determinada quantia para que o projeto idealizado pelo autor, porém, saem do campo dos motivos psicológicos e também integram a causa do negócio, restringindo aquela liberalidade. Essa restrição não pode ser considerada contraprestação, já que ela atua no mesmo sentido da prestação do mutuante: emprestar-se dinheiro, em benefício do mutuário (autor), para que ele utilize essa quantia para a concretização do projeto (mais uma vez em benefício do autor). Não existe qualquer correspectividade entre a prestação e a obrigação de fazer, já que uma não está em posição de contraposição com a outra, senão no mesmo sentido da outra. Essa obrigação

---

[309] "Inoltre dalla considerazione che la clausola di scopo si pone in un rapporto sinallagmatico con la concessione del credito discende la conseguenza che l'eventuale inattuazione dello scopo aprirebbe la via alla risoluzione per inadempimento.".CAPECCHI, Marco, ob. cit., p. 575.
[310] LARRAIN, Julio Pereira. **Del contrato de mutuo**. Santiago: Imprenta "Electra", 1931, p. 191.

de utilização do valor mutuado a determinado escopo é uma obrigação de meio, de utilizar-se da quantia mutuada em prol de alguma atividade[311].

A segunda hipótese, por sua vez, também consiste num mútuo de escopo, muito semelhante aos contratos bancários de financiamento. Nesse caso, a causa do contrato deixa de ser uma liberalidade. O apoiador do projeto, ao emprestar o valor ao autor, não o faz por ato de benevolência, mas sim com o propósito específico de receber uma contrapartida, os juros entre o momento da disponibilização do dinheiro até a sua efetiva restituição. O recebimento dos juros passa a ser, portanto, causa suficiente da contratação, em substituição à liberalidade. Assim, nessa hipótese o contrato de mútuo passa a ser correspectivo, porque a causa da prestação do apoiador é o recebimento dos juros pelo autor, e oneroso, pois aquele receberá deste, além quantia integral mutuada, juros pelo período em que o contrato ficou vigente. Existem duas obrigações que são correspectivas à prestação do apoiador do projeto: (i) uma obrigação de dar, consistente no dever de o autor do projeto restituir o valor ao apoiador somado aos juros e (ii) uma obrigação de fazer, de o autor do projeto utilizar o valor mutuado para a realização de seu projeto. Aqui, há contrato atípico de mútuo de escopo.

O que diferencia a primeira hipótese da segunda, assim, além do caráter da correspectividade das prestações, é a onerosidade do contrato. A primeira hipótese se trata de um mútuo de escopo gratuito, ao passo que a segunda de mútuo de escopo oneroso. A diferenciação de contratos onerosos dos gratuitos é especialmente importante com relação à distribuição das responsabilidades pelos riscos do negócio, ao regramento da fraude contra credores (artigos 158[312] e 159[313] do Código Civil) e à interpretação dos contratos (artigo 114[314] do Código Civil)[315].

---

[311] LARRAIN, Julio Pereira, ob. cit., p. 191. A natureza de obrigação de meio é presente em todos os contratos de mútuo de escopo, excetuando-se somente, talvez, a hipótese em que o valor mutuado fosse utilizado para a finalidade pagamento de uma dívida, ou a aquisição de determinado bem. Idem, ibidem.

[312] "Art. 158. Os negócios de transmissão gratuita de bens ou remissão de dívida, se os praticar o devedor já insolvente, ou por eles reduzido à insolvência, ainda quando o ignore, poderão ser anulados pelos credores quirografários, como lesivos dos seus direitos.". BRASIL. Lei Federal n. 10.406, de 10 de janeiro de 2002, ob. cit..

[313] Art. 159. Serão igualmente anuláveis os contratos onerosos do devedor insolvente, quando a insolvência for notória, ou houver motivo para ser conhecida do outro contratante.". Idem.

[314] "Art. 114. Os negócios jurídicos benéficos e a renúncia interpretam-se estritamente.". Idem.

[315] TEPEDINO, Maria Celina Bodin de Moraes, ob. cit., p. 43.

NATUREZA JURÍDICA DO *CROWDFUNDING*

Por fim, vale dizer que em nenhuma das duas hipóteses, ao contrário do que sustenta parte da doutrina, a cláusula de destinação consiste numa condição resolutiva. A condição resolutiva é um elemento acidental do negócio jurídico que condiciona os efeitos do contrato à ocorrência de determinados fatos, ao passo que no mútuo de escopo há verdadeira obrigação de que o valor mutuado seja utilizado para a efetivação do projeto a que se destina[316].

2.1.5. *Crowdfunding*: sistema de valores mobiliários

Ainda são poucas as plataformas de *crowdfunding* que, no Brasil, oferecem a modalidade de valores mobiliários[317] e, por isso, ainda não houve qualquer consolidação do formato por meio do qual o financiamento coletivo[318] se operacionaliza.

A plataforma Broota.com.br é, dentre as encontradas na internet, aquela que apresenta maiores informações acerca de seu funcionamento atual. O investimento coletivo, nessa plataforma, operacionaliza-se a partir da emissão do que chamam de "Título de Dívida Conversível", que coloca o apoiador (denominado pela plataforma de investidor) como credor de uma dívida de valor igual ao do valor investido por ele, que poderá ser convertida em participação na empresa a ser criada[319]. Ocorre, portanto, de forma diferente do *crowdfunding* pelo sistema de valores mobiliários na

---

[316] "(...) per la incertezza che la condizione risolutiva comporterebbe e che sarebbe incompatibile con la finalità del mutuo; per il fatto che 'l'evento condizionante è estraneo alla sfera degli effetti del contratto, mentre nel mutuo di scopo il conseguimento dello scopo è, per l'appunto, oggetto di un obbligo che, in forza del contratto, grava sul mutuatario.'". Além disso, diz o autor que a consideração da cláusula de escopo como condição resolutiva traria muitas incertezas ao contrato, por ser simplesmente uma cláusula que vincularia os efeitos contratuais. CAPECCHI, Marco, ob. cit., p. 550.

[317] Destacam-se as plataformas Broota.com.br, Startmeup.com.br e Eusocio.com.br, que aparentam se operacionalizar da mesma forma, muito embora haja poucas informações nos sites das duas últimas plataformas.

[318] Muitas plataformas chamam essa espécie de *crowdfunding* e investimento coletivo, em vez de financiamento coletivo.

[319] "Para garantir uma operação rápida e com máxima proteção de eventuais passivos fiscais e trabalhistas do investidor, os investimentos no *Broota* são realizados através de um Título de Dívida Conversível (TDC) – instrumento muito parecido com uma debênture conversível, que coloca o investidor num primeiro momento como credor de uma dívida, mas lhe dá a opção de converter essa dívida em participação da empresa investida, em situações previamente

forma em que comumente é utilizado nos Estados Unidos da América. Neste país, a maioria dos projetos de investimento coletivo já oferece aos apoiadores participação societária, por meio de ações, ao passo que, nas plataformas brasileiras, são oferecidos títulos de crédito que poderão ser convertidos em participação societária.

Em análise de um dos títulos emitidos numa plataforma de *equity crowdfunding*, YOUNIS MARQUES constatou que esses documentos consistem nas chamadas notas conversíveis. Trata-se, assim, essa operação de um contrato de mútuo que se estabelece entre apoiadores e autores de projetos, com prazo determinado, que poderá ser quitado pela participação societária do apoiador na empresa[320]. Esses títulos, além disso, incluem alguns outros direitos que são outorgados aos apoiadores – cuja eficácia pode se dar no momento da concretização do mútuo, ou ficar suspensa até que sejam convertidos em participação na empresa –, como direito de preferência na subscrição de novas quotas ou na aquisição de quotas de sócios que pretendem aliená-las, *tag along*, *drag along*, dentre outros[321].

Embora inexista, no Brasil, regulação específica acerca dessas notas conversíveis[322], nenhuma dúvida há acerca da sua natureza de valores mobiliários sujeitos à regulação da Comissão de Valores Mobiliários (CVM). Desde a alteração legislativa feita em 2001 na Lei Federal n. 6.835/76, inclui-se no rol dos valores mobiliários qualquer título ou contrato de investimento coletivo que gere direito de participação, parceria ou remuneração, desde que ofertados publicamente[323]. Como se pode depreender,

---

acordadas entre as partes.". BROOTA. **O que é Broota?** Disponível em: <http://www.broota.com.br/como-funciona>. Acesso em: 02 nov. 2015.

[320] MARQUES, Rafael Younis. **Notas conversíveis no *Equity* Crowdfunding**: sociedade de fato e risco de responsabilidade pessoal do investidor. Coleção Academia-Empresa 14. São Paulo: Quartier Latin, 2015, p. 78.

[321] "Dentre esses direitos típicos de sócios estão (i) veto em algumas deliberações sociais, (ii) direito de preferência na subscrição de novas quotas ou na aquisição de quotas de sócios que pretendem aliená-las, (iii) direito de venda conjunto (*tag along*), (iv) direito de obrigar a venda conjunta (*drag along*), e (v) direito de preferência em casos de eventos de liquidez.". Idem, p. 78-9.

[322] Idem, p. 152.

[323] "São valores mobiliários sujeitos ao regime desta Lei: (...) IX – quando ofertados publicamente, quaisquer outros títulos ou contratos de investimento coletivo, que gerem direito de participação, de parceria ou de remuneração, inclusive resultante de prestação de serviços, cujos rendimentos advêm do esforço do empreendedor ou de terceiros.". BRASIL. **Lei Federal n. 6.385, de 7 de dezembro de 1976.** Dispõe sobre o mercado de valores mobiliários e

pouca importância se dá à natureza do título para que seja considerado valor mobiliário, podendo ser um contrato de mútuo, ou mesmo a compra de ações de determinada empresa. A definição legal se foca na origem do título (por meio de oferta pública) e nos direitos a que dará resultado (direito de participação, parceria ou remuneração).

Segundo a referida lei, portanto, também poderiam ser considerados valores mobiliários os financiamentos coletivos que se derem por meio de mútuo feneratício. Houve a inclusão no rol dos contratos que serão considerados valores mobiliários aqueles que gerem direito à remuneração aos investidores, de forma que qualquer financiamento coletivo em que o autor do projeto se obrigue a contraprestação em dinheiro (que ocorre, dentre os casos analisados, somente no *crowdfunding* na modalidade de mútuo feneratício) ou a conceder aos apoiadores participação societária em uma empresa existente ou futura, deverá ser regulado segundo as normas da CVM.

Assim, tanto o *crowdfunding* que se dê por mútuo feneratício, quanto os que estão se dando, nas plataformas brasileiras, por meio de notas conversíveis, para que sejam dispensados de registrar as operações na CMV, não poderão exceder o volume máximo de R$ 2,4 milhões, nos termos de sua Instrução Normativa n. 400[324], e deverão as empresas objeto do investimento (autores dos projetos) estarem enquadradas como empresas de pequeno porte ou microempresas[325].

---

cria a Comissão de Valores Mobiliários. Disponível em: <http://www.planalto.gov.br/ccivil_03/LEIS/L6385.htm>. Acesso em: 01 nov. 2015.

[324] "Art. 5.º Sem prejuízo de outras hipóteses que serão apreciadas especificamente pela CVM, será automaticamente dispensada de registro, sem a necessidade de formulação do pedido previsto no art. 4.º, a oferta pública de distribuição: (...) § 4º A utilização da dispensa de registro de que trata o inciso III do caput para ofertas de valores mobiliários de uma mesma emissora está limitada a R$ 2.400.000,00 (dois milhões e quatrocentos mil reais) em cada período de 12 (doze) meses.". COMISSÃO DE VALORES MOBILIÁRIOS. **Instrução n. 400, de 29 de dezembro de 2003**. Dispõe sobre as ofertas públicas de distribuição de valores mobiliários, nos mercados primário ou secundário, e Revoga a Instrução 13/80 e a Instrução 88/88. Disponível em: <http://www.cvm.gov.br/legislacao/inst/inst400.html>. Acesso em: 01 nov. 2015.

[325] "Art. 3.º. Para os efeitos desta Lei Complementar, consideram-se microempresas ou empresas de pequeno porte, a sociedade empresária, a sociedade simples, a empresa individual de responsabilidade limitada e o empresário a que se refere o art. 966 da Lei nº10.406, de 10 de janeiro de 2002 (Código Civil), devidamente registrados no Registro de Empresas Mercantis ou no Registro Civil de Pessoas Jurídicas, conforme o caso, desde que: I - no

Ressalte-se, por fim, que se o título dado aos apoiadores outorgar direitos exclusivos de sócios e deslocar o centro de controle decisório da empresa existe a possibilidade de que se crie uma sociedade de fato entre eles e os autores[326], risco que pode ser mitigado se não houver a concessão desses direitos e se aos investidores não for dado o direito de participação e comando das atividades da empresa[327].

2.2. Natureza jurídica da relação entre plataformas de *crowdfunding* e apoiadores de projetos

Para que se entenda a natureza jurídica da relação estabelecida entre as plataformas de *crowdfunding* e os apoiadores dos projetos, é importante, em primeiro lugar, que se identifique com maior precisão qual é o papel desempenhado por aquelas dentro de um ambiente como a internet, em que há atuação concomitante de diversas partes desde o acesso do apoiador à rede até que ele efetivamente apoie determinado projeto.

A internet é formada pela conexão de diferentes computadores interligados entre si, computadores esses posicionados ao redor do mundo e conectados a partir do telefone ou de linhas alugadas. Inexiste na internet qualquer estrutura central de controle[328], o que, inclusive, torna possível uma contagem no número de usuários apenas por aproximação. A inter-

---

caso da microempresa, aufira, em cada ano-calendário, receita bruta igual ou inferior a R$ 360.000,00 (trezentos e sessenta mil reais); e II - no caso da empresa de pequeno porte, aufira, em cada ano-calendário, receita bruta superior a R$ 360.000,00 (trezentos e sessenta mil reais) e igual ou inferior a R$ 3.600.000,00 (três milhões e seiscentos mil reais).". BRASIL. **Lei Complementar n. 123, de 14 de dezembro de 2006.** Institui o Estatuto Nacional da Microempresa e da Empresa de Pequeno Porte; altera dispositivos das Leis n. 8.212 e 8.213, ambas de 24 de julho de 1991, da Consolidação das Leis do Trabalho – CLT, aprovada pelo Decreto-Lei n. 5.452, de 1º de maio de 1943, da Lei nº 10.189, de 14 de fevereiro de 2001, da Lei Complementar n. 63, de 11 de janeiro de 1990; e revoga as Leis n. 9.317, de 5 de dezembro de 1996, e 9.841, de 5 de outubro de 1999. Disponível em: <http://www.planalto.gov.br/ccivil_03/Leis/LCP/Lcp123.htm>. Acesso em: 01 nov. 2015.
[326] MARQUES, Rafael Younis, ob. cit., p. 152.
[327] Idem, p. 153.
[328] "Das Internet besteht aus verschiedenen Computern auf der ganzen Welt, die durch Telefon- bzw. Standleitungen miteinander verbunden sind. Da es keine zentrale Struktur gibt, sind die aktuellen Benutzerzahlen nur grob zu schätzen.". SAHLE, Patrick. Geschichte und Computer im Internet – Informationsgewinnung zwischen Chaos und Ordnung.

net como é apresentada a seus usuários, ou seja, como páginas repletas de informações, nas quais é possível que se realizem buscas ou mesmo que se baixe conteúdo e realizem transações comerciais, na verdade, é a forma gráfica daquela interconexão de computadores, denominada de *World Wide Web*[329]. A importância da *World Wide Web* é que a partir dela permite-se a ativação de áreas individuais "clicáveis" em documentos, os denominados "hiperlinks", com os quais podem ser acessados outros documentos dos mais diversos tipos, como texto, imagem, som ou vídeo[330].

Embora não haja, de fato, uma estrutura central de controle na internet, ela funciona a partir da interação de vários atores, os quais tanto disponibilizam o acesso àquele já descrito ambiente, quanto formam o conteúdo em si acessado pelos usuários. A caracterização dos serviços prestados por esses diversos atores é o que, por vezes, causa certa dificuldade quando há a necessidade de se delimitar, por exemplo, a responsabilidade civil por determinado fato ocorrido no ambiente virtual.

Dentre todos os atores presentes na internet, destacam-se os provedores, que consistem nos entes que proveem, conforme o próprio nome indica, a seus usuários determinados serviços no ambiente virtual. São quatro os principais provedores presentes na internet: (i) provedores de acesso ou de conexão; (ii) provedores de hospedagem; (iii) provedores de conteúdo; e (iv) provedores de informação[331].

Vale destacar, primeiramente, que os provedores de serviço de conexão à internet geralmente não prestam única e exclusivamente esse serviço, podendo, por vezes, oferecer os serviços de natureza de outros provedores. Entretanto, é importante que se tenha em mente que, na medida em que prestam outros serviços, os servidores de conexão da internet deixam

Historical Social Research, v. 21, p. 126-32, 1996. Disponível em: <http://nbn-resolving.de/urn:nbn:de:0168-ssoar-51015>. Acesso em: 29 mar. 2014, p. 127.

[329] A World Wide Web é justamente o que significa o conjunto de três dáblios comumente colocada nos endereços de páginas da internet.

[330] SAHLE, Patrick, ob. cit., p. 127. Tradução livre de: "Die besondere Bedeutung dieses Mediums besteht in der Aktivierung einzelner »anklickbarer« Bereiche in Dokumenten, den sogenannten Hyperlinks, mit denen weitere Dokumente verschiedenster Art wie Text, Bild, Ton oder Video erreicht werden können.".

[331] Embora existam outros tipos de provedores que não foram aqui definidos, como, por exemplo, os servidores de correios eletrônicos, cujo serviço primordial é o oferecimento do serviço de troca de mensagens eletrônicas a seus usuários, os conceitos trazidos são suficientes para que se tenha uma noção global da relação entre plataformas de *crowdfunding* e apoiadores.

de sê-lo unicamente, passando a desempenhar o papel concomitante de outros provedores.

Conforme estabelece a Norma 004/95[332], que regulamenta o uso de meios da rede pública de telecomunicações para acesso à internet, considera-se provedor de serviço de conexão à internet (PSCI) a entidade que presta o serviço de conexão ou acesso à internet. O serviço de conexão à internet (SCI), por seu turno, é o nome genérico que designa um serviço de valor adicionado que possibilita o acesso à internet a usuários[333].

Assim, o provedor de serviço de conexão à internet oferece a seus usuários uma forma de conectar-se à internet. Esse provedor de conexão, a princípio, não gera qualquer conteúdo, nem o disponibiliza a seus usuários. Ele opera pura e simplesmente como uma ferramenta, um meio de acesso à internet, sendo comparável, por exemplo, às empresas de telefonia que oferecem a seus consumidores a linha telefônica.

Ainda com relação aos provedores de acesso, destaque-se que existe ainda a figura dos chamados provedores de *backbone*, que são "estruturas de rede capazes de manipular grandes volumes de informações, constituídas basicamente por roteadores de tráfego interligados por circuitos de alta velocidade"[334]. Seriam esses provedores de *backbone* uma infraestrutura da qual podem se utilizar os provedores de acesso ou de hospedagem para viabilizarem o fornecimento da conexão à internet a seus usuários. A disponibilização dessa infraestrutura pelos provedores de *backbone* aos provedores de acesso, a qual é feita geralmente de forma onerosa, é de muita importância para o funcionamento da internet no Brasil[335].

Ao lado dos provedores de *backbone* e dos de acesso, existe a figura dos provedores de hospedagem. Hospedagem consiste no "serviço de armazenamento de dados em servidores próprios de acesso remoto, possibilitando o acesso de terceiros a esses dados, de acordo com as condições

---

[332] Esta norma foi colocada em vigor pela Portaria do Ministério das Comunicações n. 148, de 31 de maio de 1995.

[333] BRASIL. **Portaria do Ministério das Comunicações n. 148, de 31 de maio de 1995**. Aprova a Norma n. 004/95 – Uso dos meios da rede pública de telecomunicações para acesso à internet. Disponível em: <http://www.anatel.gov.br/Portal/verificaDocumentos/documento.asp?numeroPublicacao=8575&assuntoPublicacao=Portaria&filtro=1&documentoPath =biblioteca/portaria/portarias_mc/port_148_95.htm>. Acesso em: 01 jun. 2014.

[334] LEONARDI, Marcel. **Responsabilidade civil dos provedores de serviços de internet**. São Paulo: Juarez de Oliveira, 2005, p. 19.

[335] Idem, ibidem.

estabelecidas com o contratante do serviço"[336]. Os provedores de hospedagem oferecem, dessa forma, servidores próprios, nos quais seus contratantes podem colocar o conteúdo que desejarem, como por exemplo um site informativo, ou mesmo uma plataforma de *e-commerce*. Seriam os provedores de hospedagem, assim, um espaço virtual alugado por determinado indivíduo ou empresa que deseje disponibilizar determinado conteúdo na internet, sem ter espaço físico e conexão próprios para tanto. Destaque-se, assim, que os contratantes de serviços de hospedagem poderiam hospedar seu conteúdo em servidores próprios, sem a necessidade de contratação de um provedor para tanto, no entanto isso não raro é inviável técnica e economicamente.

Como terceira modalidade de provedor da internet, tem-se o denominado provedor de conteúdo. O provedor de conteúdo é aquele que "na internet, coloca à disposição do usuário a possiblidade de adquirir diversos serviços (...) e produtos (...)"[337]. Os provedores de conteúdo devem, em primeiro lugar, estar hospedados em determinado servidor, seja próprio, seja a partir de um serviço contratado de hospedagem. A partir desse ponto, o usuário da internet, utilizando-se de um dado endereço, poderá acessar o conteúdo disponibilizado pelo provedor.

É importante destacar que o provedor de conteúdo oferece ao usuário acesso a determinadas informações. Tais informações, por sua vez, podem ter sido produzidas pelo próprio provedor de conteúdo, ou por terceiros. Por esse motivo entende LEONARDI que o provedor de conteúdo deve ser diferenciado do chamado provedor de informação. Este consiste no "responsável pela criação das informações divulgadas através da internet"[338], ao passo que aquele no "que disponibiliza na internet as informações criadas ou desenvolvidas pelos provedores de informação, utilizando para armazená-las servidores próprios ou os serviços de um provedor de hospedagem"[339]. Essa diferenciação, contudo, não foi efetuada na já referida Norma 004/95, que define genericamente Provedor de Serviço de

---

[336] Idem, p. 20.
[337] TEIXEIRA, Tarcisio. **Internet e atividade empresarial**: alguns aspectos jurídicos relevantes. Dissertação (Mestrado em Direito Comercial) – Faculdade de Direito do Largo de São Francisco da Universidade de São Paulo, São Paulo, 2007.
[338] LEONARDI, Marcel, ob. cit., p. 23.
[339] Idem, ibidem.

Informações como a "entidade que possui informações de interesse e as dispõem na Internet, por intermédio do Serviço de Conexão à Internet"[340].

Embora não esteja presente na referida norma, a diferenciação entre provedores de conteúdo e provedores de informação é relevante para a finalidade da determinação da natureza jurídica da relação entre plataformas de *crowdfunding* e apoiadores de projeto. Imagine-se, por exemplo, uma plataforma de comércio eletrônico, que vende produtos próprios a determinados consumidores finais. Essa mesma plataforma também oferece a possibilidade de que outras empresas exponham seus produtos à venda. A plataforma deixa claro para essas empresas que ela não tem qualquer responsabilidade sobre os produtos por elas ofertados, não interferindo de qualquer forma no negócio jurídico fechado entre as empresas e os consumidores. Por outro lado, por oferecer às empresas um local de publicidade em seu site, que possui de grande visibilidade, a plataforma (provedor de conteúdo) cobra comissão de 10% sobre as vendas efetuadas pelas empresas (provedores de informação). Claramente aqui temos um provedor de conteúdo que, ao mesmo tempo, disponibiliza informações por ele produzidas (os produtos próprios) e informações produzidas por terceiros (os produtos de empresas terceiras).

Os provedores de conteúdo têm como função principal a disponibilização de um espaço para que os provedores de informação possam disponibilizar seu conteúdo na internet. Dessa forma, *a priori*, os provedores de conteúdo prestam um serviço de meio, ou seja, oferecem uma espécie de espaço virtual para que os indivíduos possam divulgar suas informações, ou vender seus produtos. Os provedores de conteúdo, dessa forma, não são necessariamente os autores das informações, nem aqueles que oferecem seus produtos pela internet. Em uma comparação simples, porém didática, pode-se pensar em um *outdoor*. O provedor de conteúdo oferece ao provedor de informações o espaço, ou seja, o *outdoor* para que este possa divulgar seus produtos. Ao passo que aquele é o dono do espaço, este é propriamente dito o autor do conteúdo[341].

---

[340] BRASIL. Portaria do Ministério das Comunicações n. 148, de 31 de maio de 1995, ob. cit..
[341] Em um exemplo mais complexo, o provedor de conteúdo poderia utilizar-se de um terreno próprio ou alugado para montar o outdoor. Caso se utilizasse de um terreno próprio, teríamos um provedor de conteúdo utilizando-se de seus próprios meios (ou seja, utilizando seus próprios servidores). Caso o terreno fosse alugado, estaríamos diante da situação em que

As plataformas de *crowdfunding* desempenham exatamente essa função dentro da estrutura contratual do financiamento coletivo. Elas disponibilizam aos autores dos projetos um espaço eletrônico unificado, em que os potenciais apoiadores terão a certeza de encontrar projetos que buscam fundos por meio de *crowdfunding*. Seu serviço consiste, por um lado, em trazer o maior número de acessos possível à sua página, tornando-a atrativa aos potenciais autores de projeto e, por outro, em oferecer um ambiente seguro para que os apoiadores possam realizar suas transações.

Ao contrário do financiamento coletivo em si, cuja utilização tem crescido substancialmente somente na última década, os serviços prestados pela plataforma de *crowdfunding* na modalidade de provedora de conteúdo são comuns na internet. Porém, na maior parte dos casos, os sites similares disponibilizam um espaço para que pessoas físicas ou jurídicas coloquem seus produtos à venda. Embora a natureza dos negócios jurídicos que são realizados dentro desses sites seja outra quando comparada aos das plataformas de *crowdfunding*, os serviços prestados por estas e por aqueles são os mesmos: de oferecer um espaço de aproximação entre indivíduos que tenham um produto a oferecer e outros que tenham interesse em adquiri-los.

AGUIAR JÚNIOR emitiu um parecer em um processo judicial analisando a relação jurídica (e a responsabilidade civil) dada entre um site de venda de produtos e aqueles que o acessam para comprar produtos. Tratava-se de uma consulta feita pela empresa MercadoLivre.com[342], que

---

um provedor de conteúdo se utiliza de servidores de terceiros (provedores de hospedagem) para guardar seus dados.

[342] MercadoLivre.com é uma empresa online que oferece a seus usuários um espaço onde podem negociar livremente produtos. A empresa em si não vende qualquer tipo de produto, oferecendo aos usuários pura e simplesmente o espaço onde se realizam as transações. Nas palavras do próprio autor "MercadoLivre tem um endereço na internet, dispõe de um *site* pelo qual dá informações que ele mesmo elabora, como é o caso do contrato acima parcialmente reproduzido (e nesse caso atua como provedor de conteúdo e provedor de informação), e disponibiliza dados criados por terceiros, que são os seus usuários cadastrados. As informações que cria são meramente instrumentais para a atuação dos seus cadastrados, os quais acessam seu *site* com a finalidade de se informar sobre as possiblidades de negócios. A sua página serve de plataforma ou ambiente virtual para que os vendedores façam a oferta de produtos ou serviços a preço fixo, ou com preço em aberto, e para que os compradores manifestem sua eventual aceitação às condições do negócio proposto. Em resumo, o MercadoLivre propicia o encontro entre as pessoas físicas ou jurídicas interessadas em negociar produtos ou serviços.". AGUIAR JÚNIOR, Ruy Rosado de. Parecer no tocante à responsabilidade civil pela prestação dos serviços de provedor de internet. In: BRASIL. Tribunal Regional Federal

questionava até onde iria sua responsabilidade frente aos usuários que acessavam seu site. Segundo o autor, existem nesse caso duas relações jurídicas: uma relação primária e outra secundária. A relação jurídica primária seria a existente entre o provedor de conteúdo (no caso, o MercadoLivre) e seus usuários, e a secundária a que se estabelece entre os próprios usuários (provedores de informação, aqueles que oferecem seus produtos à venda) e os usuários que compram os produtos.

A relação jurídica primária teria como conteúdo as obrigações assumidas pela empresa como prestadora do serviço específico de provedor de conteúdo, que, no caso analisado, tinha como objeto tornar possível o intercâmbio entre os interessados em negociar produtos e serviços[343]. Para o autor, o provedor de conteúdo teria, nesse caso, "a obrigação de permitir acesso, efetuar registro, guardar dados, prestar informações adequadas e suficientes sobre o serviço que presta e o procedimento esperado dos seus usuários"[344].

A relação jurídica secundária, por sua vez, seria a que se estabelece entre os usuários que vendem (provedores de informação) e os usuários que compram. Essa relação consiste, portanto, ora em contrato de compra e venda, ora em contrato de prestação de serviços, a depender daquilo que disponibilizado pelos provedores de informação[345].

Vê-se, portanto, que a relação jurídica estabelecida entre o provedor de conteúdo e seus usuários é completamente diversa da relação jurídica existente entre o provedor de informações e aqueles que acessam o conteúdo. É claro que os provedores de conteúdo prestam um serviço e, portanto, também possuem obrigações dele decorrentes. No entanto, suas obrigações estão adstritas à prestação do serviço meio, ou seja, de disponibilização de um espaço virtual onde os provedores de informação possam publicar seu conteúdo e, ao mesmo tempo, os usuários possam acessá-lo.

A dinâmica contratual que se dá no âmbito do site Mercadolivre.com é bastante semelhante à da plataforma de *crowdfunding*. Ambos são

(3ª Região). **Apelação Cível n. 0004211-60.2008.4.03.6182**. Apelante: Agência Nacional de Vigilância Sanitária – ANVISA. Apelado: Mercadolivre.com Atividades da Internet Ltda.. Desembargador: Nery Júnior. São Paulo, 10 nov. 2010, p. 18.
[343] Idem, ibidem.
[344] Idem, p. 18-19.
[345] AGUIAR JÚNIOR, Ruy Rosado de. Parecer no tocante à responsabilidade civil pela prestação dos serviços de provedor de internet, ob. cit., p. 19.

provedores de conteúdo, cujo serviço prestado é o de permitir que seus usuários – vendedor e comprador, no caso do Mercadolivre.com, e autores e apoiadores de projetos, no caso da plataforma de *crowdfunding* – realizem as transações entre si. Assim, a relação entre a plataforma de *crowdfunding* e os apoiadores do projeto limita-se à garantia de seu acesso ao site e à segurança das informações e transações nele veiculadas.

Soma-se a essas obrigações da plataforma de *crowdfunding* uma outra, que a diferencia de alguns sites de compra e venda de produtos, tais como o Mercadolivre.com: as plataformas que recebem diretamente os valores dos apoiadores, até que os projetos atinjam o prazo estipulado para completar a angariação, tem a obrigação de manter em segurança o dinheiro dado pelos múltiplos apoiadores até que essa condição seja preenchida. Entre a primeira e última aquisição de quotas pode haver um intervalo de dias ou meses, conforme o prazo estipulado pelo autor do projeto. Ao fim desse prazo, a depender do sucesso ou não da angariação de fundos, a plataforma deverá dar destinação aos valores recebidos.

Fica claro, portanto, que nesse intervalo de tempo a plataforma de *crowdfunding* atua como depositária dos valores provenientes dos apoiadores, até que a eles seja dada destinação. Esse contrato de depósito voluntário firmado entre plataforma e apoiador do projeto vigerá até o prazo final que tem o projeto para angariar recursos, estando sujeito a todas as regras previstas nos artigos 627 a 646 do Código Civil.

Ao fim do prazo, existem duas alternativas: (i) que o projeto que o projeto angarie os recursos mínimos para ser iniciado, ou (ii) que o projeto não angarie esses recursos[346]. Na primeira hipótese, a integralidade dos valores

---

[346] Por exemplo, conforme termos de uso da Catarse.me, "projetos só poderão ser arrecadados por meio de cartão de crédito ou boleto bancário, (conforme opção do APOIADOR), sendo depositados em conta de titularidade do CATARSE. Surgem, a partir daí, duas possibilidades: Se o PROJETO FOR BEM-SUCEDIDO, o valor total arrecadado para esse PROJETO (ainda que superior ao valor originalmente solicitado pelo CRIADOR DO PROJETO) será transferido pelo CATARSE para uma conta de titularidade CRIADOR DO PROJETO, descontando-se deste valor o montante de 13% (treze por cento), que contempla a taxa de intermediação do CATARSE, bem como as tarifas cobradas pelos meios de pagamento. Se o PROJETO NÃO FOR BEM-SUCEDIDO, os APOIADORES que tiverem realizado o APOIO por meio de cartão de crédito, receberão automaticamente o REEMBOLSO do valor originalmente oferecido ao PROJETO, na próxima fatura ou na fatura subsequente ao do encerramento do PROJETO. Já os APOIADORES que tiverem realizado o APOIO mediante boleto bancário, serão informados pelo CATARSE que o PROJETO não foi bem-sucedido e

depositados será dada ao autor do projeto, em nome dos apoiadores, tendo, portanto, a plataforma mandato para a finalidade específica de entregar os valores depositados ao autor do projeto se for o caso. A segunda hipótese, por sua vez, divide-se em duas outras possibilidades: (i) que a plataforma deva restituir os valores aos apoiadores, ou (ii) que a plataforma, mesmo assim, deva entregar os valores ao autor do projeto. Nessa segunda situação da mesma forma como ocorre no caso de o projeto angariar a completude dos recursos necessários, a plataforma agirá como mandatária dos apoiadores e deverá entregar os valores disponibilizados, mesmo que abaixo do inicialmente estipulado, ao autor do projeto. A determinação de se, nesse caso, os valores devam o não ser entregues ao autor do projeto estará estipulada ou nos termos de uso da plataforma, ou prevista nas regras do próprio projeto.

Não se trata, pois, de depósito simples, senão de depósito em interesse de terceiro, conforme regula o artigo 632 do Código Civil[347]. O apoiador do projeto, ao adquirir determinada quota de um projeto, realiza, nesse ato, um negócio jurídico que está submetido a uma condição suspensiva ou a termo inicial[348]. Assim, embora o negócio jurídico firmado entre apoiador

---

deverão fornecer os dados de sua conta bancária para que o REEMBOLSO possa ser realizado. O CATARSE destaca que nesse caso o REEMBOLSO não pode ser feito automaticamente, considerando que no momento da realização do APOIO não são solicitados dados bancários dos APOIADORES que pagam via boleto bancário.". CATARSE, ob. cit.. No mesmo sentido, a plataforma Kickante.com.br estipula que, em uma de suas modalidades de campanha, "9.1.1. Se a campanha atingir ou superar a meta estabelecida, o valor total arrecadado será transferido para a conta do usuário elaborador da campanha, exceto por 12%, valor devido à KSI pelos serviços do Portal KICKANTE que serão automaticamente retidos no momento do envio, além de eventuais tributos incidentes e às tarifas dos arranjadores de pagamento e instituições financeiras envolvidas.

9.1.2. Se a campanha não atingir a meta estabelecida, haverá devolução das contribuições à conta do usuário colaborador em até 5 dias úteis, que aparecerão na seção "Meu Perfil", na aba "Meus Créditos", podendo ser realocada em outra campanha em andamento ou solicitar o estorno, sempre que requisitado em até 120 dias do efetivo pagamento, caso utilize PayPal, ou 170 caso utilize MoIP, da seguinte forma: (...).". KICKANTE. **Termos de uso**. Disponível em: <http://www.kickante.com.br/termos/termos-de-uso>. Acesso em: 26 set. 2015.

[347] "Art. 632. Se a coisa houver sido depositada no interesse de terceiro, e o depositário tiver sido cientificado deste fato pelo depositante, não poderá ele exonerar-se restituindo a coisa a este, sem consentimento daquele.". BRASIL. Lei Federal n. 10.406, de 10 de janeiro de 2002, ob. cit..

[348] A vinculação dos efeitos do contrato estabelecido entre apoiador e autor do projeto a condição e termo será melhor analisada no capítulo subsequente.

e autor de projeto já seja existente e válido, sua eficácia fica condicionada ao advento de evento futuro e incerto. Até que a condição ou o termo sejam implementados, não tem direito o autor do projeto de levantar a quantia depositada e, caso ela efetivamente não venha a ocorrer, seu direito ao levantamento da quantia se extinguirá. Entretanto, ocorrendo a condição, adquirindo, portanto, o autor o direito a receber a quantia dada pelos apoiadores, não poderá a plataforma restituir o valor depositado aos últimos sem que aqueles deem seu consentimento. A questão da vinculação do *crowdfunding* a condição e termo será melhor analisada no capítulo subsequente.

Portanto, diferentemente do que ocorre com as plataformas de compra e venda de produtos, a plataforma de *crowdfunding* pode agir ainda como depositária e mandatária dos apoiadores, enquanto o projeto não obtiver os recursos necessários para ser iniciado. Por conseguinte, deverá ela obedecer a todas às normas jurídicas que regulam essas duas formas contratuais, inclusive a de, entre a data da aquisição da quota pelo apoiador e o fim do prazo estipulado para o projeto, ser obrigada a restituir ao apoiador o dinheiro depositado, nos termos do artigo 633 do Código Civil[349].

Ambos os contratos, de mandato e de depósito, no geral são gratuitos com relação aos apoiadores. A prova disso é que, caso o projeto não angarie recursos suficientes, a maior parte das plataformas se compromete a restituir o valor integral àqueles que compraram as quotas. Existem algumas plataformas que preveem o abatimento de impostos e eventuais taxas que incidam por ocasião das transferências bancárias e da guarda dos valores. Isso, contudo, não retira o caráter gratuito do contrato, porque, conforme determina o artigo 631 do Código Civil, as despesas de restituição correm por conta do depositante[350].

---

[349] "Art. 633. Ainda que o contrato fixe prazo à restituição, o depositário entregará o depósito logo que se lhe exija, salvo se tiver o direito de retenção a que se refere o art. 644, se o objeto for judicialmente embargado, se sobre ele pender execução, notificada ao depositário, ou se houver motivo razoável de suspeitar que a coisa foi dolosamente obtida.". BRASIL. Lei Federal n. 10.406, de 10 de janeiro de 2002, ob. cit..

[350] "Art. 631. Salvo disposição em contrário, a restituição da coisa deve dar-se no lugar em que tiver de ser guardada. As despesas de restituição correm por conta do depositante.". Idem.

2.3. Natureza jurídica da relação entre plataformas de *crowdfunding* e autores de projetos

Resta, por fim, a análise da natureza jurídica da relação que se dá entre os autores dos projetos e as plataformas de *crowdfunding*.

Por um lado, essa relação é de igual caracterização quando comparada à relação dada entre os apoiadores e à plataforma, ao menos no que tange à prestação de serviços como provedora de conteúdo. A plataforma, assim, deverá garantir a segurança do acesso e das informações que tramitam no âmbito de seu domínio, devendo armazenar todos os dados de seus usuários com zelo.

Conforme visto, a plataforma de *crowdfunding* oferece aos apoiadores os serviços gratuitos de depositária e de mandatária, para a finalidade de efetivar-se a transferência dos recursos aos autores dos projetos, se for o caso. Com relação a estes, por outro lado, a plataforma presta outros serviços, que, dessa vez onerosos, consistem em sua verdadeira fonte de lucro.

A plataforma de *crowdfunding* funciona como uma aproximadora entre projetos que precisem de recursos e seus potenciais apoiadores. Tal aproximação é viabilizada por meio da publicidade e fama que possui a plataforma: quanto mais visível e acessada for a plataforma, mais provável que essa aproximação seja bem-sucedida.

Permite-se ao autor que publique seus projetos na plataforma, respeitadas as regras que ela determinar. A esses projetos é dada visibilidade dentro do próprio site da plataforma, possibilitando que eventuais apoiadores o encontrem, seja a partir de mecanismos de busca na internet, seja partir do acesso direto ao site da plataforma. No entanto, ao contrário do que ocorre com os serviços prestados aos apoiadores dos projetos, que são gratuitos, a plataforma cobra dos autores dos projetos por essa publicidade e aproximação com os apoiadores. A atividade fim das plataformas de *crowdfunding* é, portanto, uma verdadeira corretagem.

O contrato de corretagem consiste no acordo pelo qual uma parte se obriga a conseguir para outra um ou mais negócios de acordo com as instruções recebidas, sem que isso constitua mandato entre elas[351]. Entende-se que o contrato de corretagem possa ter natureza unilateral ou bilateral.

---

[351] "Art. 722. Pelo contrato de corretagem, uma pessoa, não ligada a outra em virtude de mandato, de prestação de serviços ou por qualquer relação de dependência, obriga-se a obter

Será unilateral quando o corretor não se obrigar a cuidar do negócio jurídico a ser firmado entre as partes, recebendo sua comissão pelo simples fato de tê-las aproximado[352]. Por outro lado, será bilateral se o corretor se obrigar a envidar todos os esforços para que o negócio entre as partes seja concluído, recebendo sua remuneração somente por hipóteses de ser o contrato firmado entre as partes[353].

Essas são exatamente as obrigações que a plataforma assume com relação aos autores, já que a sua função é encontrar tantos apoiadores quantos forem necessários para que seus projetos possam ser concretizados. A plataforma não se obriga tão-somente a encontrar os potenciais apoiadores, senão também a ajudar que esse negócio se efetive, oferecendo segurança tanto para esses apoiadores, quanto para os próprios autores.

Isso ocorre porque a plataforma de *crowdfunding* não só faz a aproximação entre as partes, como também se compromete manter guarda dos valores disponibilizados pelos apoiadores até que as regras da angariação sejam cumpridas (tais como o prazo para a captação de fundos e a garantia de um mínimo, se houver, para que o projeto seja bem-sucedido). Ela oferece segurança aos apoiadores, por um lado, que têm a garantia de que seu dinheiro só será entregue aos autores dentro das regras estipuladas, assim como, por outro, aos próprios autores, que terão garantia do recebimento de sua verba caso as mesmas estipulações contratuais sejam cumpridas. Esse ato de guarda da quantia depositada deve ser interpretado como efetivos atos de execução a que se incumbe a plataforma, a fim de viabilizar que as partes fechem o negócio querido.

Destaque-se que o contrato de corretagem existirá independentemente de qual negócio seja fechado entre as partes, seja ele doação modal, negócio misto com doação, compra e venda, empréstimo ou mesmo investimento. Qualquer negócio pode ser objeto de corretagem[354].

---

para a segunda um ou mais negócios, conforme as instruções recebidas.". BRASIL. Lei Federal n. 10.406, de 10 de janeiro de 2002, ob. cit..

[352] GOMES, Orlando. Contratos, ob. cit., p. 472.

[353] Afirma o autor que na medida em que o Código Civil estipulou em seu artigo 725 que a remuneração do corretor será devida quando tiver conseguido o resultado previsto no contrato de mediação, esse diploma legal tomou como tipo padrão o contrato de corretagem bilateral. GOMES, Orlando. Contratos, ob. cit., p. 473.

[354] Idem, p. 472.

A comissão no *crowdfunding* é, no geral, devida pelo autor do projeto, que abrirá mão de determinado percentual da totalidade dos valores contribuídos pelos apoiadores em favor da plataforma. Esse percentual varia de plataforma para plataforma, assim como pode variar a depender do tipo da modalidade de *crowdfunding* que foi efetivada entre as partes[355].

Por fim, embora o Código Civil estipule que a corretagem não se dá por meio de mandato, nada impede que, no contrato, ao corretor não possam ser conferidos alguns poderes de mandatário. É comum, por exemplo, nos contratos de corretagem imobiliária, que os corretores tenham poderes para recolher toda a documentação e o primeiro aluguel em nome do locador ou do vendedor do imóvel negociado, sem que isso desnature a essência do contrato. No *crowdfunding*, da mesma forma, a plataforma recebe, conforme já visto, mandato dos apoiadores, que a ela outorgam poderes para entregar, em seus nomes, as quantias prestadas aos autores. Atua igualmente como mandatária dos autores dos projetos, já que esses a autorizam a receber as quantias disponibilizadas pelos apoiadores até que as condições e prazos do projeto sejam satisfeitos.

---

[355] A plataforma Catarse.me, por exemplo, cobra 13% de comissão sobre qualquer projeto que consiga angariar os recursos mínimos para ser iniciado: "Se o PROJETO FOR BEM-SUCEDIDO, o valor total arrecadado para esse PROJETO (ainda que superior ao valor originalmente solicitado pelo CRIADOR DO PROJETO) será transferido pelo CATARSE para uma conta de titularidade CRIADOR DO PROJETO, descontando-se deste valor o montante de 13% (treze por cento), que contempla a taxa de intermediação do CATARSE, bem como as tarifas cobradas pelos meios de pagamento.". CATARSE, ob. cit.. Na plataforma Kickante.com.br, por sua vez, a comissão varia a depender das regras de captação do projeto: "9.1.1. Se a campanha atingir ou superar a meta estabelecida, o valor total arrecadado será transferido para a conta do usuário elaborador da campanha, exceto por 12%, valor devido à KSI pelos serviços do Portal KICKANTE que serão automaticamente retidos no momento do envio, além de eventuais tributos incidentes e às tarifas dos arranjadores de pagamento e instituições financeiras envolvidas. (...)9.2.1. Se a campanha atingir ou superar a meta estabelecida, o valor total arrecadado será transferido para a conta do usuário elaborador da campanha, exceto por 12%, valor devido à KSI pelos serviços do Portal KICKANTE que serão automaticamente retidos no momento do envio, além de eventuais tributos incidentes e às tarifas dos arranjadores de pagamento e instituições financeiras envolvidas;
9.2.2. Se a campanha não atingir a meta estabelecida, o valor total arrecadado será transferido para a conta do usuário elaborador da campanha, exceto por 17,5%, valor devido à KSI pelos serviços do Portal KICKANTE que serão automaticamente retidos no momento do envio, além de eventuais tributos incidentes e às tarifas dos arranjadores de pagamento e instituições financeiras envolvidas.". KICKANTE, ob. cit..

NATUREZA JURÍDICA DO *CROWDFUNDING*

Especial atenção deve ser dada à plataforma quando oferecer a possibilidade de os autores utilizarem o *crowdfunding* pelo sistema de valores mobiliários, que compreenderá aqueles efetivados por meio de mútuo feneratício ou de notas conversíveis. Nesse caso, na medida em que veicularem ofertas públicas de valores mobiliários, as plataformas podem ser caracterizadas como instituições intermediárias do sistema de distribuição de valores mobiliários[356].

O artigo 15 da Lei n. 6.385/76 estabelece que integram o sistema de distribuição de valores mobiliários as sociedades e agentes autônomos que tenham com atividade a mediação na negociação de valor mobiliários, em bolsas de valores ou no mercado de balcão[357]. Conforme visto, a plataforma de *crowdfunding* exerce verdadeira atividade de mediação entre potenciais apoiadores e autores, por meio de contrato de corretagem firmado com este. Além disso, a leitura do referido dispositivo em consonância com o artigo 4.º[358] da Instrução CVM n. 461/07, leva à conclusão de que também

---

[356] MARQUES, Rafael Younis, ob. cit., p. 61. Para o autor, além de corretora de valores mobiliários, a plataforma de *crowdfunding* poderia ser enquadrada como agente de distribuição dos autores dos projetos. Idem, p. 58-60.

[357] "Art. 15. O sistema de distribuição de valores mobiliários compreende: (...) III – as sociedades e os agentes autônomos que exerçam atividades de mediação na negociação de valores mobiliários, em bolsas de valores ou no mercado de balcão;". BRASIL. Lei Federal n. 6.385, de 7 de dezembro de 1976, ob. cit..

[358] "Art. 4º Considera-se realizada em mercado de balcão não organizado a negociação de valores mobiliários em que intervém, como intermediário, integrante do sistema de distribuição de que tratam os incisos I, II e III do art. 15 da Lei nº 6.385, de 1976, sem que o negócio seja realizado ou registrado em mercado organizado que atenda à definição do art. 3.º Parágrafo único. Também será considerada como de balcão não organizado a negociação de valores mobiliários em que intervém, como parte, integrante do sistema de distribuição, quando tal negociação resultar do exercício da atividade de subscrição de valores mobiliários por conta própria para revenda em mercado ou de compra de valores mobiliários em circulação para revenda por conta própria.". COMISSÃO DE VALORES MOBILIÁRIOS. **Instrução n. 461, de 23 de outubro de 2007**. Disciplina os mercados regulamentados de valores mobiliários e dispõe sobre a constituição, organização, funcionamento e extinção das bolsas de valores, bolsas de mercadorias e futuros e mercados de balcão organizado. Revoga as Instruções CVM nº 42, de 28 de fevereiro de 1985; nº 179, de 13 de fevereiro de 1992; nº 184, de 19 de março de 1992; nº 203, de 07 de dezembro de 1993; nº 263, de 21 de maio de 1997; nº 344, de 17 de agosto de 2000; nº 362, de 05 de março de 2002; nº 379, de 12 de novembro de 2002; o art. 6º da Instrução CVM nº 312, de 13 de agosto de 1999; os arts. 1º a 14 e 17 da Instrução CVM nº 243, de 1º de março de 1996, Instrução CVM nº 250, de 14 de junho de 1996; arts. 2º a 7º, caput e §1º do art. 8º, arts. 10, 13, 15 e 16 da Instrução CVM nº 297, de 18 de dezembro de 1998; o parágrafo único do art. 1º e o art. 3º da Instrução CVM nº 202, de 06 de dezembro de 1993; e a

são consideradas instituições intermediárias aquelas que fizerem mediação em mercado de balcão não organizado[359]. Portanto, nos casos em que tornar pública a oferta de valores mobiliários, exercendo atividade de mediação de suas transações, a plataforma de *crowdfunding* assumirá a natureza de instituição intermediária sujeita a registro e prévia autorização para operação pela CVM, nos termos do artigo 16, III[360], do referido diploma legal.

Destaque-se, por fim, que algumas plataformas prestam serviços específicos voltados ao nicho. Algumas, por exemplo, dão a base teórica e fiscalizam se os projetos disponibilizados pelos autores seguem um padrão de qualidade. Outras, por exemplo, principalmente aquelas voltadas ao *equity crowdfunding*, dão assessoramento para que os autores consigam abrir um negócio, cuja parte das quotas ou ações será entregue aos apoiadores, ou dado à própria plataforma como remuneração. Esses serviços adicionais, entretanto, embora vinculados ao financiamento do projeto, não estão vinculados à dinâmica do *crowdfunding* em si.

Deliberação CVM nº 20, de 15 de fevereiro de 1985. Disponível em: <http://www.cvm.gov.br/export/sites/cvm/legislacao/inst/anexos/400/inst461consolid.pdf>. Acesso em: 01 nov. 2015.
[359] MARQUES, Rafael Younis, ob. cit., p. 61-64.
[360] "Art. 16. Depende de prévia autorização da Comissão de Valores Mobiliários o exercício das seguintes atividades: (...) III – mediação ou corretagem de operações com valores mobiliários;". BRASIL. Lei Federal n. 6.385, de 7 de dezembro de 1976, ob. cit..

3. Regime jurídico do *crowdfunding* no Brasil

Determinadas as naturezas jurídicas das relações que se dão entre as partes dessa nova forma de financiamento, será realizada a seguir uma análise de alguns pontos controversos que poderiam surgir no que tange ao regime que o *crowdfunding* deve seguir no ordenamento jurídico brasileiro.

Contudo, não se propõe que com os apontamentos a seguir se esgotem todas as normas jurídicas que são aplicáveis ao *crowdfunding*, já que, conforme já visto, diversas são as relações jurídicas existentes no financiamento coletivo que, por sua vez, pode assumir as mais diversas modalidades.

Ainda assim, é possível adiantar potenciais lides que possam surgir a partir do descumprimento de obrigações assumidas em um *crowdfunding*, o que exigirá a análise mais aprofundada de quais normas jurídicas devem ser aplicadas para a solução desses conflitos. Para tanto, deverão ser enfrentados temas tais como as normas jurídicas que se aplicam aos negócios mistos com doação e aos negócios indiretos, a aplicabilidade do Código de Defesa do Consumidor ao *crowdfunding*, as responsabilidades da plataforma e do autor em caso de descumprimento contratual e a inter-relação dos contratos firmados pelas três partes integrantes do financiamento coletivo.

3.1. *Crowdfunding* pelo sistema de recompensas e compra e venda: contratos mistos e negócios indiretos

Delimitou-se, no capítulo anterior, que o *crowdfunding* pelo sistema de recompensas, no que se refere à relação jurídica que se dá entre autor e apoiador do projeto, ora consistirá num contrato de doação modal, caso exista tão somente a obrigação de o autor utilizar a quantia doada na execução de seu projeto, ora num negócio misto com doação, caso o autor tenha se obrigado a, além de destinar o valor doado ao projeto, uma obrigação de fazer ou de dar adicional, em favor do apoiador. Viu-se, também, que no *crowdfunding* pelo sistema de pré-venda, caso a contraprestação oferecida pelo autor seja de valor compatível com o valor da prestação do apoiador, haverá verdadeira compra e venda, por meio da qual eventualmente se deseja atingir uma liberalidade (tratando-se, pois, nesse caso, de um negócio jurídico indireto).

A diferença de natureza jurídica desses contratos pode ocasionar dúvidas em relação às normas jurídicas aplicáveis ao caso concreto. Sendo o negócio misto com doação um contrato misto, devem-se aplicar as normas relativas à doação, ou as relativas a uma compra e venda, ou troca? No que tange ao modelo de pré-venda, embora o contrato efetivamente firmado entre as partes seja uma compra e venda, o fato de haver uma liberalidade de fundo implica alguma interferência no regime jurídico aplicável? É o que se passa a analisar.

Nos negócios mistos, existe grande dificuldade em determinarem-se as normas jurídicas adequadas à solução de eventuais conflitos, dificuldade essa que também atinge os negócios mistos com doação. Tratando-se estes de doação, pelo menos em parte, parece evidente que se apliquem as normas que comumente a ela se destinam. Entretanto, por aproximar-se de outros negócios jurídicos afins, não cabe a aplicação somente das normas referentes à doação[361].

PENTEADO traz duas teorias que servem para a identificação do regime jurídico aplicável aos contratos mistos: (i) teoria da absorção e (ii) teoria da incidência respectiva. Esta sugere que cada parte do contrato seja regulada de acordo com suas próprias regras. Segundo aquela, por sua vez, o contrato misto deverá ser regulado a partir das normas referentes ao contrato prevalente[362]. ORLANDO GOMES traz, ainda, terceira corrente, denominada teoria da aplicação analógica. Essa teoria propõe a utilização de processo analógico de aplicação de normas jurídicas que se apliquem aos contratos típicos que mais se assemelhem[363].

Para ambos os autores, entretanto, a melhor forma de se resolver o problema da disciplina jurídica dos contratos mistos seria a busca de forma

---

[361] PEREIRA, Caio Mário da Silva, ob. cit., p. 407.
[362] PENTEADO, Luciano de Camargo, ob. cit., p. 272.
[363] GOMES, Orlando. Contratos, ob. cit., p. 125.

eclética[364], a partir da individuação dos efeitos contratuais específicos, havendo casos em que se utilizarão as regras de um, dos dois ou até mesmo de mais tipos contratuais[365].

Com relação ao regime jurídico específico dos negócios mistos com doação, PETEANDO entende que eles poderiam ser invalidados por três principais motivos: (i) fraude à lei; (ii) simulação e (iii) lesão[366]. Além disso, necessário que se examine se, da mesma forma como numa doação, os negócios mistos com doação exigem forma específica regulada em lei.

Nos negócios mistos com doação, o motivo declarado no contrato constitui-se em verdadeira finalidade do negócio jurídico. Assim, embora dispense a forma da doação, desnecessária por conta de a contraprestação se tornar causa da contratação, o *negotium mixtum com donatione* será regulado pelas normas jurídicas que regulam o fim da doação. Por isso seria perfeitamente cabível a anulação do negócio misto com doação por fraude contra credores[367].

No *crowdfunding* pelo sistema de doações, em que o contrato estabelecido entre autor e apoiador do projeto consiste numa doação modal, necessário que se sigam as disposições de forma aplicáveis no Código Civil em seu o artigo 541[368], que impõe a obrigatoriedade de que seja feita por meio de escritura pública ou, ao menos, por instrumento particular. Isso ocorre porque nas doações modais tanto as normas de fundo e de forma das doações se aplicam[369]. Excetua-se a necessidade de formalização do contrato de doação àquelas de pequeno valor, denominadas de doações manuais, nas quais justamente pelo baixo valor da prestação, a lei permite que a tradição imediata supra a eventual ausência de forma escrita[370].

---

[364] Idem, ibidem.
[365] Para PENTEADO, a tentativa de criar-se teorias para aferir-se as regras contratuais aplicáveis aos contratos mistos corresponde à forma moderna de pensar-se o direito, preocupada com a sua adequação legal. A busca da solução a partir do caso concreto, conforme ele propõe, estaria em consonância com a maneira contemporânea de encarar-se os problemas jurídicos. PENTEADO, Luciano de Camargo, ob. cit., p. 274.
[366] Idem, p. 286
[367] PENTEADO, Luciano de Camargo, ob. cit., p. 297-8.
[368] "Art. 541. A doação far-se-á por escritura pública ou instrumento particular." BRASIL. Lei Federal n. 10.406, de 10 de janeiro de 2002, ob. cit..
[369] PENTEADO, Luciano de Camargo, ob. cit., p. 297-298.
[370] ALVIM, Agostinho Neves de Arruda, ob. cit., p. 78. Por vezes discute-se se as doações manuais seriam uma exceção ao caráter consensual das doações, sendo, então, um exemplo de

A tolerância à não formalização do contrato de doação manual encontra previsão expressa no parágrafo único do artigo 541 do Código Civil[371].

Parte dos contratos de *crowdfunding* pelo sistema de doações se encaixa como doações manuais, já que são doações de baixo valor agregado e cuja tradição se dá imediatamente. Entretanto, mesmo que não fossem doações manuais e, para os casos em que as doações não sejam efetivamente de pequeno valor, inexiste razão para invalidade desses negócios jurídicos. Tanto os apoiadores quanto os autores dos projetos estão sujeitos aos termos de uso da plataforma, que consistem num contrato eletrônico de adesão que vincula as partes. Aqueles, ao adquirirem quotas do *crowdfunding*, aceitam todas as regras contratuais estipuladas pelo site, ocorrendo o mesmo quando os autores cadastram seus projetos na plataforma.

Os negócios mistos com doação (ou seja, em algumas hipóteses do *crowdfunding* pelo sistema de recompensa), por sua vez, não têm como requisito de validade que seja firmado instrumento público ou particular para sua efetivação. Conforme visto, a necessidade de forma, que nasce em substituição da causa natural (liberalidade), deixa de ser necessária, pois a causa do *negotium mixtum cum donatione* é a contraprestação somada à liberalidade. De qualquer forma, nesse caso os apoiadores também aceitam os termos do contrato eletrônico de adesão disponibilizado pelas plataformas de *crowdfunding*.

Com relação à possibilidade de utilização de *negotium mixtum cum donatione* como forma de fraude a lei[372], esta ocorre nos casos em que muito embora o contrato feito entre as partes atenda aos requisitos típicos de validade dos negócios jurídicos, seu objetivo frustra a finalidade imposta pela lei[373]. Nas palavras de JUNQUEIRA DE AZEVEDO, seriam os "efeitos

---

doação real. Agostinho Alvim não concorda com essa posição, já que, para ele "a tradição (...) não sendo insuprível (como seria no mútuo ou no comodato), mas desempenhando o papel de substituição de um escrito que não houve, impropriedade será, no rigor da técnica, enxergar nesse caso um contrato real, pois neste o escrito não supre nunca a tradição". Idem, ibidem.

[371] "Parágrafo único. A doação verbal será válida, se, versando sobre bens móveis e de pequeno valor, se lhe seguir incontinenti a tradição.". BRASIL. Lei Federal n. 10.406, de 10 de janeiro de 2002, ob. cit..

[372] Para Luciano de Camargo Penteado, a fraude à lei possui melhor nomenclatura, que seria a infração indireta à norma jurídica. PENTEADO, Luciano de Camargo, ob. cit., p. 287.

[373] Idem, ibidem

dos efeitos"[374] do negócio jurídico que o tornam inválido. Uma doação, por exemplo, que preencha todos os requisitos de validade dos negócios jurídicos, mas que tenha sido feita no intuito específico de fraudar credores, embora a princípio pudesse ser válida, feriu a finalidade da lei e poderá ser invalidada, no caso, com base no artigo 158 do Código Civil[375]. Nesse caso, fere-se o valor perseguido pela lei e em razão dos efeitos contratuais alcançados "à margem da lei", podendo-se gerar sanções de nulidade, anulação ou ineficácia do negócio jurídico, ou ainda direito à indenização ou outras sanções determinadas pelo ordenamento[376].

O segundo principal motivo para a invalidação de um negócio misto é a possibilidade de sua utilização como forma de simular outro negócio jurídico. Simulação consiste na utilização de um negócio jurídico por meio do qual as partes dão aparência a uma transmissão de direitos que, na verdade, não foram transmitidos, ou fazem declarações e confissão falsas, tendo aparência de ser real quando, entretanto, não é[377]. É definido em nosso Código Civil pelo artigo 167[378].

De fato, o negócio jurídico simulado pode confundir-se com os negócios mistos, ou mesmo com os negócios jurídicos indiretos. Tanto nos negócios mistos, como nos simulados, os contratos são firmados para obter outra finalidade que não aquela que tipicamente produz[379]. Essa mesma afirmação vale para os negócios indiretos, cuja causa típica, conforme já visto, não corresponde ao fim visado pelo contrato[380]. Entretanto, esses conceitos não podem ser confundidos entre si. No negócio jurídico simulado, quer-se uma finalidade que não corresponde àquela do contrato simulado, mas

---

[374] AZEVEDO, Antonio Junqueira de. Negócio jurídico e declaração negocial (noções gerais e formação da declaração negocial), ob. cit., p. 107-8.
[375] "Art. 158. Os negócios de transmissão gratuita de bens ou remissão de dívida, se os praticar o devedor já insolvente, ou por eles reduzido à insolvência, ainda quando o ignore, poderão ser anulados pelos credores quirografários, como lesivos dos seus direitos.". BRASIL. Lei Federal n. 10.406, de 10 de janeiro de 2002, ob. cit..
[376] PENTEADO, Luciano de Camargo, ob. cit., p. 289.
[377] GOMES, Orlando. **Introdução ao Direito Civil**. Revista, atualizada e aumentada, de acordo com o Código Civil de 2002, por Edvaldo Brito e Reginalda Paranhos de Brito. Rio de Janeiro: Forense, 2010, p. 279.
[378] "Art. 167. É nulo o negócio jurídico simulado, mas subsistirá o que se dissimulou, se válido for na substância e na forma.". BRASIL. Lei Federal n. 10.406, de 10 de janeiro de 2002, ob. cit..
[379] GOMES, Orlando. Introdução ao Estudo do Direito, ob. cit., p. 291.
[380] Idem, p. 278-9.

esse contrato não existe ou é aparente[381]: ou é contrato falso em absoluto (simulação absoluta), ou é utilizado para esconder outro contrato – um contrato dissimulado (simulação relativa)[382].

Nos negócios indiretos, as partes utilizam um negócio jurídico para atingir a finalidade de outro. Nesse caso, o negócio existe e produz todos os seus efeitos, os quais, por sua vez, atingem a finalidade almejada pelas partes. A produção dos efeitos típicos do negócio atinge, indiretamente, outra finalidade. Por sua vez, nos negócios mistos, existe uma mescla de causas de contratos distintos, não se utilizando um contrato típico para a produção de efeitos indiretos distintos, mas de um contrato cujas características são a somatória de dois ou mais contratos. Nesse caso, além de o negócio efetivamente existir, não sendo, portanto, necessariamente simulado, existe congruência entre vontade, declaração e efeitos práticos[383].

O negócio misto com doação, sendo espécie dos negócios mistos, poderá ter como resultado uma simulação, sem que isso, no entanto, seja regra. Será somente nos casos em que esse negócio misto resultar de um negócio simulado que ele deverá ser declarado nulo[384]. Seria o caso, por exemplo, de utilizar-se uma compra e venda a preço vil para, na verdade, acobertar-se uma doação. Nesse caso, a compra e venda seria nula, mas a doação, se válida na forma e na substância, subsistirá.

Por fim, resta a possibilidade de anulação dos negócios mistos por lesão. A lesão, conforme regulada no Código Civil, afeta a sinalagma genético do contrato, pois no momento da celebração de um negócio jurídico uma das partes se obrigar a prestação manifestamente desproporcional à prestação, por premente necessidade ou por inexperiência[385]. Conforme se depreende do texto legal, somente a desproporção entre prestação e contraprestação não é suficiente para que o contrato possa ser anulado, ou eventualmente revisto, exigindo-se na lógica do Código Civil que haja o chamado dolo

---

[381] Idem, p. 279.
[382] Idem, ibidem.
[383] PENTEADO, Luciano de Camargo, ob. cit., p. 291.
[384] Idem, p. 290-292.
[385] "Art. 157. Ocorre a lesão quando uma pessoa, sob premente necessidade, ou por inexperiência, se obriga a prestação manifestamente desproporcional ao valor da prestação oposta. § 1o Aprecia-se a desproporção das prestações segundo os valores vigentes ao tempo em que foi celebrado o negócio jurídico.". BRASIL. Lei Federal n. 10.406, de 10 de janeiro de 2002, ob. cit..

de aproveitamento da parte favorecida, que se beneficia pelo estado de necessidade ou pela inexperiência da parte com quem contrata.

No *crowdfunding*, especificamente naqueles modelos em que há negócio misto com doação, parece claro que o dolo de aproveitamento inexiste por parte do autor do projeto, assim como não se poderia alegar, em princípio, inexperiência ou premente necessidade por parte dos apoiadores. A própria lógica do *crowdfunding* pressupõe a ideia de colaboração, de forma que a liberalidade está presente, seja internamente à contratação, constituindo verdadeira causa negocial, seja como finalidade ulterior a ser alcançada por meio do negócio jurídico. Ao celebrar um negócio misto com doação na aquisição de determinada quota num *crowdfunding* pelo sistema de recompensa ou de pré-venda, o apoiador, em teoria, tem ciência da desproporcionalidade entre prestação e contraprestação, somando-se a esta a liberalidade como causa da contratação. Entretanto, por mais improvável que seja, ainda assim seria possível que, em tese, o apoiador comprovasse o dolo de aproveitamento para a finalidade de anular o negócio jurídico entre as partes, se, por exemplo, o autor se aproveitasse da inexperiência dos apoiadores e publicasse na plataforma um projeto que claramente é fadado ao insucesso tão somente para angariar recursos para si.

Vale, por fim, destacar que são plenamente aplicáveis ao negócio misto com doação a responsabilidade por vícios redibitórios e evicção, já que, presente a reciprocidade, se aplicam as normas gerais dos contratos sinalagmáticos. O mesmo ocorreria em caso de descumprimento da contraprestação, que poderia servir de base para a configuração de exceção de contrato não cumprido[386].

Conforme se pode depreender, a determinação do regime jurídico aplicável aos contratos mistos e, por conseguinte, aos negócios mistos com doação é complexa e os apontamentos feitos nesse trabalho não serão suficientes para abarcar todas as potenciais lides que podem aparecer em seu contexto. No entanto, podem servir como base para o aplicador do direito, que somente no caso concretamente analisado deverá decidir, dadas as normas relativas à doação, quais outras normas jurídicas relativas a outros tipos contratuais deverão ser aplicadas para a solução do litígio sem que,

---

[386] PENTEADO, Luciano de Camargo, ob. cit., p. 302.

contudo, rompa-se a unidade formal do ato, desconsiderando a vontade das partes de realizar um negócio jurídico misto[387].

No que tange ao *crowdfunding* pelo sistema de pré-venda em que esteja configurado um negócio jurídico indireto, tendo sido celebrada verdadeira compra e venda (mesmo que a finalidade querida tenha sido a liberalidade), devem ser aplicadas as regras de validade desse tipo contratual. Aplicam-se, portanto, as regras gerais de validade dos negócios jurídicos: que as partes sejam capazes, que o objeto seja lícito, possível, determinado ou determinável e, no caso da compra e venda, que siga a forma prescrita em lei nos casos em que for aplicável[388]. Além disso, devem ser observadas as regras relativas à legitimação das partes na contratação: não podem vender (i) os ascendentes vender a descendentes sem o consentimento dos demais e do cônjuge do alienante, (ii) condômino de coisa indivisível a estranho, caso o outro condômino o queira nas mesmas condições, (iii) falido e (iv) o cônjuge sem autorização do outro, em venda de imóveis, exceto no regime da separação absoluta de bens[389], dentre outros casos.

Além das regras aplicáveis aos negócios jurídicos em geral e à compra e venda em específico, PENTEADO traz três regras adicionais especificamente no que tange aos negócios indiretos de compra e venda. Em primeiro lugar, é necessário que no negócio indireto não esteja contido o efeito do indiretamente querido, como, por exemplo, no caso de o preço da compra e venda não ser pago pelo comprador, de forma acordada entre as partes (nesse caso haveria simulação)[390]. Em segundo lugar, deve haver o que ele chama de proporcionalidade entre a validade da "doação indireta" e a do negócio efetivamente celebrado. Por exemplo, se por um lado o negócio indireto de compra e venda não deve ser solene, por não se aplicarem as regras de forma da doação, por outro as regras de fundo, como as de legitimação que protegem a família e terceiros, devem incidir[391]. Por

---

[387] PEREIRA, Caio Mário da Silva, ob. cit., p. 407.
[388] Por exemplo, no caso de compra e venda de imóveis cujo valor exceda trinta vezes o maior salário mínimo vigente no país, conforme determina o artigo 108 do Código Civil: "Art. 108. Não dispondo a lei em contrário, a escritura pública é essencial à validade dos negócios jurídicos que visem à constituição, transferência, modificação ou renúncia de direitos reais sobre imóveis de valor superior a trinta vezes o maior salário mínimo vigente no País.". BRASIL. Lei Federal n. 10.406, de 10 de janeiro de 2002, ob. cit..
[389] GOMES, Orlando. Contratos, ob. cit., p. 271.
[390] PENTEADO, Luciano de Camargo, ob. cit., p. 278.
[391] PENTEADO, Luciano de Camargo, ob. cit., p. 278.

fim, destaca o que chama de "intenção boa", um valor ético que deve estar presente em ações que tenham efeito duplo (como é o caso da compra e venda que se celebre com a intenção do atingimento de uma doação). Essa regra, contudo, poderia ser afastada quando não houvesse base objetiva para sua aplicação ou quando não for externalizada[392]. Para o autor, essas regras são importantes para que se evite a ilicitude do efeito donativo da compra e venda, assegurando-se que as partes possam doar diretamente aquilo o que foi indiretamente doado[393].

3.2. Termos e condições suspensivas no *crowdfunding*

A dinâmica de contratação do *crowdfunding*, conforme já visto, é semelhante em qualquer que seja a modalidade que se esteja analisando. Ao escolher determinado projeto de interesse, o apoiador adquire a quantidade e o valor de quotas com cuja aquisição deseja apoiá-lo para, então, efetuar o pagamento. Seja esse pagamento uma prestação de doação modal, de negócio misto com doação, de compra e venda ou de mútuo, ele no geral não é feito diretamente ao autor do projeto, senão à plataforma, que intermedeia essa transação e garante que as regras sejam cumpridas, permanecendo como depositária até que o prazo máximo para a angariação de recursos se finde. Com o fim do prazo, é feita uma avaliação de se o projeto angariou recursos suficientes para ser executado e, nesse momento, existem três possibilidades: (i) que o projeto não tenha angariado os recursos mínimos para ser executado, mas, pelas regras da plataforma ou do projeto em específico, mesmo assim o valor será repassado ao autor; (ii) que o projeto não tenha angariado os recursos mínimos para ser executado e, por conta disso e seguindo-se as regras da plataforma ou do projeto em específico, os valores transferidos à plataforma serão restituídos aos apoiadores; ou (iii) que o projeto tenha angariado recursos suficientes para ser executado, hipótese em que os valores arrecadados serão entregues ao autor do projeto[394].

---

[392] Idem, p. 279.
[393] Idem, ibidem.
[394] Vide nota de rodapé n. 346.

Essa dinâmica permite inferir que embora o negócio jurídico seja celebrado no momento em que o apoiador do projeto adquire as quotas do projeto escolhido, efetuando o pagamento à plataforma e aceitando seus termos de uso, seus efeitos ficam postergados para momento posterior e somente se iniciam se determinados critérios forem atendidos. Esses critérios consistem em cláusulas que condicionam os efeitos do negócio jurídico a eventos futuros, sendo, portanto, condições e termos apostos no momento da contratação.

As condições, os termos e os encargos são regulados em um único capítulo do Código Civil. Assim como o encargo, o termo e a condição são elementos acidentais do negócio jurídico, portanto, embora integrem o seu plano de existência, não estão presentes em todos os negócios, nem em todos os tipos[395], sendo tão somente uma forma de ampliar o âmbito de atuação da autonomia privada[396].

Segundo esse diploma legal, consistem em condição as cláusulas que, por vontade das partes, subordinam os efeitos do negócio a evento futuro e incerto[397]. São elementos da condição (i) voluntariedade, (ii) futuridade, (iii) incerteza e (iv) possibilidade, porque a condição deve ser estipulada pelas partes, sempre se referindo a evento futuro que, embora seja acontecimento incerto, possui possibilidade de ser verificado[398]. A incerteza com relação ao evento pode se dar com relação à sua verificação ou não (ao "se" acontecerá), ou com relação ao momento de sua verificação (ao "quando" acontecerá), ou com as duas concomitantemente. A cláusula que vincular

---

[395] AZEVEDO, Antonio Junqueira de. **Negócio Jurídico**: existência, validade e eficácia. 4ª ed.. São Paulo: Saraiva, 2002, p. 38. Antonio Junqueira de Azevedo, já nesta obra, abandona o uso da expressão "elementos acidentais" do negócio jurídico, substituindo-a por "elementos particulares" do negócio jurídico: "Os elementos particulares coincidem com os chamados *accidentalia negotii* da classificação tradicional; todavia, o abandono da expressão elementos acidentais justifica-se não só porque esta não tem a conotação que interessa na classificação dada para os elementos do negócio jurídico e segundo a qual se desce do geral ao particular, como também o adjetivo *acidentais*, dela constante, pode levar, nas línguas latinas, os menos avisado a pensar que se trata de elementos de secundária importância.". Idem, p. 39.

[396] AMARAL, Francisco. **Direito Civil**: introdução. 6ª ed.. Rio de Janeiro: Renovar, 2006, p. 460.

[397] "Art. 121. Considera-se condição a cláusula que, derivando exclusivamente da vontade das partes, subordina o efeito do negócio jurídico a evento futuro e incerto.". BRASIL. Lei Federal n. 10.406, de 10 de janeiro de 2002, ob. cit..

[398] AMARAL, Francisco, ob. cit., p. 468.

os efeitos do negócio jurídico a evento cuja verificação é certa, mas cujo momento seja incerto, será na verdade um termo. São condições, portanto, as denominadas *dies incertus an, certus* quando (não há certeza da verificação do evento, mas, se ocorrer, sabe-se o momento que será verificado) e as *dies incertus an, incertus* quando (não há certeza nem de sua verificação, nem de quando será verificada)[399].

Para a finalidade da análise do *crowdfunding*, importa ainda a classificação das condições em suspensivas e resolutivas. Aquelas condicionam o início da eficácia do negócio jurídico ao evento futuro e incerto, ao passo que estas, quando verificadas, cessam os efeitos já em andamento do negócio[400].

O termo, por sua vez, consiste na cláusula que vincula os efeitos do negócio jurídico a evento futuro e certo. Dividem-se os termos em *certus an, incertus* quando (sabe-se que o evento se verificará, mas não se sabe quando) e *certus an, certus* quando (sabe-se tanto que o evento se verificará quanto o momento que ocorrerá)[401]. Igualmente à condição, o termo pode ser classificado entre o termo inicial (ou suspensivo), que vincula os efeitos do negócio a momento futuro, e termo final (ou resolutivo), que cessa os efeitos já em andamento de um negócio[402].

O termo inicial e a condição suspensiva produzem diferentes efeitos no negócio a que estão vinculados. A condição vincula a aquisição do próprio direito a evento futuro e incerto[403], de forma que, nesse ínterim entre a celebração do negócio e o implemento da condição, a parte tem apenas uma expectativa de direito ou um direito condicional[404]. O termo, por sua vez, não condiciona a aquisição do direito, senão somente seu exercício até seu implemento, que será certo[405]. Por esse motivo, poderia

---

[399] GOMES, Orlando, Introdução ao Direito Civil, ob. cit., p. 312-3.
[400] AMARAL, Francisco, ob. cit., p. 473.
[401] GOMES, Orlando. Introdução ao Direito Civil ob. cit., p. 312-3.
[402] AMARAL, Francisco, ob. cit., p. 484.
[403] "Art. 125. Subordinando-se a eficácia do negócio jurídico à condição suspensiva, enquanto esta se não verificar, não se terá adquirido o direito, a que ele visa.". BRASIL. Lei Federal n. 10.406, de 10 de janeiro de 2002, ob. cit..
[404] AMARAL, Francisco, ob. cit., p. 472.
[405] "Art. 131. O termo inicial suspende o exercício, mas não a aquisição do direito.". BRASIL. Lei Federal n. 10.406, de 10 de janeiro de 2002, ob. cit..

a parte praticar atos conservatórios de seu direito mesmo enquanto não for efetivado o termo[406].

Importante também que se diferencie as condições dos encargos, que não se confundem entre si, fazendo cada uma parte de uma categoria jurídica autônoma inteiramente distinta[407]. Essas cláusulas podem eventualmente se confundir pelo fato de que são elementos acidentais do negócio jurídico que impactam sua eficácia quando da realização de determinado evento futuro. No entanto, o encargo diferencia-se da condição suspensiva, pois esta suspende a aquisição de determinado direito, que fica condicionado à verificação de evento futuro e incerto, ao passo que o modo não se presta a suspender a eficácia, senão somente a obrigar uma das partes do negócio à prática de determinados atos, sem que haja qualquer suspensão à aquisição de direitos[408]. Diferencia-se também das condições resolutivas potestativas, pois estas, quando implementadas, geram a cessação dos efeitos do negócio jurídico, ao passo que o eventual descumprimento do encargo implica a revogação do próprio negócio a que está vinculada.

PENTEADO observa ainda que a distinção entre condição e encargo se dá não somente quanto a seus efeitos, mas também com relação às suas naturezas jurídicas. Para o autor, o encargo traz relevância aos motivos que levaram determinada parte a celebrar um negócio jurídico gratuito, sendo colocado ao lado da liberalidade para determinar sua finalidade, no todo ou em parte, vinculando-se uma parte a uma obrigação que se distingue da prestação original do negócio jurídico[409]. A condição, por

---

[406] AMARAL, Francisco, ob. cit., p. 483.
[407] JACOMINO, Sérgio. Doação Modal e imposição de cláusulas restritivas. **Revista de Direito Imobiliário**, São Paulo, ano 23, n. 48, p. 245-255, jan./jun. 2000, p. 247.
[408] AMARAL, Francisco, ob. cit., p. 487. Essa diferença está expressamente disposta no artigo 136 do Código Civil: "Art. 136. O encargo não suspende a aquisição nem o exercício do direito, salvo quando expressamente imposto no negócio jurídico, pelo disponente, como condição suspensiva.". BRASIL. Lei Federal n. 10.406, de 10 de janeiro de 2002, ob. cit..
[409] PENTEADO, Luciano de Camargo, ob. cit., p. 231. No mesmo sentido está Ebert Chaumon, que em parecer sobre a revogação de uma doação subordinada a condição e termo entendeu que "doação cm modo não existe, uma vez que a colaboração, que o doador exige dos donatários, não é um plus, é muito mais uma decorrência da própria comunhão, que não existe sem a *affectio*, do que um dever, um ônus, acostado à liberalidade (...).". CHAMOUN, Ebert. Doações sujeitas a termo e a condição. Invalidade de cláusula relativa à destinação dos bens após termo e condição. **Revista Forense**, Rio de Janeiro, v. 96, n. 350, p. 187-9, abr./jun. 2000, p. 187.

sua vez, se presta à alteração da eficácia do negócio jurídico, diminuindo-se ou restringindo-se a vontade. Ela não é posta ao lado da declaração de vontade, senão por dentro desta, determinando um limite à eficácia no tempo[410]. O modo é elemento acidental anexo à declaração da vontade, ao passo que a condição é inerente a ela[411].

Conforme visto, entre o ato de aquisição das quotas do *crowdfunding* e a efetiva entrega dos valores aos autores, ou sua restituição aos apoiadores – o que será feito pela plataforma nos moldes das regras estipuladas nos termos de uso do site –, existe um período de tempo em que o negócio jurídico celebrado entre autor e apoiador do projeto não produz efeitos. Existe aqui, pois, ora uma condição suspensiva à aquisição dos direitos do apoiador, ora um termo inicial para o exercício desses direitos.

O que determinará o enquadramento dessa cláusula como condição suspensiva ou como termo inicial serão os próprios termos de uso da plataforma de *crowdfunding*, ou as regras do projeto conforme determinadas anteriormente por seu autor. Quaisquer das modalidades de *crowdfunding* podem estar sujeitas a condições e termos, o que dependerá exclusivamente das regras desenhadas pela própria plataforma. Não há qualquer impedimento que nas doações modais haja a cumulação de condição ou encargo, pois, conforme visto, tratam-se de cláusulas de natureza jurídica distintas. A mesma possibilidade existe com relação ao *crowdfunding* pelo sistema de empréstimo que consiste num mútuo de escopo. Na verdade, é bastante comum que haja uma condição suspensiva ou resolutiva, nos mútuos de escopo, que estão geralmente vinculadas à própria destinação do contrato. Por exemplo, não são incomuns financiamentos habitacionais na planta em que esteja prevista a resilição do contrato caso a empreitada seja embargada[412].

Para determinar-se a presença de condições ou termos no *crowdfunding* concretamente analisado, as regras de uso da plataforma devem ser lidas. Em geral, as plataformas dão duas possibilidades aos seus utilizadores. A primeira delas reside naqueles financiamentos em que a entrega do valor ao autor fica vinculada à hipótese de que seu projeto angarie um mínimo

---

[410] PENTEADO, Luciano de Camargo, ob. cit., p. 232.
[411] Idem, ibidem.
[412] PONTES DE MIRANDA, Francisco Cavalcanti; MIRAGEM, Bruno (atualiz.). Tratado de direito privado: parte especial. Tomo XLII, ob. cit., p. 68.

de fundos para ser executado, havendo, caso contrário, a restituição dos valores aos apoiadores do projeto. Nessa hipótese, os efeitos do contrato estabelecido entre autor e apoiador, em qualquer que seja a modalidade de *crowdfunding*, estarão vinculados ao implemento de uma condição suspensiva. O batimento da meta de arrecadação do mínimo do projeto é um evento incerto, já que depende de outros potenciais apoiadores adquirirem tantas quotas quantas forem necessárias para tanto, embora tenha dia certo de determinação, que será o prazo determinado no próprio projeto publicado na plataforma. Trata-se, assim, de uma condição suspensiva *dies incertos an, certus* quando.

A segunda possibilidade consiste naqueles financiamentos em que a entrega dos valores ao autor do projeto fica vinculada tão somente ao fim do prazo de arrecadação, não importando se o valor mínimo do projeto foi ou não alcançado. Nessa hipótese, os efeitos do negócio jurídico estão vinculados a termo (*dies certus an, certus* quando): basta que o prazo estipulado acabe para que automaticamente o autor do projeto receba os valores dados pelos apoiadores.

A distinção dessas cláusulas entre condição e termo são importantes, pois as consequências jurídicas em caso de descumprimento são distintas. Conforme visto, a condição vincula a aquisição de um direito a evento futuro, ao passo que o termo vincula tão somente o exercício de um direito, que já é adquirido no momento da celebração do negócio jurídico. Assim, o pagamento de uma prestação que esteja sob condição suspensiva é pagamento indevido, que poderá gerar restituição, ao passo que a mesma prestação, caso vinculada a termo inicial, se paga antes de seu implemento, não gera direito a restituição, porque já existe, válida e perfeita, sendo tão somente inexigível até o advento do termo[413].

A entrega dos valores angariados ao autor do projeto, pela plataforma, antes do término do prazo de angariação de recursos, por conseguinte, traz consequências diferentes a ela. A plataforma, conforme visto, é depositária dos valores provenientes das aquisições das quotas até o decurso do prazo. Esse depósito é feito pelos apoiadores em interesse de terceiro, autor do projeto, que somente poderá levantá-lo (i) após a finalização da captação, na hipótese de ter direito a fazê-lo mesmo se não angariar o mínimo previsto

---

[413] AMARAL, Francisco, ob. cit., p. 483.

para a execução de seu projeto, ou (ii) após a captação e desde que angarie os recursos mínimos inicialmente previstos.

Na primeira hipótese, se a plataforma de *crowdfunding* entregar os valores sob custódia ao autor antes do fim do prazo, não haverá qualquer direito de pedido de restituição, seja por parte do apoiador do projeto, seja por parte da própria plataforma. Estando, nesse caso, o negócio jurídico sob termo inicial, o direito do autor sobre os valores provenientes da aquisição das quotas nasce com o pagamento e a aceite dos termos de uso por parte dos apoiadores. Embora o autor não possa exigir que esses valores sejam a ele entregues antes do advento do termo, caso isso ocorra antes do prazo, não pode a plataforma os apoiadores cogitar sua restituição.

A disponibilização antecipada por parte da plataforma, da mesma forma, não geraria qualquer direito de indenização que pudesse ser pleiteado pelo autor do projeto. Embora a entrega antecipada implique inadimplemento do contrato no negócio estabelecido entre autor e plataforma, esse inadimplemento não gera qualquer dano aos apoiadores que gere direito a indenização[414]. Ainda, caso o apoiador já tenha feito uma transação e realizado o depósito em favor da plataforma, ele não poderia requerer a restituição dos valores a esta. Haja vista que o negócio celebrado entre apoiador e autor está vinculado a termo, já adquire este, no momento do depósito feito por aquele, direito aos valores depositados. Embora o autor não possa receber os valores antes do advento do prazo, ele já tem direito a recebê-los, de forma que seria necessário seu consentimento para a devolução dos valores ao apoiador, caso este assim quisesse nos termos do artigo 632 do Código Civil.

Na segunda hipótese, em que a entrega esteja condicionada ao atingimento da meta de captação, as consequências jurídicas mudam substancialmente. Por estar o negócio jurídico sob condição suspensiva, há somente expectativa de direito por parte do autor a levantar que está depositada junto à plataforma de *crowdfunding*. Eventual pedido de restituição por parte do apoiador à plataforma deverá ser imediatamente satisfeito, mesmo

---

[414] Isso não ocorreria se estivesse prevista alguma cláusula penal em caso de descumprimento contratual. No entanto, inexiste essa cláusula contratual nos termos de uso das principais plataformas de crowdfunding brasileiras (Kickante.com.br e Catarse.me) e, haja vista ser uma cláusula que penaliza as plataformas e que são elas mesmas que elaboram os termos de uso, parece ser improvável a possibilidade de ser colocada em seus contratos.

que antes do prazo final do projeto[415], por previsão expressa do Código Civil[416], descontadas eventuais despesas, retribuições e indenizações por prejuízos devidas[417]. Mesmo sendo o depósito no interesse do autor, esse ainda não possui qualquer direito aos valores prestados pelos apoiadores até que a condição seja implementada. Entretanto, caso a condição se verifique (fim do prazo e angariação do mínimo do projeto), teria o autor direito de exigir a prestação diretamente do apoiador que tenha pedido a restituição. A plataforma, por ter cumprido disposição legal, nesse caso, não poderia ser responsabilizada.

Além disso, a entrega antecipada pela plataforma dos valores ao autor do projeto antes de implementada a condição gera direito de restituição aos apoiadores, já que não possui ainda o autor direito ao levantamento dos valores. Nesse caso, o inadimplemento contratual por parte da plataforma pode gerar direito à indenização aos apoiadores: caso haja a entrega antecipada e a condição não se verifique, a plataforma, na figura de depositária, é obrigada a restituir os valores depositados aos apoiadores. Por conseguinte, a plataforma deverá indenizar os apoiadores de seus valores e se sub-rogará nos direitos deles de reaver os valores entregues aos autores.

O não implemento da condição suspensiva torna-a impossível, o que faz com que o direito do autor não seja apto a nascer, resolvendo-se o negócio jurídico de pleno direito[418]. Não angariando o projeto o valor mínimo para sua execução dentro do prazo estabelecido, resolve-se o contrato que se estabeleceu entre autor e apoiador do projeto, devendo a plataforma restituir

---

[415] Na condição suspensiva, aquele a quem o advento da condição não aproveita deve se abster de praticar qualquer ato que possa prejudicar a legítima expectativa do credor. AMARAL, Francisco, ob. cit., p. 475. Tratando-se, contudo, a prestação do devedor de bem fungível e de valor que em regra é baixo, não parece que a restituição, nesse caso, seja apta a prejudicar a expectativa do autor.

[416] "Art. 632. Se a coisa houver sido depositada no interesse de terceiro, e o depositário tiver sido cientificado deste fato pelo depositante, não poderá ele exonerar-se restituindo a coisa a este, sem consentimento daquele.". BRASIL. Lei Federal n. 10.406, de 10 de janeiro de 2002, ob. cit..

[417] "Art. 644. O depositário poderá reter o depósito até que se lhe pague a retribuição devida, o líquido valor das despesas, ou dos prejuízos a que se refere o artigo anterior, provando imediatamente esses prejuízos ou essas despesas.". Idem. Assim diz o artigo anterior: "Art. 643. O depositante é obrigado a pagar ao depositário as despesas feitas com a coisa, e os prejuízos que do depósito provierem.". Idem.

[418] GOMES, Orlando. Introdução ao Direito Civil, p. 308.

os valores depositados, se ainda sob sua guarda, ou os autores devolverem as quantias que a ele já tenham sido eventualmente entregues.

3.3. *Crowdfunding* e contratação eletrônica

A dinâmica econômica globalizada fez surgir diversos institutos e figuras jurídicas que foram, aos poucos, sendo absorvidas e reguladas pelo direito, ou por meio da promulgação de novas leis, ou do processo criativo doutrinário e jurisprudencial. Diferentemente não ocorreu com relação à disciplina dos contratos, os quais, paulatinamente, foram sendo adaptados às novas ferramentas tecnológicas disponibilizadas à sociedade. A internet, talvez a ferramenta que melhor explica as mudanças de paradigma da sociedade no século XXI, não fugiu à regra e, mais do que simplesmente modificar a forma como contratos são celebrados, colaborou com sua massificação, especialmente no que tange aos contratos de consumo. Diariamente, fecha-se grande número de contratos pela internet, sem que, em boa parte dos casos, sequer se saiba sua relevância jurídica[419].

O *crowdfunding*, conforme visto, é uma ferramenta disponível para a captação de recursos para execução de projetos que se disseminou principalmente por meio da internet. O financiamento coletivo objeto deste trabalho se funda numa relação tripartite entre a plataforma, o apoiador e o autor do projeto, formando-se, em decorrência, três principais contratos, cuja natureza já se definiu no capítulo anterior. Embora se encaixem em diferentes categorias contratuais, todos eles possuem uma característica em comum: são fechados por meio da internet, consistindo, portanto, nos chamados contratos eletrônicos telemáticos.

O contrato eletrônico é conceituado como o encontro de oferta de bens ou serviços com subsequente aceitação, feitos por meio de uma rede de telecomunicações[420]. O critério distintivo dos contratos eletrônicos,

---

[419] "Tagtäglich schließt jede Person eine Vielzahl von Verträgen, zumeist ohne sich derem rechtlicher Relevanz bewusst zu sein.". HOHLERS, Franziska. **Der Vertragsschluss im e-Commerce nach deutschem und spanischem Recht**: unter besonderer Berücksichtigung der europarechtlichen Vergaben zu den Informationspflichten. Hamburgo: Peter Lang, 2010, p. 13.

[420] WALD, Arnoldo. Um direito para a nova economia: os contratos eletrônicos e o Código Civil. In: GRECO, Marco Aurélio; MARTINS, Ives Gandra da Silva (coord.). **Direito e**

portanto, não diz respeito à *ratio* de seu objeto, senão pela forma de sua celebração: os mesmos contratos envolvidos num *crowdfunding* poderiam ser celebrados pelas vias convencionais, a partir da assinatura de instrumentos particulares físicos, ou de negócios jurídicos verbais, sem que se alterasse sua natureza jurídica.

Cumpre ressaltar que os contratos eletrônicos têm sido divididos pela doutrina entre os contratos informáticos e os contratos telemáticos. Os primeiros consistem nos contratos que têm por objeto bens ou serviços de informática, ao passo que os segundos são os contratos celebrados por meio de telecomunicação[421]. A classificação dos contratos informáticos enquanto eletrônicos, no entanto, não é condizente com a própria definição de contratos eletrônicos – que leva como critério a forma pela qual ele foi celebrado –, razão pela qual não os consideramos eletrônicos necessariamente: será contrato eletrônico se, além de ter como objeto bens ou serviços de informática, for fechado em meio telemático. De qualquer forma, para o presente trabalho, importa a categoria dos contratos eletrônicos telemáticos.

As tecnologias passíveis de transmitir as declarações de vontade de um contrato telemático são das mais diversas, podendo partir de aplicações de correio eletrônico e de sites da internet, ou de softwares de tele ou videoconferência. Existem três principais formas de se celebrarem negócios pela internet: (i) pelo esquema de oferta pública, em que se oferecem os produtos abertamente, podendo os adquirentes realizar negócio por meio do envio de e-mail, ou clicando num botão de aceite; (ii) pelo esquema de convite a propor, em que não se disponibilizam todas as informações no site, devendo o adquirente solicitar o bem, realizando uma proposta; e (iii) pelo esquema proposta aceitação, em que as partes do contrato estão online e efetuam duas transações instantaneamente por e-mail ou por conferência[422]. Existem, portanto, hipóteses em que tanto o oblato quanto

---

internet: relações jurídicas na sociedade informatizada. São Paulo: Editora Revista dos Tribunais, 2001, p. 18.

[421] LIMA, Cintia Rosa Pereira de. **Validade e obrigatoriedade dos contratos de adesão eletrônicos (shrink-wrap e click-wrap) e dos termos e condições de uso (browse-wrap):** um estudo comparado entre Brasil e Canadá. Tese (Doutorado em Direito Civil) – Faculdade de Direito do Largo de São Francisco da Universidade de São Paulo, São Paulo, 2009, p. 443.

[422] FORGIONI, Paula Andrea. Apontamentos sobre aspectos jurídicos do e-commerce. **RAE – Revista de Administração de Empresas**, São Paulo, v. 40, n. 4, p. 70-83, out./dez. 2000, p. 72-3.

o proponente estão concomitantemente conectados à internet, podendo, portanto, a oferta ser aceita imediatamente. Nas outras hipóteses, que ocorrem, por exemplo, nos contratos celebrados por e-mail, ou mesmo por meio de um acordo *click-wrap*, estará configurada a contratação entre ausentes, aplicando-se assim as regras previstas nos artigos 428, incisos II e III[423], e 434[424] do Código Civil.

O *crowdfunding*, da forma como vem se popularizando, encaixa-se na primeira hipótese, em que é feita uma oferta pública na internet para que então os potenciais interessados realizem o negócio ofertado. É oferta ao público, pois depende de aceitação da parte contrária para que haja bilateralização[425]. Essa oferta não pode ser confundida com promessa ao público, ou promessa recompensa, já que em ambas a unilateralidade é suficiente, são consideradas concluídas e vinculantes a partir do momento em que forem lançadas ao público[426]. Não existe qualquer vinculação por parte do apoiador do projeto até que os apoiadores consintam com a oferta. As eventuais recompensas a que os autores se obrigam a entregar não são, portanto, obrigações decorrentes de negócio jurídico unilateral. São, na verdade, contraprestações aos contratos de doação mista, compra e venda, ou outro contrato misto que eventualmente venha a se formar.

Cumpre ressaltar que os contratos eletrônicos telemáticos podem se dar tanto entre ausentes, quanto entre presentes. Diz-se contratos entre ausentes os formados mediante oferta a ausente, ou seja, na hipótese de a oferta ser dirigida a oblato que não possa dar imediatamente resposta ao proponente[427]. A definição de contrato entre presentes pode ser feita *a*

---

[423] "Art. 428. Deixa de ser obrigatória a proposta: (...) II – se, feita sem prazo a pessoa ausente, tiver decorrido tempo suficiente para chegar a resposta ao conhecimento do proponente; III – se, feita a pessoa ausente, não tiver sido expedida a resposta dentro do prazo dado; (...)". BRASIL. Lei Federal n. 10.406, de 10 de janeiro de 2002, ob. cit..

[424] "Art. 434. Os contratos entre ausentes tornam-se perfeitos desde que a aceitação é expedida, exceto: I – no caso do artigo antecedente; II – se o proponente se houver comprometido a esperar resposta; III – se ela não chegar no prazo convencionado.". Idem.

[425] PONTES DE MIRANDA, Francisco Cavalcanti; TEPEDINO, Gustavo (atualiz.). **Tratado de Direito Privado**: parte especial. Tomo XXXI. Direito das obrigações. Negócios jurídicos unilaterais. 5ª ed.. São Paulo: Revista dos Tribunais, 2012, p. 196.

[426] PONTES DE MIRANDA, Francisco Cavalcanti; TEPEDINO, Gustavo (atualiz.). **Tratado de Direito Privado**: parte especial. Tomo XXXI, ob. cit., p. 196.

[427] GOMES, Orlando. Contratos, ob. cit., p 74.

contrario sensu, consistindo nos casos em que o oblato possa imediatamente dar resposta ao proponente.

Existe certa dificuldade que se encontrou na doutrina em identificarem-se os emitentes das declarações de vontade, tanto nos casos dos proponentes, quanto no dos aceitantes nos contratos telemáticos. As declarações de vontade efetuadas por meio eletrônico se dividem em duas hipóteses distintas: (i) declaração feita pelo próprio declarante (*"elektronikscher Willenserklärung"*) e (ii) declaração feita de forma automatizada pelo computador (*"automatisierter Willenserklärung"*)[428]. Com relação a esta última possibilidade, criou-se certa polêmica acerca da possibilidade de um computador poder fazer uma declaração de vontade, questionando-se, portanto, a existência ou não de declaração feita por computador. Entretanto a doutrina, de forma acertada, tem considerado o programador da automatização ou, ainda, o sujeito em favor de quem a automatização foi feita, como o emissor da proposta[429]. Somente deverá ser considerando dessa forma, entretanto, se se puder objetivamente considerar aquela declaração feita automaticamente pelo computador como verdadeira declaração de vontade se se puder atribuí-la a um emitente, que utilizou o computador somente como uma ferramenta[430].

Após a emissão de declaração de vontade contendo uma oferta pública, seja ela feita por pessoa diretamente ou por programa de computador, popularizaram-se na internet três principais formas de dar-se aceite eletronicamente: (i) *shrink-wrap*, (ii) *click-wrap* e (iii) *browse-wrap*. O *shrink-wrap*

---

[428] LIMA, Cintia Rosa Pereira, ob. cit., p. 456.

[429] Idem, p. 457.

[430] Sendo esse o caso, a declaração deve ser considerada existente e válida mesmo se o emissor a quem possa ser atribuída aquela declaração de vontade não souber nem do conteúdo da declaração, nem a quem ela se destina. Essa situação poderia ocorrer, por exemplo, em um contrato erroneamente programado em um site de internet, que vinculará seu proprietário como se dele realmente tivesse sido emitida a declaração: "Für elektronisch übermittelte wie auch automatisiert generierte Erklärungen ist nach den Grundsätzen im Ergebnis entscheidend, ob die Erklärung, vor allem die computerordnet angesehen werden kann, also objektiv als Willenserklärung eines Menschen erscheint, der sich eines Computers nur als Hilfsmittel bedient. Ist dies der Fall, muss sich der Erklärende die vom Computer generierte Erklärung als seine Willenserklärung zurechnen lassen, auch wenn er zuvor weder Inhalt noch Adressat der Erklärung kennt.". KOCH, Frank A.. **Internet-Recht**: Praxishandbuch zu Dienstenutzung, Verträgen, Rechtsschutz und Wettbewerb, Haftung, Arbeitsrecht und Daten Schutz im Internet, zu Links, Peer-to-Peer-Netzen und Domain-Recht, mit Musterverträgen. Munique: Oldenbourg, 2005, p. 101.

consiste no acordo dado para a aquisição de licença de utilização de softwares, por meio do qual o cliente (consumidor) celebra um contrato com o licenciador[431]. Essa celebração se dá no momento da compra do produto[432], muito embora o consumidor somente leia os termos da licença no momento em que instalar o programa em seu computador, podendo ou não os ratificar[433]. Os acordos *click-wrap*, por sua vez, são derivações do *shrink-wrap*. Nesse caso, o cliente (consumidor), somente terá acesso ao conteúdo do programa que deseja adquirir se aceitar seus termos e condições de uso, por meio de um *"click"* em um botão de aceite[434]. Os contratos *browse-wrap*, por sua vez, consistem nos termos e condições de uso de sites da internet e, no geral, constam em um hiperlink localizado em seu rodapé[435]. O simples fato de o usuário navegar nessa página já é considerado, em teoria, como aceite àquelas condições[436].

As duas formas de aceite que interessam ao *crowdfunding* são as *click-wrap*, que ocorre tanto no momento em que o apoiador do projeto faz a aquisição de alguma quota, quanto na ocasião em que o autor faz o cadastramento e aceita sua publicação na plataforma[437], e a modalidade *browse-wrap*, que, por sua vez, se dá no momento em que qualquer usuário, seja apoiador, seja autor, entre no site e comece sua navegação.

O *crowdfunding* é realizado integralmente dentro do ambiente da internet, encaixando-se as formas de celebração dos negócios nele envolvidos sempre por uma das formas expostas. Na verdade, assim como a grande maioria das transações que hoje em dia acontecem na internet, os contratos formados por meio de um *crowdfunding* são no geral celebrados de forma

---

[431] SCHEUERMANN, Isabel. **Internationales Zivilverfahrensrecht bei Verträgen im Internet**: Veröffentlichungen zum Verfahrensrecht. Tübingen: Mohr Siebeck, 2004, p. 196.
[432] *Shrink-wrap* significa embalagem a vácuo, bastante utilizada para a proteção de CDs de softwares. O aceite, nesse caso, chama-se *shrink-wrap* pois se dá no momento em que o consumidor tira essa embalagem da prateleira.
[433] LIMA, Cintia Rosa Pereira, ob. cit., p. 510.
[434] SCHEUERMANN, Isabel, ob. cit., p. 196.
[435] LIMA, Cintia Rosa Pereira, ob. cit., p. 539.
[436] Idem, ibidem.
[437] A forma de aceite por meio de *click-wrap* é bastante comum em sites que prestam serviços ou vendem mercadorias. Nas plataformas de *crowdfunding* é comum que essa modalidade esteja presente, muito embora não seja obrigatória. Existe a possibilidade de que as plataformas somente se utilizem das modalidades *browse-wrap* para vincular as partes, ou mesmo simplesmente não utilize quaisquer termos e condições de uso.

automatizada, mediante interação dos apoiadores e dos autores com o site da plataforma.

Existem dois momentos principais até que haja a celebração dos contratos entre as partes. Primeiramente, o autor ou o apoiador do projeto entram no site da plataforma, a fim de cadastrar seu projeto de angariação de recursos ou de apoiar algum que já esteja cadastrado, respectivamente. Nesse primeiro momento, já existe um vínculo de contratação que se forma entre a plataforma e os autores ou apoiadores do projeto. Conforme visto, a plataforma de *crowdfunding* consiste num provedor de conteúdo, que oferece um espaço em que seus usuários possam interagir e fechar negócios. Os serviços que presta nessa modalidade são objeto de uma contratação cujo aceite se dá na modalidade *browse-wrap*. Esses serviços envolvem, no geral, regras para utilização do site na internet, assim como determina as responsabilidades do provedor de conteúdo com relação a eventuais problemas que os usuários poderão enfrentar, como ser alvo de fraude ou adquirir um vírus de computador. Essas cláusulas, consistem, então, em condições gerais do contrato[438] entendidas como uma lista de cláusulas pré-elaboradas de forma unilateral pelo fornecedor ou prestador de serviços que se destina a um número indeterminado de indivíduos e que, além disso, possuem independência do tipo contratual que se pretende regular. No *crowdfunding*, por exemplo, há independência entre o contrato do tipo *browse-wrap* de navegação no site e o contrato celebrado entre autor e apoiador do projeto. Isso não quer dizer, contudo, que o *browse-wrap* não seja utilizado também como forma de celebração de contratos eletrônicos de outras naturezas, como por exemplo a cessão de uso ou licença de software, ou mesmo para a realização de determinado *download* em um site[439].

Pelo *browse-wrap*, diferentemente do que ocorre nas duas outras formas de aceite eletrônico, não existe qualquer aprovação expressa por parte dos usuários. São raros os sites de internet que exigem que se aceitem as condições de uso antes mesmo que seus usuários possam navegá-lo. Os sites, na maioria das vezes, disponibilizam em algum lugar de sua página os termos e condições de uso que, em teoria, deveriam ser lidos pelos usuários por sua própria iniciativa. As plataformas de *crowdfunding*, no geral, funcionam também com essa mesma mecânica, já que os apoiadores e os

---

[438] LIMA, Cintia Rosa Pereira, ob. cit., p. 543.
[439] Idem, p. 542.

autores podem navegar em seus sites sem que antes haja qualquer aceite às condições de uso, que podem ser encontradas em uma página específica do site.

Por conta do elevado volume de transações que ocorrem na internet, a fim de não engessar a navegação, a doutrina tem aceitado que se mantenha a forma de aceite por meio do *browse-wrap*[440]. A *American Bar Association*, entidade estadunidense que desempenha papel semelhante à Ordem dos Advogados do Brasil[441], contudo, estipula que para que seja válida essa forma de aceitação de contratos eletrônicos, quatro requisitos devem ser preenchidos: (i) ao usuário deve ser dado aviso adequado da existência dos termos propostos; (ii) o usuário deve ter uma oportunidade significativa para revisar os termos; (iii) ao usuário deve ser fornecido o aviso adequado de que, ao tomar alguma ação específica (por exemplo, clicar em um botão de aceite), ele concorda com os termos propostos; e (iv) o usuário deve tomar a referida ação, manifestando seu aceita à proposta[442]. Caso o *browse-wrap* não se dê dessa forma, não se deve considerar o contrato eletrônico como aceito.

Essas mesmas regras parecem se aplicar no direito brasileiro. No âmbito do Código Civil de 2002, somente se aceita que o silêncio configure declaração de vontade quando os usos assim autorizarem, e não for necessária declaração expressa[443], nos termos do artigo 111[444]. Embora possa se considerar que nas circunstâncias usuais de utilização da internet não seja comum a necessidade de se aceitar expressamente os termos e condições de uso – pelo menos não no tocante às regras de navegação do site, já que

---

[440] LIMA, Cintia Rosa Pereira, ob. cit., p. 547.

[441] Idem, p. 530.

[442] "Based on the precedents discussed in this Article, as well as policy arguments, the authors posit that a user validity and reliably assents to the terms of a browse-wrap agreement if the following four elements are satisfied: (i) the user is provided with adequate notice of the existence of the proposed terms. (ii) The user has a meaningful opportunity to review the terms. (iii) The user is provided with adequate notice that taking a specified action manifests assent to the terms. (iv) The user takes the action specified in latter notice.". KUNZ, Christina L. et al. Browse-Wrap Agreements: Validity of Implied Assent in Electronic Form Agreements. **The Business Lawyer**, n. 59(1), p. 279–312, 2003, p. 281.

[443] AMARAL, Francisco, ob. cit., p. 401.

[444] "Art. 111. O silêncio importa anuência, quando as circunstâncias ou os usos o autorizarem, e não for necessária a declaração de vontade expressa.". BRASIL. Lei Federal n. 10.406, de 10 de janeiro de 2002, ob. cit..

a aquisição de serviços e bens no geral é feita com base no sistema *click--wrap* – ainda assim se aplicam os deveres laterais de transparência, que decorrem da boa-fé objetiva disposta no artigo 422[445] do referido diploma legal. O site da internet deve, assim, ou pedir expressamente o aceite do usuário (*click-wrap*), ou pedir que ele aceite os termos e condições de uso quando da aquisição de algum bem ou serviço – colocando, pois, os termos juntamente com as regras de aquisição de serviços –, ou, pelo menos, dar relevância ao hiperlink que conduza à página que contém os termos. Destaque-se que, além disso, nos casos em que incida o Código de Defesa do Consumidor, deve-se respeitar seu artigo 39, III e parágrafo único[446], que dispõe que é vedado ao fornecedor prestar qualquer serviço ou entregar qualquer produto sem autorização ou solicitação prévia do consumidor, caso em que os serviços prestados ou os produtos entregues serão considerados amostras grátis e não poderão ser cobrados.

O segundo momento em que se celebram contratos no *crowdfunding* é o momento da contratação que diretamente se deseja. O autor, depois de acessado o site da plataforma, cadastrará seu projeto para angariar recursos, celebrando com ela um contrato de corretagem. Da mesma forma, o apoiador, ao escolher um projeto de interesse, adquire as quotas que desejar, celebrando um negócio jurídico que variará de acordo com a modalidade de *crowdfunding* e o projeto concretamente analisado, assim como realizará um contrato de depósito com a plataforma. Todos os contratos, nesse momento, são celebrados por meio de um acordo *click-wrap*, por meio do qual as partes aceitam a prosseguir com a contratação nos moldes desenhados no projeto e de acordo com os termos de uso da própria plataforma de *crowdfunding*.

Da mesma forma como ocorre com relação ao *browse-wrap*, há discussões acerca da validade ou não das cláusulas contidas num acordo *click-wrap*. Segundo a doutrina anglo-saxã, para que essas cláusulas sejam válidas, devem

---

[445] "Art. 422. Os contratantes são obrigados a guardar, assim na conclusão do contrato, como em sua execução, os princípios de probidade e boa-fé.". Idem.
[446] "Art. 39. É vedado ao fornecedor de produtos ou serviços, dentre outras práticas abusivas: (...) III – enviar ou entregar ao consumidor, sem solicitação prévia, qualquer produto, ou fornecer qualquer serviço; (...) Parágrafo único. Os serviços prestados e os produtos remetidos ou entregues ao consumidor, na hipótese prevista no inciso III, equiparam-se às amostras grátis, inexistindo obrigação de pagamento.". BRASIL. **Lei Federal n. 8.078, de 11 de setembro de 1990**. Dispõe sobre a proteção do consumidor e dá outras providências. Disponível em: <http://www.planalto.gov.br/ccivil_03/leis/l8078.htm>. Acesso em 15 jun. 2015.

ser respeitadas algumas diretrizes, que estão de acordo com os parâmetros desenvolvidos pelo *Working Group on Eletronic Contracting Practices* e o *Eletronic Commerce Subcomitee of the Cyberspace Law Comittee*, ambos da *American Bar Association*[447]. São essas diretrizes: (i) que as cláusulas contratuais permitam a fácil visualização pelo aderente e que sejam claras o suficiente para que ele as possa entender; (ii) que ao aderente seja dada opção de aceitá-las ou não, a partir da possibilidade de clicar-se ou não em um ícone de aceitação (que geralmente contém expressões como "Eu aceito", "Aceito", "Sim", dentre outras); (iii) que não se deva permitir o acesso do site ao consumidor antes da aceitação dos termos de uso; (iv) garantir que o aderente é realmente quem ele diz ser, colhendo-se os dados do contratante ou, preferencialmente, utilizando uma assinatura eletrônico, além de manter suas informações em um banco de dados seguro; e (v) que se faça menção às regras contratuais tradicionais[448].

Todas essas regras estão de acordo com ordenamento jurídico brasileiro, principalmente no que tange às disposições pertencentes ao Código de Defesa do Consumidor e à regulamentação dos contratos de adesão. A primeira diretriz está de acordo com o artigo 54, caput, § 3.º e § 4.º[449], que estabelecem regras formais e de conteúdo para a clareza das cláusulas contratuais ao consumidor. A segunda diretriz se fundamenta principalmente nos deveres de transparência dispostos no artigo 6.º, III[450], do Código de Defesa do Consumidor e da boa-fé objetiva prevista no artigo

---

[447] As diretrizes podem ser encontradas na obra KUNZ, Christina L. et al. Click-Through Agreements: Strategies for Avoiding Disputes on Validity of Assent. **The Business Lawyer**, n. 57(1), p. 401–429, 2001.

[448] KUNZ, Christina L. et al. Click-Through Agreements: Strategies for Avoiding Disputes on Validity of Assent, ob. cit., p. 530-5.

[449] "Art. 54. Contrato de adesão é aquele cujas cláusulas tenham sido aprovadas pela autoridade competente ou estabelecidas unilateralmente pelo fornecedor de produtos ou serviços, sem que o consumidor possa discutir ou modificar substancialmente seu conteúdo. (...) § 3º Os contratos de adesão escritos serão redigidos em termos claros e com caracteres ostensivos e legíveis, cujo tamanho da fonte não será inferior ao corpo doze, de modo a facilitar sua compreensão pelo consumidor. § 4º As cláusulas que implicarem limitação de direito do consumidor deverão ser redigidas com destaque, permitindo sua imediata e fácil compreensão. (...)" BRASIL. Lei Federal n. 8.078, de 11 de setembro de 1990, ob. cit..

[450] "Art. 6.º São direitos básicos do consumidor: (...) III – a informação adequada e clara sobre os diferentes produtos e serviços, com especificação correta de quantidade, características, composição, qualidade, tributos incidentes e preço, bem como sobre os riscos que apresentem;". BRASIL, Lei Federal n. 8.078, de 11 de setembro de 1990, ob. cit..

422 do Código Civil[451]. A terceira, por sua vez, está expressamente prevista no já referido artigo 39, III e parágrafo único do Código de Defesa do Consumidor. A quarta está de acordo com os dispositivos do ordenamento que preveem a proteção da intimidade e vida privada do indivíduo (artigo 21[452] do Código Civil), assim como com as normas que tratam do direito de reparação a danos materiais e morais (artigo 6.º, VI[453] do Código de Defesa do Consumidor e artigo 927[454] do Código Civil)[455]. A última, por sua vez, é uma diretriz que determina que as regras básicas de direito contratual devem estar previstas, sob pena de invalidade do contrato.

Tais diretrizes e, por conseguinte, as normas jurídicas em que se enquadram, devem ser respeitadas quando a formação do contrato se der por meio eletrônico, por meio de acordo *click-wrap*, seja nos contratos autor-plataforma e autor-apoiador, seja na relação dada entre apoiador-plataforma.

Portanto, as manifestações de vontade no meio eletrônico não implicam necessariamente a configuração de qualquer defeito no negócio jurídico, pois, além de serem existentes, mesmo no tocante às propostas feitas de forma automática pelo computador – que deverão ser imputadas ou ao proprietário do site, ou ao prestador de serviços, ou ao vendedor de produtos –, serão válidas desde que estejam de acordo com as disposições do ordenamento jurídico nacional, principalmente no que tange ao Código Civil e ao Código de Defesa do Consumidor, cuja aplicabilidade ao *crowdfunding* será melhor analisada nos subcapítulos posteriores.

---

[451] LIMA, Cíntia Rosa Pereira, p. 534.
[452] "Art. 21. A vida privada da pessoa natural é inviolável, e o juiz, a requerimento do interessado, adotará as providências necessárias para impedir ou fazer cessar ato contrário a esta norma.". BRASIL. Lei Federal n. 10.406, de 10 de janeiro de 2002, ob. cit..
[453] " Art. 6.º São direitos básicos do consumidor: (...) VI – a efetiva prevenção e reparação de danos patrimoniais e morais, individuais, coletivos e difusos;". BRASIL. Lei Federal n. 8.078, de 11 de setembro de 1990, ob. cit..
[454] "Art. 927. Aquele que, por ato ilícito (arts. 186 e 187), causar dano a outrem, fica obrigado a repará-lo.". BRASIL. Lei Federal n. 10.406, de 10 de janeiro de 2002, ob. cit..
[455] LIMA, Cintia Rosa Pereira, ob. cit., p. 534-5.

3.4. Responsabilidade civil da plataforma de *crowdfunding*: aplicabilidade do Código de Defesa do Consumidor

A natureza da relação jurídica de que a plataforma de *crowdfunding* faz parte, conforme visto, varia a depender da parte com a qual ela contrata. Em primeiro lugar, a plataforma de *crowdfunding* presta serviços na figura de provedora de conteúdo, tanto para os apoiadores, quanto para os autores dos projetos. Em segundo lugar, ela atua como intermediária entre os apoiadores e os autores de projeto, aproximando-os para que realizem negócios, configurando-se, como já explorado anteriormente neste trabalho, contrato de corretagem entre ela e as outras partes do *crowdfunding*. Por fim, atua como depositária dos valores disponibilizados pelos apoiadores, até que o prazo de captação determinado no projeto se encerre para que, então, entregue a quantia depositada de volta aos apoiadores ou ao autor, a depender do sucesso da captação e das regras que se aplicam ao *crowdfunding* especificamente analisado.

Uma questão que surge é quanto à aplicabilidade das regras do Código de Defesa do Consumidor às relações de que faz parte a plataforma de *crowdfunding* e, no caso de serem de fato aplicáveis, se o são em todos os negócios de que ela faz parte. A análise da aplicação das normas consumeristas a qualquer negócio jurídico parte de dois conceitos legais previstos naquele diploma: o de consumidor e o de fornecedor. O primeiro consiste em toda a pessoa física ou jurídica que adquire ou utiliza bens ou serviços como destinatário final[456]. O segundo, por sua vez, é toda pessoa física ou jurídica que desenvolva atividades de produção, criação, montagem, construção, transformação, importação, exportação, distribuição ou comercialização de produtos ou prestação de serviços[457]. O enquadramento das relações jurídicas estabelecidas no âmbito do *crowdfunding* depende, portanto, principalmente da análise de se os apoiadores e os autores devem ser considerados destinatários finais dos serviços prestados pela plataforma,

---

[456] "Art. 2.º Consumidor é toda pessoa física ou jurídica que adquire ou utiliza produto ou serviço como destinatário final.". BRASIL. Lei Federal n. 8.078, de 11 de setembro de 1990, ob. cit..

[457] "Art. 3.º Fornecedor é toda pessoa física ou jurídica, pública ou privada, nacional ou estrangeira, bem como os entes despersonalizados, que desenvolvem atividade de produção, montagem, criação, construção, transformação, importação, exportação, distribuição ou comercialização de produtos ou prestação de serviços.". Idem.

já que o enquadramento desta no artigo 3.º do Código de Defesa de Consumidor não parece levantar polêmica.

Como se sabe, acerca da definição do destinatário final de bens e serviços, a doutrina se dividiu em duas principais correntes: a finalista e a maximalista. Para a corrente finalista, para que sejam considerados consumidores, não basta que determinada pessoa física ou jurídica simplesmente retire determinado bem ou serviço do mercado (sendo, portanto, somente o destinatário fático do produto), mas sim que o produto ou serviço não tenha sido adquirido dentro de uma cadeia produtiva profissional, com o insumo de produção (tendo que ser, portanto, destinatário final econômico do produto ou serviço)[458]. Para a corrente maximalista, por sua vez, a definição do Código de Defesa do Consumidor deveria ser a mais extensiva possível, devendo-se considerar como destinatário final todo aquele que retira do mercado o produto ou serviço e o utiliza (destinatário fático), pouco importando a finalidade dessa aquisição[459]. Como a definição de qual teoria aplicável para a definição de destinatário final dividia a doutrina, restou aos tribunais nacionais tal determinação.

A jurisprudência brasileira, liderada pelos julgados do Superior Tribunal de Justiça, tendia à aplicação da teoria maximalista até o começo dos anos 2000[460], principalmente sob influência do Recurso Especial n. 208.793/MT, em que se entendeu aplicável o Código de Defesa do Consumidor num contrato de compra e venda de adubo, que havia sido utilizado para produção agrícola destinada à venda[461]. A posição desse tribunal, contudo, começou a mudar principalmente a partir do julgamento de dois casos paradigmas em 2004, quando se passou a adotar a corrente finalista[462].

---

[458] MARQUES, Cláudia Lima. **Contratos no Código de Defesa do Consumidor**: o novo regime das relações contratuais. 3ª ed.. São Paulo: Editora Revista dos Tribunais, 1998, p. 142.
[459] Idem, p. 143.
[460] PASQUOLATTO, Adalberto. O destinatário final e o "consumidor intermediário". **Revista de Direito do Consumidor**, São Paulo, v. 19, n. 74, p. 7-42, abr./jun. 2010, p. 11.
[461] BRASIL. Superior Tribunal de Justiça. **Recurso Especial n. 208.793/MT**. Recorrente: Fertiza Companhia Nacional de Fertilizantes. Recorrido: Edis Fachin. Relator: Ministro Carlos Alberto Menezes Direito. Julgado em 18 nov. 1999. Disponível em: <https://ww2.stj.jus.br/processo/ita/documento/mediado/?num_registro=199900257448&dt_publicacao=01--08-2000&cod_tipo_documento=1>. Acesso em: 17 set. 2015.
[462] PASQUOLATTO, Adalberto, ob. cit., p. 13.

O primeiro acórdão paradigma foi proferido no Conflito de Competência n. 41.056/SP[463], em que se decidiu pela não aplicabilidade do Código de Defesa do Consumidor em contrato de utilização de máquina e serviços de cartão de crédito entre uma empresa de venda de medicamentos e uma operadora de cartões de crédito. Nesse caso, entendeu-se que a empresa de medicamentos utilizava a máquina e o serviços de cartão de crédito para facilitar suas vendas, de forma que a finalidade de sua contratação era para a integração como insumo de sua atividade empresarial. O segundo se trata de decisão proferida no Recurso Especial n. 541.867/BA[464], em que se julgou de forma idêntica um caso em que havia a mesma discussão sobre a aplicabilidade do Código de Defesa do Consumidor em contratos de utilização de cartão de crédito para consumidores por empresa, dessa vez integrante do varejo do setor de tintas.

No ano de 2010, em acórdão proferido no Recurso Especial n. 1.010.834/GO, porém, o próprio Superior Tribunal de Justiça admitiu que fossem abertas exceções à corrente finalista, determinando que seria possível a aplicação do Código de Defesa do Consumidor mesmo em contratos cujo adquirente se utilizasse do produto adquirido em sua atividade profissional, desde que, entretanto, fosse comprovada sua vulnerabilidade técnica, jurídica ou econômica[465]. Essa decisão leva em consideração que na análise da existência ou não de relação de consumo, deve-se examinar principalmente o desequilíbrio manifesto de forças contratuais, em que uma das partes é vulnerável, não podendo discutir determinadas cláusulas

---

[463] BRASIL. Superior Tribunal de Justiça. **Conflito de Competência n. 41.056/SP**. Autor: Farmácia Vital Brasil Ltda.. Réu: Companhia Brasileira de Meios de Pagamento. Relator: Ministro Aldir Passarinho Júnior. Julgado em 23 jun. 2004. Disponível em: <https://ww2.stj.jus.br/processo/revista/documento/mediado/?componente=ATC&sequencial=1328048&num_registro=200302274186&data=20040920&tipo=5&formato=PDF>. Acesso em: 17 set. 2015.
[464] BRASIL. Superior Tribunal de Justiça. **Recurso Especial n. 541.867/BA**. Recorrente: American Express do Brasil S/A Turismo. Recorrido: Central das Tintas Ltda.. Relator: Ministro Antônio de Pádua Ribeiro. Julgado em 10 nov. 2004. Disponível em: <https://ww2.stj.jus.br/processo/revista/documento/mediado/?componente=ATC&sequencial=1702877&num_registro=200300668793&data=20050516&tipo=5&formato=PDF>. Acesso em: 17 set. 2015.
[465] BRASIL. Superior Tribunal de Justiça. **Recurso Especial n. 1.010.834/GO**. Recorrente: Marbor Máquinas Ltda.. Recorrido: Sheila de Souza Lima. Relator: Ministra Nancy Andrighi. Julgado em 03 ago. 2010. Disponível em: <https://ww2.stj.jus.br/processo/revista/documento/mediado/?componente=ATC&sequencial=8274177&num_registro=200702835038&data=20101013&tipo=5&formato=PDF>. Acesso em: 17 set. 2015.

contratuais que a ela são impostas[466]. Admite, portanto, a possibilidade de que haja contratos geneticamente assimétricos mesmo que uma das partes seja pessoa jurídica e utilize os produtos ou serviços adquiridos como insumo de sua produção.

A partir dessa contextualização acerca do conceito de consumidor, pode-se então analisar se as normas consumeristas aplicam-se ou não nas relações jurídicas plataforma-apoiador e plataforma-autor.

3.4.1. Responsabilização da plataforma de *crowdfunding* em relação aos apoiadores de projetos

No *crowdfunding*, analisado sob a perspectiva do apoiador do projeto, parece clara a configuração de contrato de consumo. Os apoiadores de projetos, no geral pessoas físicas, entram no site das plataformas a fim de realizarem negócios jurídicos com os autores dos projetos. Entretanto, por vezes sem nem ao menos perceber, os apoiadores também adquirem serviços da plataforma de *crowdfunding*, principalmente no que tange aos serviços que esta presta enquanto provedora de conteúdo da internet.

Os provedores de conteúdo, conforme já examinado, prestam a seus usuários serviços determinados, que variam de acordo com o negócio desenvolvido por eles. O Google, por exemplo, enquanto ferramenta de pesquisa, presta o serviço de busca, ao passo que o site MercadoLivre, por sua vez, presta serviço de disponibilização de espaço para transações de compra e venda. Não é possível, portanto, estabelecer-se de forma abstrata a natureza das relações jurídicas dadas entre usuários e provedores de conteúdo, entretanto é possível que se teçam alguns comentários acerca do regime jurídico aplicável especificamente ao *crowdfunding*.

Mesmo que não se consiga precisar todos os tipos de serviços possam ser prestados um provedor de conteúdo, é seguro afirmar-se que na relação usuário-provedor de conteúdo aplica-se o Código de Defesa do Consumidor, ao menos quando o contratante se tratar de pessoa física, como ocorre, em regra, no *crowdfunding*. O apoiador, ao acessar determinadas informações constantes no site das plataformas, claramente

---

[466] MARQUES, Cláudia Lima, ob. cit., p. 147.

é destinatário final da prestação de serviços e merece a proteção das normas consumeristas[467].

Ressalte-se que essa proteção foi expressamente reconhecida pela Lei Federal n. 12.965, de 23 de abril de 2014, que em seu artigo 7.º, inciso XIII, estipula a "aplicação das normas de proteção e defesa do consumidor nas relações de consumo realizadas na internet"[468]. Essa proteção não poderia deixar de existir em ambientes virtuais, já que segundo LUCCA aquelas três consagradas assimetrias que tornam o consumidor hipossuficiente frente aos fornecedores, quais sejam, econômica, informativa e tecnológica, agravam-se ainda mais quando se está diante de relações jurídicas criadas através da internet[469].

Dessa forma, caso tenham algum de seus direitos feridos, os apoiadores poderão responsabilizar as plataformas com base no artigo 14 do Código de Defesa do Consumidor[470]. Aqui, entretanto, vale uma consideração.

Os serviços do provedor de conteúdo, desde que não preste também serviços de provedor de informações, englobam somente obrigações de meio, ou seja, de disponibilizar um espaço seguro para que terceiros possam disponibilizar suas informações. Por isso, o provedor de conteúdo responde pela segurança da transmissão de informações, assim como pela proteção da privacidade de seus usuários. Responde por quaisquer outros deveres inerentes à atividade que exercer, sendo eles contratualmente previstos ou não. Dessa forma, embora o referido artigo 14 aplique-se aos provedores de conteúdo, estes somente responderão com base nesse dispositivo caso os eventuais danos tenham sido produzidos por vícios relativos à prestação dos serviços supramencionados.

Isso quer dizer que, caso o usuário efetue alguma transação com um terceiro, dentro do espaço disponibilizado pelo provedor do conteúdo, este não responde por vícios existentes naquela transação comercial, pelo

---

[467] Deve-se aqui fazer a ressalva de que, a depender da corrente adotada, maximalista ou finalista, pessoas jurídicas que acessem provedores de conteúdo também estão acobertadas pelas normas protetivas do Código de Defesa do Consumidor.
[468] BRASIL. Lei Federal n. 12.965, de 23 de abril de 2014, ob. cit..
[469] LUCCA, Newton de; SIMÃO FILHO, Adalberto (coordenador). **Direito & Internet**, v. II – Aspectos Jurídicos Relevantes. São Paulo: Quartier Latin, 2008.
[470] "Art. 14. O fornecedor de serviços responde, independentemente da existência de culpa, pela reparação dos danos causados aos consumidores por defeitos relativos à prestação dos serviços, bem como por informações insuficientes ou inadequadas sobre sua fruição e riscos". BRASIL. Lei Federal n. 8.807, de 11 de setembro de 1990, ob. cit..

menos não com base no dispositivo ora analisado. Da mesma forma, caso uma informação disponibilizada por determinado provedor de conteúdo seja ofensiva e cause danos aos direitos de personalidade de alguém, ele não poderá ser responsabilizado caso não tenha sido ele o seu emitente.

O reconhecimento de que, embora os provedores de conteúdo celebrem um contrato com seus usuários, eles não respondem pelo conteúdo produzido por terceiros, conforme apontou AGUIAR JÚNIOR[471] já fora inclusive feito na União Europeia, por meio de sua diretiva 2003/31/CE[472]. Esse mesmo entendimento foi o adotado pelo Brasil, com a promulgação da Lei Federal n. 12.965, de 23 de abril de 2014[473], que dispõe em seu artigo 19 que o provedor de aplicações somente poderá ser responsabilizado civilmente por danos de conteúdo de terceiros se após ordem judicial específica não tomar providências para tornar indisponível o conteúdo apontado como infringente, desde que essa determinação esteja dentro de seus limites técnicos[474]. Outra possibilidade de responsabilização do

---

[471] AGUIAR JÚNIOR, Ruy Rosado de. Parecer no tocante à responsabilidade civil pela prestação dos serviços de provedor de internet, ob. cit., p. 20.

[472] A Diretiva 2000/31/CE do Parlamento Europeu e do Conselho, de 8 de junho de 200, estabeleceu em seu artigo 12.1. que "No caso de prestação de um serviço da sociedade da informação que consista na transmissão, através de uma rede de comunicações, de informações prestadas pelo destinatário do serviço u em facultar o acesso a uma rede de comunicações, os Estados-Membros velarão por que a responsabilidade do prestador não possa ser invocada no que respeita às informações transmitidas,, desde que o prestador: a) Não esteja na origem da transmissão; b) Não selecione o destinatário da transmissão; e c) Não selecione nem modifique as informações que são objeto da transmissão.". UNIÃO EUROPEIA. **Diretiva 2000/31/ CE do Parlamento Europeu e do Conselho, de 8 de junho de 2000**. Dispõe sobre certos aspectos legais dos serviços da sociedade de informação, em especial do comércio eletrônico, no mercado interno ("Diretiva sobre comércio eletrônico"). Disponível em: <http://eur-lex.europa.eu/legal-content/PT/TXT/PDF/?uri=CELEX:32000L0031&from=PT>. Acesso em: 15 jun. 2015.

[473] Também chamada de Marco Civil da Internet, esta lei estabeleceu os princípios, as garantias, os direitos e os deveres para o uso da Internet no Brasil.

[474] "Art. 19. Com o intuito de assegurar a liberdade de expressão e impedir a censura, o provedor de aplicações de internet somente poderá ser responsabilizado civilmente por danos decorrentes de conteúdo gerado por terceiros se, após ordem judicial específica, não tomar as providências para, no âmbito e nos limites técnicos de seu serviço e dentro de um prazo assinalado, tornar indisponível o conteúdo apontado como infringente, ressalvadas as disposições legais em contrário.". BRASIL. **Lei n. 12.965, de 23 de abril de 2014**. Estabelece princípio, garantias, direitos e deveres para o uso da Internet no Brasil. Disponível em: <http://www.planalto.gov.br/ccivil_03/_ato2011-2014/2014/lei/l12965.htm>. Acesso em: 15 jun. 2015.

provedor de conteúdo está prevista no artigo 21 da mesma lei, que estipula sua responsabilização caso sejam violados os direitos da intimidade de seus usuários ou terceiros, desde que após notificado pelo interessado não promover de forma diligente a indisponibilização do conteúdo[475].

Ressalvados esses dois casos em que podem ser responsabilizados por conteúdos produzidos por terceiros, os provedores de conteúdo da internet não respondem por fatos produzidos por terceiros. Conforme apontou AGUIAR JÚNIOR, isso se dá principalmente por dois motivos. Em primeiro lugar, seria praticamente impossível que provedores de conteúdo, tais como o Google e o Facebook, por exemplo, analisassem a imensa quantidade de material neles disponibilizadas todos os dias. Além disso, ao efetuar esse controle, eles estariam exercendo uma espécie de censura[476], o que foi reconhecido, conforme visto, na parte inicial do artigo 19 do Marco Civil da Internet.

A regra de que os provedores de conteúdo não se responsabilizam por informações disponibilizadas por terceiros é geral e comporta algumas exceções. As duas primeiras exceções já foram aqui abordadas, quais sejam, as de descumprimento de ordem judicial e a de recusa de retirada de conteúdo privado que envolva nudez ou com conteúdo sexual.

Outra exceção nasce de análise mais profunda do disposto no artigo 12.1 da Diretiva 2000/31/CE da União Europeia, que nos leva à conclusão de que os provedores de conteúdo somente não poderão ser responsabilizados se e somente se preencherem a três requisitos concomitantemente: (i) que eles não estejam na origem da transmissão; (ii) que eles não selecionem o destinatário da transmissão; e (iii) que eles não selecionem nem modifiquem as informações que são objeto da transmissão.

Assim, para que seja isento de responsabilidade, a norma exige que provedor de conteúdo não seja ao mesmo tempo provedor de informação.

---

[475] "Art. 21. O provedor de aplicações de internet que disponibilize o conteúdo gerado por terceiros será responsabilizado subsidiariamente pela violação da intimidade decorrente da divulgação, sem autorização, de seus participantes, de imagens, de vídeos ou de outros materiais contendo cenas de nudez ou de atos sexuais de caráter privado quando, após o recebimento de notificação pelo participante ou seu representante legal, deixar de prover, de forma diligente, no âmbito e nos limites técnicos do seu serviço, a indisponibilização desse conteúdo.". Idem.

[476] AGUIAR JÚNIOR, Ruy Rosado de. Parecer no tocante à responsabilidade civil pela prestação dos serviços de provedor de internet, ob. cit., p. 20-21.

Esse requisito não poderia ser diferente, já que ao produzir a informação transmitida, o provedor de conteúdo deixa de ser somente um meio, passando a responder civilmente como o autor da própria informação. Os segundo e terceiro requisitos determinam que o provedor de conteúdo não pode alterar de forma alguma a informação transmitida, é dizer, não pode controlar nem a quem será dirigida a informação, nem o próprio conteúdo transmitido. Entende-se que, nesse caso, efetuando um juízo prévio, o provedor de conteúdo torna-se corresponsável pela informação, já que poderia, ao analisá-la, ter impedido que ela se tornasse pública. Portanto, a diretiva exige que o provedor de conteúdo se coloque numa posição de mero disponibilizador de conteúdo para que seja isento de responsabilidade civil.

Esse entendimento é compartilhado por diversos autores brasileiros que escreveram sobre o tema, como, por exemplo, o AGUIAR JÚNIOR[477] e LEONARDI[478]. A partir de uma interpretação *a contrario sensu* tanto do entendimento desses dois autores, quanto da já citada Diretiva da União Europeia, entende-se que na medida em que os provedores de conteúdo somente podem ser responsabilizados caso efetuem exame prévio do conteúdo disponibilizado, eles não estão obrigados a fazê-lo, embora o possam, caso queiram. Na verdade, além de esse controle poder ser inviável tanto por conta do volume de informações que são disponibilizadas nos provedores de conteúdo quanto pela possibilidade de estarem exercendo censura, a depender do serviço oferecido por eles, o exame prévio de conteúdo poderia inviabilizar o próprio negócio que se propõem a conduzir[479]. Vale destacar que o Superior Tribunal de Justiça vem julgando nesse mesmo sentido, de que não faz parte necessariamente da atividade do provedor de conteúdo a exigência de controle prévio de conteúdo. Em acórdão de relatoria da Ministra Nancy Andrighi, entendeu-se que "(...) a verificação antecipada, pelo provedor, do conteúdo de todas as informações inseridas na *web* eliminaria – ou pelo menos alijaria – um dos maiores atrativos da Internet, que é a transmissão de dados em tempo real (...)"[480].

---

[477] AGUIAR JÚNIOR, Ruy Rosado de. Parecer no tocante à responsabilidade civil pela prestação dos serviços de provedor de internet, ob. cit., p. 56.
[478] LEONARDI, Marcel, ob. cit., p. 109.
[479] Idem, p. 35.
[480] BRASIL. Superior Tribunal de Justiça. **Recurso Especial n. 1.396.417/MG**. Recorrente: Google Brasil Internet Ltda. Recorrido: Automax Comercial Ltda. Relator: Ministra Nancy

A previsão da Diretiva 2000/31/CE da União Europeia, de que os provedores de conteúdo somente podem ser responsabilizados por conteúdo de terceiros caso realizem controle prévio das informações esvazia-se se não forem buscados fundamentos jurídicos que a justifiquem. Sem que haja qualquer disposição legal ou contratual, não se poderia responsabilizar os provedores de conteúdo mesmo nos casos em que haja controle editorial de conteúdo. Três poderiam ser os regimes jurídicos evocados para embasar a sua responsabilização: responsabilidade civil por defeito de produto, responsabilidade civil pelo risco de atividade ou responsabilidade civil aquiliana.

Conforme visto, com relação à aplicação do artigo 14 do Código de Defesa do Consumidor, o fornecedor de serviços responderá por danos causados por defeitos relativos à prestação de seus próprios serviços. No caso concreto, a fim de que se chegue à definição da aplicabilidade ou não do referido dispositivo, deve-se analisar quais são as obrigações contratuais existentes entre o provedor de conteúdo e seus usuários. Caso os danos tenham sido causados pelo descumprimento de uma dessas obrigações, o provedor de conteúdo pode ser responsabilizado objetivamente por fato de serviço.

Esse entendimento de que os provedores só podem responder pelo Código de Defesa do Consumidor pelos serviços que efetivamente prestarem tem sido o adotado pelo Superior Tribunal de Justiça, como, por exemplo, em importante acórdão julgado em 2013. Trava-se de ação de "obrigação de fazer cumulada com indenização por danos morais, ajuizada pela recorrente em desfavor de Google Brasil Internet Ltda., sob a alegação de ter sido alvo de ofensas em página da *internet* da comunidade Orkut, mantida pelo Google"[481]. Entendeu-se nesse acórdão que "no que tange à fiscalização do conteúdo das informações postadas por cada usuário, não se trata de

---

Andrighi. Julgado em 7 nov. 2013. Disponível em: <https://ww2.stj.jus.br/revistaeletronica/Abre_Documento.asp?sLink=ATC&sSeq=32358880&sReg=201302517510&sData=20131125&sTipo=51&formato=PDF>. Acesso em: 15 jun. 2015, p. 7. Nesse mesmo sentido: BRASIL. Superior Tribunal de Justiça. Recurso Especial n. 1.193.764/SP. Recorrente: IP DA S B. Recorrido: Google Brasil Internet Ltda. Relator: Ministra Nancy Andrighi. Julgado em: 06 nov. 2013. Disponível em: <https://ww2.stj.jus.br/revistaeletronica/Abre_Documento.asp?sLink=ATC&sSeq=13438580&sReg=201000845120&sData=20110808&sTipo=51&formato=PDF>. Acesso em: 15 jun. 2015, p. 55.

[481] BRASIL. Superior Tribunal de Justiça. Recurso Especial n. 1.193.764/SP, ob. cit., p. 1.

atividade intrínseca ao serviço prestado, de modo que não se pode reputar defeituoso, nos termos do art. 14 do CDC, o site que não examina e filtra o material inserido"[482]. Assim, nesse caso, entendeu-se que a fiscalização de conteúdo não estava no rol de obrigações decorrentes dos serviços prestados pela Google a seus usuários, de forma que não poderia ela ser responsabilizada pelo conteúdo danoso. Entretanto, hipoteticamente, caso o Google selecionasse os destinatários das informações, ou controlasse o conteúdo disponibilizado em suas aplicações de qualquer forma, poderia ele ser responsabilizado, conforme já examinado.

Vale ressaltar que se por um lado não pode ser responsabilizado pelos vícios de serviços ou produtos de terceiros, por outro o provedor de conteúdo tem a obrigação legal de fornecer a seus usuários as informações suficientes ou adequadas sobre a fruição e os riscos de sua atividade, conforme estabelece a parte final do artigo 14 do Código de Defesa do Consumidor. Dessa forma, os provedores de conteúdo devem informar a seus usuários acerca dos riscos existentes ao acessar-se determinado conteúdo, assim como os eventuais riscos em efetuarem-se transações comerciais em seu espaço virtual. A falta dessas informações poderia ensejar a responsabilidade do provedor de conteúdo inclusive por vício de produto de terceiros. Nesse caso, contudo, ele não responderia diretamente pelo vício desse produto, senão pela ausência das informações sobre os riscos a que os usuários estão submetidos.

Hipótese distinta seria a de o provedor de conteúdo realizar controle editorial das informações disponibilizadas em seu site. Por exemplo, no caso de uma plataforma de *crowdfunding* que faça uma triagem dos projetos que ali são colocados, ou que determine sua alteração para que siga determinados padrões, fica claro que essa triagem faz parte dos serviços que presta. Nesse caso, os apoiadores dos projetos, consumidores, partem do pressuposto de que todos os projetos ali disponibilizados passaram por um controle de qualidade e que, portanto, foram criados por pessoas ou empresas idôneas. Aqui, por interferir nas informações que nele foram disponibilizadas, o provedor de conteúdo poderia ser responsabilizado pelas normas consumeristas inclusive com relação às informações produzidas por terceiros.

Nos casos em que o provedor de conteúdo não fizer controle editorial, ficando, portanto, afastada a hipótese de responsabilização do provedor

---

[482] Idem, p. 7.

de conteúdo por informações produzidas por terceiros com fundamento no artigo 14 do Código de Defesa do Consumidor, restaria saber se a essa relação jurídica poderia ser aplicável o regime de responsabilidade objetiva previsto no parágrafo único do artigo 927[483]. Segundo essa cláusula geral, para que haja a possibilidade de configuração de responsabilidade independentemente de culpa, o autor do dano deve desenvolver uma sequência de atos, concatenados, habitualmente praticados, voltadas a um escopo comum, que acarrete relações jurídicas interdependentes e passíveis de serem afetadas por um evento jurídico. Ou seja, deve-se praticar atividade habitual tendente a gerar danos[484]. Resta saber, portanto, se a atividade desenvolvida pelo provedor de conteúdo tende a gerar dano, caso em que poderia ele ser responsabilizado civilmente por informações produzidas por terceiros.

Segundo GODOY, várias são as teorias desenvolvidas a fim de tentar-se estabelecer os limites exatos de quais atividades poderiam ser consideradas de risco. Podem-se destacar: (i) teoria do risco da atividade, pela qual basta que a atividade seja perigosa, isto é, que possa causar danos a terceiros; (ii) teoria do risco proveito, pela qual, além do perigo da atividade, há de se ter o proveito daquele que explora a atividade, auferindo alguma vantagem patrimonial com seu exercício; (iii) teoria do risco perigo, pela qual deverá haver grau excepcional de periculosidade, acima do aceitável na vida em sociedade; e (iv) teoria do risco integral, segundo a qual não haveria qualquer excludente de responsabilidade, analisando-se tão somente o aspecto causal[485].

Seja qual for a teoria adotada, fica claro que para que determinado indivíduo possa ser responsabilizado com base no risco de sua atividade, tal risco não pode ser qualquer risco naturalmente decorrente de uma atividade. Em nossa sociedade dinâmica e globalizada, qualquer atividade gera, em algum nível, risco a seus usuários ou a seus consumidores. Para que o

---

[483] "Art. 927. Parágrafo único. Haverá obrigação de reparar o dano, independentemente de culpa, nos casos especificados em lei, ou quando a atividade normalmente desenvolvida pelo autor do dano implicar, por sua natureza, risco para os direitos de outrem.". BRASIL. Lei Federal n. 10.406, de 10 de janeiro de 2002, ob. cit..

[484] GODOY, Claudio Luiz Bueno de. **A responsabilidade civil pelo risco da atividade**: uma cláusula geral no Código Civil de 2002. Tese (Livre Docência em Direito Civil) – Faculdade de Direito do Largo de São Francisco da Universidade de São Paulo, 2007, p. 97.

[485] Idem, p. 98-102.

parágrafo único do artigo 927 seja passível de aplicação, o risco deve ser mais gravoso do que aquele a que está exposta, normalmente, a sociedade, conforme se entendeu no enunciado n. 38 da 1ª Jornada de Direito Civil do Conselho da Justiça Federal: "a responsabilidade fundada no risco da atividade, como prevista na segunda parte do parágrafo único do art. 927 do novo Código Civil, configura-se quando a atividade normalmente desenvolvida pelo autor do dano causar a pessoa determinada um ônus maior do que aos demais membros da coletividade"[486]. Esse entendimento vem sendo ratificado pelo Superior Tribunal de Justiça, que em acórdão de relatoria da Ministra Nancy Andrighi, julgou que o risco que dá margem à responsabilidade objetiva não é um risco habitual inerente a qualquer atividade, senão uma exposição a risco excepcional, atrelado no geral a atividades de elevado potencial ofensivo[487].

Com relação aos provedores de conteúdo, não parece ser o risco atrelado à sua atividade gravoso a tal ponto de permitir-se a aplicação de cláusula geral prevista no parágrafo único do artigo 927. É claro que o conteúdo disponibilizado pelos provedores de informações pode gerar danos a terceiros, como, por exemplo, danos morais por ofensa a direitos de personalidade, ou mesmo danos decorrentes por vício de produtos vendidos em comércio eletrônico. Entretanto, tal risco não é inerente à atividade do provedor de conteúdo, já que, em princípio, espera-se que os provedores de informações (terceiros que utilizem e produzam informações por meio dos provedores de conteúdo) não causem danos a terceiros e, caso o façam, que sejam eles os responsáveis por tornar suas vítimas indenes.

Embora não possam ser responsabilizados pelo conteúdo de terceiros com base no artigo 14 do Código de Defesa do Consumidor, nem com base no parágrafo único do artigo 927 do Código Civil, existe como última possibilidade de fundamentação da responsabilização por conteúdo

---

[486] JORNADA DE DIREITO CIVIL (org. AGUIAR JÚNIOR, Ruy Rosado de). Brasília: CJF, 2007, p. 21.

[487] BRASIL. Superior Tribunal de Justiça. **Recurso Especial n. 1.067.738/GO**. Recorrente: Dejair Sousa Ferreira. Recorrido: Flávio Roberto Trentin. Relator: Ministro Sidnei Beneti. Voto-vista Ministra Nancy Andrighi. Julgado em 26 mai. 2009. Disponível em: <https://ww2.stj.jus.br/revistaeletronica/Abre_Documento.asp?sLink=ATC&sSeq=5379450&sReg=200801364127&sData=20090625&sTipo=3&formato=PDF>. Acesso em: 17 jun. 2015, p. 9.

de terceiros o regime da responsabilidade subjetiva, prevista nos artigos 186[488], 187[489] e 927[490], todos do Código Civil.

Segundo DIAS, a responsabilidade civil subjetiva se pauta em requisitos próprios, os quais podem ser divididos entre objetivos e subjetivos. Dentre os elementos objetivos encontram-se: o ato ilícito (ato contra o direito), o resultado danoso (ou dano-prejuízo) e o nexo de causalidade entre o ato e o dano. São elementos subjetivos, por sua vez, a imputabilidade do agente e que a conduta danosa tenha sido praticada com culpa[491].

A imputabilidade do provedor de conteúdo estaria basicamente adstrita à análise de se há, ou não, culpa em caso de conteúdo produzido por terceiros ferir direitos alheios. Considera-se culpado aquele que pratica um erro de conduta, isto é, afere-se a eventual responsabilização analisando-se se um homem médio, zeloso e avisado teria ou não praticado tal ato que resultou em consequências negativas a alguém[492]. Tendo sido provocado um dano por conta de uma ação culposa por parte do agente, este deverá ser responsabilizado e, por conseguinte, deverá pagar indenização à vítima do dano.

Quanto à hipótese de o provedor de conteúdo poder ou não ser responsabilizado civilmente por conteúdo de terceiros com base na culpa, têm-se três situações: (i) o provedor de conteúdo realiza controle editorial nas informações produzidas por terceiros, ou os destinatários finais da informação; (ii) o provedor de conteúdo não realiza controle editorial

---

[488] "Art. 186. Aquele que, por ação ou omissão voluntária, negligência ou imprudência, violar direito e causar dano a outrem, ainda que exclusivamente moral, comete ato ilícito.". BRASIL. Le Federal n. 10.406, de 10 de janeiro de 2002, ob. cit..

[489] "Art. 187. Também comete ato ilícito o titular de um direito que, ao exercê-lo, excede manifestamente os limites impostos pelo seu fim econômico ou social, pela boa-fé ou pelos bons costumes.". Idem.

[490] "Art. 927. Aquele que, por ato ilícito (arts. 186 e 187), causar dano a outrem, fica obrigado a repará-lo.". Idem.

[491] DIAS, José de Aguiar. **Da responsabilidade civil**. V. I. 10ª ed.. Rio de Janeiro: Forense, 1997, p. 222.

[492] PAGE, Henri de. **Traité élémentaire de droit civil belge**, t. X. Bruxelles: Emile Bruylant, 1934, p. 794. Segundo o autor, "a culpa é, simplesmente, um erro de conduta; é ato ou fato que não cometeria uma pessoa de prudência, aconselhada, ansiosa para tomar conta de eventualidades infelizes que podem surgir para os outros". Tradução livre: "La faute est, tout simplement, une erreur de conduite; c'est l'acte ou le fait que n'aurait pas commis une personne prudente, avisée, soucieuse de tenir compte des éventualités malheureuses qui peuvent en résulter pour autrui.".

nas informações produzidas por terceiros, nem realiza controle dos destinatários finais da informação, disponibilizando-as de forma gratuita e universal; e (iii) o provedor de conteúdo não realiza controle editorial nas informações produzidas por terceiros, nem realiza controle dos destinatários finais da informação, entretanto as disponibiliza esperando vantagem.

Quanto à primeira situação, resta claro que o provedor de conteúdo é responsabilizado pelas informações de terceiros, já que ao realizar o controle editorial e permitindo que essas mesmas informações causem danos a terceiros, claramente haveria sua negligência. A situação normal e esperada seria que o provedor de conteúdo barrasse essas informações potencialmente danosas. Conforme visto, por conta de esse controle fazer parte dos serviços prestados pelo provedor de conteúdo, ele poderia ser responsabilizado com base no artigo 14 do Código de Defesa do Consumidor. Mesmo nos casos, entretanto, em que for afastada a aplicação das normas consumeristas (no caso, por exemplo, de o usuário ser pessoa jurídica interessada em lucro), por conta da negligência ou má prestação de serviços pelo provedor, ele poderia ser responsabilizado civilmente. Isso não quer dizer, contudo, que não poderiam os provedores de conteúdo provar que realizaram todos os procedimentos possíveis para barrar informações potencialmente danosas, caso em que seria afastada sua responsabilização, por fato exclusivo de terceiro. Há, portanto, nessa primeira situação, presunção de culpa dos provedores que realizam controle prévio das informações, que comporta prova em contrário.

Com relação à segunda situação, não parece que o provedor de conteúdo possa ser responsabilizado, porquanto, nesse caso, ele atua como mero condutor de informações e, por não realizar qualquer controle prévio, inexistiria sua culpa caso as informações produzidas por terceiros gerassem danos. TEIXEIRA compartilha dessa opinião, ao expor que se o site funcionar como mero suporte e se sua atuação for primordialmente passiva com relação ao conteúdo nele publicado, não haveria razão para falar-se em responsabilização em razão de sua inércia[493].

Por fim, no que se refere à última situação, a aferição de culpa do provedor de conteúdo deverá ser analisada concretamente, examinando-se se a sua atividade implica, por sua natureza, o dever de prevenção do dano eventualmente gerado pelo conteúdo de terceiros. Por exemplo, as redes

---

[493] TEIXEIRA, Tarcisio, ob. cit., p. 151.

sociais (consideradas as que não realizam controle prévio das informações), embora aufiram vantagem econômica por conta da publicidade veiculada a seus usuários, não possuem na atividade que desempenham o dever de vigilância das mensagens publicadas, o que desnaturaria o próprio conceito de rede social.

Por outro lado, parece razoável que um provedor de conteúdo que permite que empresas vendam produtos em seu espaço virtual tem o dever mínimo de verificação de se essas empresas são, ao menos, idôneas. A princípio, nesse caso, o provedor não poderia ser responsabilizado se um usuário comprasse um produto defeituoso, já que, aqui, o provedor de conteúdo não teria agido com qualquer negligência. Por outro lado, caso um usuário fosse fraudado por uma empresa inexistente, empresa essa sem qualquer registro, contrato social, estabelecimento físico, possuindo claramente e unicamente propósitos ilícitos, o provedor de conteúdo poderia ser responsabilizado por negligência, já que existe em sua prestação de serviço um dever mínimo de checagem no cadastramento de empresas.

A partir dessas premissas, pode-se concluir que a plataforma de *crowdfunding* pode ser responsabilizada por qualquer defeito que seja diretamente atrelado à prestação de serviços enquanto provedora de conteúdo. A plataforma tem o dever de resguardar a privacidade dos dados dos apoiadores, não podendo, por exemplo, divulgá-los ou vendê-los sem autorização expressa. Além disso, deve resguardar a segurança dos apoiadores, seja no tocante a eventuais softwares maliciosos que possam prejudicar sua segurança, seja com relação a todas as transações financeiras que fizer em seu âmbito. A violação de qualquer desses deveres que cause danos ao apoiador será passível de responsabilização objetiva com base no fato de serviço, nos termos do artigo 14 do Código de Defesa do Consumidor.

Isso não quer dizer, entretanto, que a plataforma não possa ser responsabilizada de nenhuma forma pelos danos causados pelos autores aos apoiadores. Se a plataforma de *crowdfunding* realizar triagem prévia dos projetos cuja oportunidade de financiamento é oferecida ao público, ela somente não será responsabilizada caso comprove que adotou todos os procedimentos a seu alcance para evitar potenciais danos aos apoiadores, presumindo-se, portanto, sua culpa. Por outro lado, mesmo que não realizem qualquer controle prévio sobre os projetos que nela são cadastrados, as plataformas ainda poderiam, em tese, ser responsabilizadas subjetivamente. Nesse caso, contudo, caberia aos apoiadores comprovar a culpa da plataforma, por exemplo, numa situação em que não fossem adotados procedimentos mínimos de prevenção dos danos (por exemplo, checagem da veracidade das informações de cadastramento dos autores, da existência da empresa, caso seja o autor pessoa jurídica, dentre outros)[494].

Além disso, tendo sido cumpridos todos os procedimentos que se espera de um provedor de conteúdo, não pode a plataforma ser responsabilizada pelo insucesso ou pelo não cumprimento das condições contratuais do negócio jurídico celebrado entre autores e apoiadores de projetos. Conforme visto, os provedores de conteúdo, embora respondam pela segurança das informações, não podem ser responsabilizados pelas informações ou pelo descumprimento de contrato por terceiros. Depois de entregues os valores ao autor do projeto, nos casos em que deverem de fato ser entregues, a plataforma não se compromete com a fiscalização de nenhuma natureza da execução dos projetos pelos autores[495].

---

[494] Havendo a aplicação do Código de Defesa do Consumidor, o magistrado poderia aplicar a inversão do ônus da prova, conforme previsto no artigo 6º, VIII, desse diploma legal, de forma que caberia ao provedor provar que não agiu com culpa. "Art. 6º São direitos básicos do consumidor: VIII – a facilitação da defesa de seus direitos, inclusive com a inversão do ônus da prova, a seu favor, no processo civil, quando, a critério do juiz, for verossímil a alegação ou quando for ele hipossuficiente, segundo as regras ordinárias de experiências.". BRASIL. Lei n. 8.078, de 11 de setembro de 1990, ob. cit..

[495] Os termos e condições de uso, no geral, fazem a previsão no sentido de que as plataformas não se obrigam a fiscalizar os projetos dos autores. Por exemplo, nos termos e condições de uso do Catarse.me está prevista que: "5. [o apoiador] É o único responsável pelo acompanhamento do desenvolvimento do PROJETO, por meio de informações prestadas diretamente pelo CRIADOR DO PROJETO e, subsidiariamente, pelo CATARSE, estando ciente e de acordo que o CATARSE não tem qualquer obrigação de monitorar o PROJETO e tampouco qualquer responsabilidade, direta ou indireta, sobre as informações prestadas pelo CRIADOR DE PROJETOS, seja em relação à veracidade e/ou tempestividade das mesmas, seja em relação ao desenvolvimento do PROJETO, a incentivos e/ou recompensas ou com relação a qualquer outro tipo de dado vinculado ao PROJETO e seu desenvolvimento. Cabe exclusivamente ao APOIADOR verificar se o PROJETO foi bem-sucedido ou não e se há crédito em seu nome, para que faça o reinvestimento em outro PROJETO ou solicite o reembolso. O CATARSE envidará seus melhores esforços para manter o APOIADOR informado acerca do sucesso ou insucesso do PROJETO por ele apoiado, tal esforço, contudo, não representa qualquer responsabilidade por parte do CATARSE, com o que expressamente concorda o APOIADOR.". CATARSE, ob. cit.. Os termos da plataforma Kickante.com.br, por sua vez, dispõem que: "8.1.3. Caso a campanha não seja bem-sucedida, ou, de alguma forma um usuário se viu frustrado em virtude de informação inverídica de outro veiculada no Portal KICKANTE, a KSI não será responsável pelas frustrações e dissabores decorrentes desses fatos, pois não possui meios hábeis para realizar tal espécie de fiscalização.". KICKANTE, ob. cit..

Isso ocorre porque não faz parte do escopo dos serviços da plataforma fazer o acompanhamento dos projetos. De fato, ela faz parte, concomitantemente, de contrato de prestação de serviço de provedora de conteúdo e de corretagem. Enquanto provedora de conteúdo, conforme visto, a plataforma assume deveres principalmente vinculados à segurança do ambiente virtual. Com relação ao contrato de corretagem, sua obrigação primordial é a de procurar negócios para seu cliente (autores de projetos) e, caso os efetive, ou seja, caso consiga angariar recursos dentro das regras estipuladas, receberá por esse serviço remuneração.

O contrato de corretagem, embora possa parecer impor *prima facie* obrigações de meio, no geral consiste num negócio jurídico com obrigações de resultado. Sempre que o pagamento da comissão se der com o fechamento do negócio, trata-se de contrato de resultado, já que foi somente o fechamento do negócio jurídico pelo cliente com outra parte que deu causa à remuneração do corretor[496]. Nas raras exceções em que a remuneração for devida mesmo que o negócio almejado pelo cliente não for fechado – o que não é, conforme visto, o caso comum do *crowdfunding* – é que o contrato de corretagem será de meio[497].

Seja como for, em qualquer uma das duas hipóteses de contrato de corretagem o corretor não pode se obrigar por qualquer defeito posterior ao cumprimento da obrigação de aproximação útil das partes. O Superior Tribunal de Justiça considera que houve aproximação útil das partes se elas obtiverem consenso com relação aos elementos essenciais do negócio[498], após o qual é devida a remuneração mesmo que o contrato entre elas tenha se desfeito.

---

[496] TEPEDINO, Gustavo. Questões controvertidas sobre o contrato de corretagem. **Revista da Faculdade de Direito da Universidade do Estado do Rio de Janeiro**. Rio de Janeiro, n. 4, p. 33-52, 1996, p. 47.

[497] Idem, ibidem.

[498] Nesse julgado, decidiu-se que mesmo com o distrato do contrato de compromisso de compra-e-venda entre as partes ainda assim seria devida comissão ao corretor, já que este logrou efetivar aproximação útil entre elas. BRASIL. Superior Tribunal de Justiça. **Recurso Especial n. 1.339.642/RJ**. Recorrente: Base Sólida Empreendimentos Imobiliários Ltda.. Recorrido: José Orlando Assis Toste. Relator: Ministra Nancy Andrighi. Julgado em 12 mar. 2013. Disponível em: <https://ww2.stj.jus.br/processo/revista/documento/mediado/?componente=ATC&sequencial=27137636&num_registro=201201036831&data=20130318&tipo=5&formato=PDF>. Acesso em: 27 set. 2015, p. 8.

Portanto, excetuadas as hipóteses em que os próprios termos e condições de uso dispuserem de forma diferente, plataforma de *crowdfunding* não poderá ser responsável por qualquer defeito ou incumprimento de obrigações por parte do autor do projeto após a efetivação do negócio entre este e os apoiadores. Essa efetivação se dá com a transferência dos valores aos autores, se os requisitos para tanto tiverem sido preenchidos, assim como pelo recebimento da comissão pela plataforma.

A aplicabilidade do Código de Defesa do Consumidor também é possível em relação às obrigações que nascem do contrato de depósito que se estabelece enquanto a plataforma não repassa aos autores ou restitui aos apoiadores os valores da aquisição das quotas. Esse contrato é efetivamente de consumo, mesmo nos casos em que for gratuito. Os contratos de depósito previstos nos artigos 627 a 646 do Código Civil são regulados pelo Código de Defesa do Consumidor, desde que se trate efetivamente de uma relação de consumo, o que é determinado a partir da análise de se o depositante é destinatário final econômico do serviço prestado[499], que é o caso dos apoiadores dos projetos.

Quando o contrato de depósito for pago, não existem dúvidas com relação ao seu enquadramento num contrato consumerista. Poder-se-ia questionar a relação consumerista somente no caso de o depósito ser, em relação ao apoiador, gratuito, pois, via de regra, não se aplicam as disposições do Código de Defesa do Consumidor a contratos gratuitos. Essa regra, no entanto, comporta exceções. Existem contratos gratuitos que são celebrados dentro de contexto específico de consumo e que, por conta disso, também devem ser considerados consumeristas. São, por exemplo, os casos de depósito de bagagem em contrato de hospedagem, ou mesmo de depósito gratuito de veículo em estacionamento de shopping ou loja. MARQUES admite que os contratos gratuitos de depósito sejam regulados pelo Código de Defesa do Consumidor, desde que o depositante seja o destinatário final econômico do serviço prestado[500]. O Superior Tribunal de Justiça já pacificou esse entendimento por meio de diversos julgados, tendo decidido que: "(...) há responsabilidade civil do estabelecimento que mantém estacionamento, mesmo gratuito, já que serve como fator

---

[499] MARQUES, Cláudia Lima, ob. cit., p. 186.
[500] Idem, 187.

de cooptação de clientela, dada a comodidade proporcionada aos que se dirigem ao local"[501].

No que se refere ao depósito realizado dentro da dinâmica do *crowdfunding*, parece claro que esse contrato é celebrado com o único e específico propósito de trazer segurança e comodidade aos apoiadores de que os valores por eles disponibilizados só serão entregues aos autores na hipótese de todas os requisitos da captação terem sido preenchidos. Além disso, não se pode esquecer que a plataforma aufere vantagens indiretas por conta desse contrato, já que essa segurança é oferecida como forma de cooptação de clientes (apoiadores), assim como garante que, caso o projeto de *crowdfunding* seja bem-sucedido, ela possa cobrar do autor do projeto o valor de sua remuneração.

Escapam à aplicação do Código de Defesa do Consumidor apenas as hipóteses em que os apoiadores efetuem contratação esperando lucro. Conforme se verá adiante, os contratos de lucro não comportam a aplicação das leis consumeristas, que visam à proteção de indivíduos que estejam realizando negócios de âmbito existencial.

3.4.2. Responsabilização da plataforma de *crowdfunding* em relação aos autores de projeto

O enquadramento dos negócios jurídicos celebrados entre autores de projetos e a plataforma de *crowdfunding* como contratos de consumo talvez gere mais dúvidas do que a relação plataforma-apoiador analisada no subcapítulo anterior. Isso ocorre porque, diferentemente dos apoiadores, os autores de projetos consistem em indivíduos das mais diferentes características, desde de pessoas físicas em busca de financiamento para alguma ideia de caráter social, até pessoas jurídicas que desejam captar

---

[501] BRASIL. Superior Tribunal de Justiça. **AgRg no Agravo de Instrumento n. 1.087.661/ SC**. Agravante: Steiner Park. Agravado: João Itamar Zabloski. Relator: Ministra Maria Isabel Gallotti. Julgado em 02 dez. 2010. Disponível em: <https://ww2.stj.jus.br/processo/revista/documento/mediado/?componente=ATC&sequencial=12575826&num_registro=200801741160&data=20110201&tipo=5&formato=PDF>. Acesso em: 17 set. 2015, p. 3. O STJ considera que essa responsabilidade advém do dever de vigilância, tendo pacificado a matéria por meio da súmula 130: """ empresa responde, perante o cliente, pela reparação de dano ou furto de veículo ocorridos em seu estacionamento.". BRASIL. Superior Tribunal de Justiça. **Súmula n. 130**. Julgada em 29 mar. 1995.

recursos para a produção de determinados produtos que serão destinados à venda no futuro.

Para essa determinação, são úteis os conceitos categoriais modernos defendidos por JUNQUEIRA DE AZEVEDO como a nova dicotomia que deve ser considerada nos contratos do século XXI: os contratos existenciais e os contratos empresariais[502]. Por contratos existenciais devem ser considerados aqueles em que uma das partes, ou ambas, sejam pessoas naturais, ou pessoas jurídicas sem fins lucrativos, e tenham como objetivo principal subsistência[503]. Esses contratos não têm, portanto, qualquer objetivo de lucro[504]. Segundo o autor, encaixam-se nessa categoria contratual não só os contratos de consumo, mas também os contratos de trabalho, de locação residencial, de compra da casa própria, dentre outros[505]. Os contratos empresariais, por sua vez, são aqueles firmados entre empresários, pessoas físicas ou jurídicas, ou até mesmo entre empresário e um não-empresário, desde que esse negócio jurídico tenha sido celebrado com objetivo de lucro[506]. Incluem-se nesses contatos os de agência, distribuição, fornecimento, transporte, *engineering*, consórcio interempresarial, franquia, contratos bancários, dentre outros[507].

AGUIAR JÚNIOR propõe, em adição a essa dicotomia, que se separe os contratos empresariais dos contratos de lucro. Seriam enquadrados na categoria dos contratos de lucro todos os contratos que tivessem como objetivo auferir-se vantagem econômica, lucro, sejam eles feitos no âmbito empresarial ou não[508]. Diz o autor que assim como alguns contratos de lucro podem ser celebrados por não empresário, como no caso de contratos de investimento feitos por pessoa física, também é possível que haja contratos empresariais que não tenham a finalidade direta de lucro, como no caso de algumas modalidades de acordos de acionistas[509].

---

[502] O autor trabalhou com esses conceitos em nota de atualização. GOMES, Orlando. Contratos, ob. cit., p. 100.
[503] AZEVEDO. Antonio Junqueira de. Entrevista: Antonio Junqueira de Azevedo. **RTDC: Revista Trimestral de Direito Civil**. Rio de Janeiro, v. 9, n. 34, p. 299-308, abr./jun. 2008, p. 304.
[504] GOMES, Orlando. Contratos, ob. cit., p. 43.
[505] Idem, ibidem.
[506] GOMES, Orlando. Contratos, ob. cit., p. 43.
[507] Idem, p. 44.
[508] AGUIAR JÚNIOR, Ruy Rosado de. Contratos relacionais, existenciais e de lucro. **RTDC: Revista Trimestral de Direito Civil**. Rio de Janeiro, v. 45, p. 91-110, jan./mar. 2011, p. 103.
[509] Idem, p. 105.

A divisão dos contratos entre existenciais, de lucro e empresariais é de especial importância no que se refere à operacionalização de princípios e conceitos jurídicos aplicáveis no que tange à sua interpretação, à alteração das circunstâncias e à aplicação dos princípios da boa-fé e da função social dos contratos[510]. Os princípios da boa-fé e da função social (entendida internamente ou externamente) atuam de forma mais intensa nos contratos existenciais, determinando maior dever de informação, possibilidade de revisão de contratos eventualmente injustos, maior rigor na análise da equivalência entre prestações, amenização dos requisitos da imprevisão e da exigência de vantagem para a outra parte nos casos de lesão e onerosidade excessiva, dentre outras implicações[511]. Já nos contratos empresariais e de lucro, esses princípios atuam menos intensamente, implicando consequências como a facilitação da comprovação de mora, rigor no exame da imprevisão, consideração dos usos de mercado e suas práticas, dentre outas[512].

Essa distinção é de especial importância quando se analisa a relação jurídica plataforma-autor. Os projetos criados pelos autores, conforme visto, são das mais variadas modalidades e podem, ou não, ter objetivo de lucro. É possível que haja um *crowdfunding* destinado ao financiamento de uma atividade sem fins lucrativos, como para ajudar com a reforma de um orfanato, ou mesmo para a captação de recursos para ajuda de animais carentes, como é o caso da plataforma Bicharia.com[513]. Por outro lado, também são possíveis projetos de *crowdfunding* que se destinem à criação de novos produtos para serem colocados no mercado, como o já analisado caso da pulseira para dispositivos reprodução de músicas, ou que se destinem ao investimento em *startups*. Além disso, os projetos voltados à indústria do entretenimento, como o financiamento de músicos ou grupos de teatro também passíveis de terem finalidade lucrativa.

Não se pode considerar, então, que na relação jurídica estabelecida entre autor e plataforma haja automaticamente a incidência as normas de direito

---

[510] GOMES, Orlando. Contratos, ob. cit., p. 44.
[511] AGUIAR JÚNIOR, Ruy Rosado de. Contratos relacionais, existenciais e de lucro, ob. cit., p. 106.
[512] Idem, p. 107.
[513] "O Bicharia é a primeira plataforma brasileira de crowdfunding focada em auxiliar no financiamento de projetos que envolvam animais carentes.". BICHARIA. **Sobre o Bicharia**. Disponível em: <http://www.bicharia.com.br/sobre-o-bicharia>. Acesso em: 08 nov. 2015.

do consumidor. Elas poderão ser aplicáveis caso os autores dos projetos sejam os destinatários finais dos serviços prestados pelas plataformas. Da mesma forma como ocorre com relação aos apoiadores, os serviços que as plataformas prestam aos autores dividem-se em dois: serviços na modalidade de provedora de conteúdo e serviços de corretagem. Admitindo-se a corrente finalista de definição de consumidores conforme vem sendo aplicada pelo Superior Tribunal de Justiça, deve-se analisar se os autores dos projetos estão utilizando as plataformas de *crowdfunding* com a finalidade de arrecadar fundos para serem utilizados na cadeia produtiva, ou realmente utilizando esses valores para finalidades não produtivas e não profissionais.

Na primeira hipótese, estaria descartada a aplicação do Código de Defesa do Consumidor em ambos os negócios jurídicos celebrados entre plataforma e autores de projetos. Mesmo nos casos em que os autores de projetos sejam pessoas físicas, caso os valores angariados sirvam para a financiar a criação de algum produto destinado à venda, ou como um investimento para o início de operações de uma empresa, segundo nova dicotomia (ou tricotomia) de classificação de contratos, eles deverão ser considerados contratos de lucro, que, por sua natureza, não merecem qualquer proteção do Código de Defesa do Consumidor. Ademais, conforme visto, nesse caso a incidência de normas protetivas baseadas nos princípios da boa-fé objetiva e função social do contrato deverá ser feita com parcimônia pelo operador do direito, já que a relação que visa ao lucro não merece a mesma proteção dada aos contratos existenciais. Na segunda hipótese, em que o dinheiro arrecadado seja utilizado para finalidade não lucrativa e não profissional, devem-se aplicar todas as normas de direito do consumidor.

Em qualquer dos dois casos, contudo, existem deveres contratuais naturalmente advindos dos negócios jurídicos realizados entre plataforma e autores. Enquanto provedora de conteúdo, a plataforma deve garantir aos autores um ambiente seguro de navegação e de transações financeiras, assim como tem o dever de cumprir as regras contratuais estabelecidas nos termos e condições de uso colocados no site.

No que tange ao contrato de corretagem, a plataforma deverá cumprir todos os deveres de informação e diligência na aproximação entre apoiadores e autores de projetos. O descumprimento de qualquer regra contratual por parte da plataforma, como, por exemplo, a não entrega dos valores arrecadados caso todas os requisitos tenham sido preenchidos, pode ensejar ação de cumprimento contratual que, caso tenha se tornado impossível, poderá ser convertida em perdas e danos.

Destaque-se, por fim, que os contratos celebrados entre plataforma e autor são impostos unilateralmente por aquela, num sistema de "pegar ou largar". Portanto, nas hipóteses em que não incidam as normas protetivas do Código de Defesa do Consumidor, devem-se aplicar as disposições dos artigos 423[514] e 424[515] do Código Civil.

Tais dispositivos regulam os chamados contratos de adesão, categoria de contratos que engloba aqueles negócios em que uma das partes deve aceitar, em bloco, as disposições contratuais determinadas e impostas pela outra[516]. No caso do *crowdfunding*, conforme visto, essas cláusulas estão previstas nos termos e condições e uso da plataforma, e geralmente devem ser aceitas pelos autores no momento de seu próprio cadastramento ou de seu projeto, no site, por meio de aceite da modalidade *click-wrap*. Muito embora possam estar caracterizados contratos de lucro ou mesmo contratos empresarias (caso o autor seja uma empresa já em funcionamento em busca de captação de recursos), ainda assim as normas contratuais deverão ser interpretadas em favor do aderente (autores) caso sejam ambíguas ou contraditórias. Além disso, se houver cláusulas nos termos e condições de uso que estipulem renúncia antecipada de direitos envolvidos na prestação de serviços de provedor de conteúdo, ou no contrato de corretagem, elas serão nulas nos termos do artigo 424 do Código Civil.

3.5. Responsabilidade do autor do projeto

A responsabilidade dos autores de projeto também deve ser analisada sob a perspectiva das duas outras partes que com ele contratam: plataforma e apoiadores.

Com relação às plataformas, conforme já visto, o autor se obriga tão somente ao pagamento da comissão caso a captação para seu projeto tenha

---

[514] "Art. 423. Quando houver no contrato de adesão cláusulas ambíguas ou contraditórias, dever-se-á adotar a interpretação mais favorável ao aderente.". BRASIL. Lei Federal n. 10.406, de 10 de janeiro de 2002, ob. cit..
[515] "Art. 424. Nos contratos de adesão, são nulas as cláusulas que estipulem a renúncia antecipada do aderente a direito resultante da natureza do negócio.". Idem.
[516] GOMES, Orlando. Contratos, ob. cit., p. 128.

sido bem-sucedida. Nos casos em que tenha sido previsto valor mínimo de captação para que o autor tenha direito a receber as quantias prestadas pelos apoiadores, a comissão somente será devida no momento da conclusão do negócio, que se dará com o implemento da condição suspensiva conforme analisado anteriormente. Na hipótese de não haver determinação de valor mínimo de captação para que o financiamento seja considerado bem-sucedido, estando, portanto, o contrato entre autor e apoiadores subordinado a termo, a comissão será devida progressivamente na medida em que os apoiadores forem adquirindo as quotas dos projetos, muito embora possa ser paga somente ao fim do prazo do projeto, o que dependerá das regras da própria plataforma.

O valor das comissões devidas às plataformas varia de uma para outra e o questionamento de sua abusividade será pouco efetivo. Excetuando-se os casos em que haja a aplicação do Código de Defesa do Consumidor, conforme já analisado, por tratarem-se os projetos dos autores, no geral, de contratos de lucro ou até mesmo contratos empresariais, o desequilíbrio genético do contrato raramente acarretará a configuração de lesão, já que nessas categorias de contrato existe maior aceitabilidade de desequilíbrio material[517].

Por sua vez, a possível responsabilização dos autores frente aos apoiadores de projeto dependerá de qual foi a modalidade de *crowdfunding* utilizada para a angariação de recursos, já que cada uma delas corresponde a um ou mais tipos de contrato.

Em primeiro lugar, é importante que se lembre que na maioria das modalidades de *crowdfunding* existe um escopo para o qual deverão ser utilizados os valores provenientes da aquisição das quotas pelos apoiadores. Esse escopo estará previsto na forma de: (i) encargo nos financiamentos coletivos que se derem por doação ou mútuo, desde que, neste último caso, o encargo não tenha sido elevado à categoria de contraprestação; (ii) contraprestação desigual e não lesionária, nos negócios mistos com doação; (iii) contraprestação nos financiamentos coletivos por mútuo, em que houver a elevação da obrigação de escopo ao status de contraprestação e no *crowdfunding* pelo sistema de valores mobiliários, em que haja ora a

---

[517] AGUIAR JÚNIOR, Ruy Rosado de. Contratos relacionais, existenciais e de lucro, ob. cit., p. 107.

obrigação de pagamento de juros, ora de conversão do valor mutuado em participação societária

Na primeira hipótese, o descumprimento do encargo gerará a revogação de doação, nos termos do artigo 555[518] do Código Civil. Revogação consiste na resilição do contrato mediante retratação de uma das partes autorizada pela lei, por conta das peculiaridades do negócio jurídico formado[519]. Na doação modal o modo não consiste em uma contraprestação, senão em uma parte da causa do negócio jurídico[520]. O não cumprimento do modo não gera o inadimplemento contratual em sentido estrito, que não acarretaria sua resolução, mas sim a revogação do negócio, a sua extinção. Assim, o descumprimento do modo leva à desconstituição do próprio negócio[521].

Embora não esteja expressamente previsto no Código Civil, esse mesmo regime pode ser aplicável ao contrato de mútuo de escopo, já que a obrigação de destinação, da mesma forma como ocorre na doação, é motivo determinante na contratação convertido em encargo. No *crowdfunding* efetivado por mútuo gratuito o descumprimento da obrigação de destinação acarretará a resolução do negócio jurídico por inexecução, que somente não pode ser considerada revogação por ausência de regra legal específica.

No *crowdfunding* pela modalidade de empréstimo existe ainda a obrigação de o autor devolver a quantia emprestada dentro do prazo estipulado nas regras do projeto, não podendo o apoiador exigir-lhe a restituição antes de seu fim[522]. Não tendo sido estipulado prazo para devolução, o Código Civil presume que se convencionou 30 dias para que haja a devolução[523] para hipótese específica de mútuo de dinheiro. Conforme afirma ORLANDO GOMES, seria melhor que a lei tivesse deixado a cargo do juiz delimitar o prazo para a restituição caso não fosse expressamente previsto no contrato[524], já que o período de 30 dias pode ser inferior ao prazo ra-

---

[518] "Art. 555. A doação pode ser revogada por ingratidão do donatário, ou por inexecução do encargo.". BRASIL. Lei Federal n. 10.406, de 10 de janeiro de 2002, ob. cit..
[519] GOMES, Orlando. Contratos, ob. cit., p. 255.
[520] PENTEADO, Luciano de Camargo, ob. cit., p. 281.
[521] Idem, ibidem.
[522] "Admite-se que se estipule cláusula em virtude da qual o mutuante se compromete a não exigir a restituição durante certo tempo.". GOMES, Orlando. Contratos, ob. cit., p. 393.
[523] "Art. 592. Não se tendo convencionado expressamente, o prazo do mútuo será: (...) II – de trinta dias, pelo menos, se for de dinheiro;". BRASIL. Lei Federal n. 10.406, de 10 de janeiro de 2002, ob. cit..
[524] GOMES, Orlando. Contratos, ob. cit., p. 393.

zoável para a conclusão do projeto e devolução dos valores aos apoiadores num *crowdfunding*.

Em ambos os casos de *crowdfunding* – de doação modal e mútuo de escopo – é importante lembrar que a obrigação de destinação é de meio, de forma que o insucesso do projeto não poderia levar à revogação ou resolução do contrato por inexecução de encargo. Tendo o autor utilizado a quantia doada ou emprestada na execução do projeto, estará cumprido o encargo.

Na segunda hipótese, em que há negócio misto com doação, por sua vez, a obrigação de destinação, somada a alguma outra obrigação de fazer ou de dar, são verdadeiras contraprestações contratuais. Configurando-se contrato bilateral – ou bilateral imperfeito, para aqueles que admitem essa categoria –, todas as regras a essa categoria contratual são aplicáveis. As principais diferenças entre contratos bilaterais e unilaterais se dão principalmente quanto (i) à exceção de contrato não cumprido, (ii) à possibilidade de resolução por inadimplemento contratual, (iii) aos riscos e (iv) à onerosidade excessiva[525].

Nos contratos bilaterais, nenhum dos contratantes pode exigir do outro a obrigação antes de cumprida a sua própria[526] e, além disso, caso não cumpra a sua própria, poderá dar causa à resolução do contratual por inadimplemento. No *crowdfunding* que se dê por meio de negócio misto com doação, portanto, caso o autor não tenha dado correta destinação aos valores contribuídos pelos apoiadores ou, ainda, não cumprir obrigação de dar ou de fazer a que tenha se vinculado (nos casos, por exemplo, em que tenha se obrigado a recompensá-los com algum brinde ou ato), poderão os apoiadores exigir a resolução do negócio por inadimplemento contratual, nos termos do artigo 389[527] do Código Civil. Nesse caso, o autor do projeto que descumprir suas obrigações responde ainda por perdas e danos, as quais envolverão também eventuais lucros cessantes dos apoiadores, juros, correção monetária e honorários advocatícios, se for o caso.

---

[525] GOMES, Orlando. Contratos, ob. cit., p. 86-7.

[526] "Art. 476. Nos contratos bilaterais, nenhum dos contratantes, antes de cumprida a sua obrigação, pode exigir o implemento da do outro.". BRASIL. Lei Federal n. 10.406, de 10 de janeiro de 2002, ob. cit..

[527] "Art. 389. Não cumprida a obrigação, responde o devedor por perdas e danos, mais juros e atualização monetária segundo índices oficiais regularmente estabelecidos, e honorários de advogado.". Idem.

Quanto aos riscos, por ser contrato bilateral, o perecimento da coisa via de regra é suportado pelo devedor[528]. Entretanto, caso a inexecução de obrigação de dar ou fazer tenha sido causada por caso fortuito ou força maior, o devedor não poderá ser responsabilizado[529]. Assim, caso o autor esteja impossibilitado de dar a recompensa a que se obrigou, se essa impossibilidade tiver se dado por caso fortuito ou força maior, estará ele exonerado de sua obrigação.

Para estarem configurados o caso fortuito ou a força maior, entretanto, devem ser preenchidos três requisitos[530]: (i) necessariedade, que consiste na necessidade de o acontecimento ter sido alheio à sua vontade, ou seja, ser natural ou resultante de ato de terceiro, (ii) inevitabilidade, de forma que não tenha havido meios de impedir que o acontecimento prejudicasse o direito do credor[531], (iii) imprevisibilidade, ou seja, que não pudesse ter sido antevista no momento da contratação. É necessário ainda que a prestação tenha se tornado impossível. Na hipótese em que tenha se tornado excessivamente onerosa, aplicam-se as disposições dos artigos 478 a 480 do Código Civil[532]. Sendo a obrigação de recompensar, por exemplo, diferida no tempo, se ela por motivo imprevisível se tornar excessivamente onerosa, poderia o autor pleitear sua resolução, desde que os apoiadores não ofereçam a modificação do contrato (complementando-se, por exemplo, o valor da prestação) para torná-lo novamente equitativo. Destaque-se aqui que no negócio misto com doação há naturalmente desequilíbrio entre prestação de contraprestação, de forma que somente seria justificada a excessiva onerosidade caso o evento imprevisível tenha tornado a

---

[528] GOMES, Orlando. Contratos, ob. cit., p. 55.
[529] "Art. 393. O devedor não responde pelos prejuízos resultantes de caso fortuito ou força maior, se expressamente não se houver por eles responsabilizado.". BRASIL. Lei Federal n. 10.406, de 10 de janeiro de 2002, ob. cit..
[530] Trata-se da análise pela corrente objetiva. PEREIRA, Caio Mário da Silva, ob. cit., p. 339-40.
[531] Idem, ibidem.
[532] "Art. 478. Nos contratos de execução continuada ou diferida, se a prestação de uma das partes se tornar excessivamente onerosa, com extrema vantagem para a outra, em virtude de acontecimentos extraordinários e imprevisíveis, poderá o devedor pedir a resolução do contrato. Os efeitos da sentença que a decretar retroagirão à data da citação. Art. 479. A resolução poderá ser evitada, oferecendo-se o réu a modificar eqüitativamente as condições do contrato. Art. 480. Se no contrato as obrigações couberem a apenas uma das partes, poderá ela pleitear que a sua prestação seja reduzida, ou alterado o modo de executá-la, a fim de evitar a onerosidade excessiva.". BRASIL. Lei Federal n. 10.406, de 10 de janeiro de 2002, ob. cit..

obrigação substancialmente mais onerosa do que a com o que já havia se comprometido o autor do projeto.

No que tange à terceira hipótese, de que o *crowdfunding* tenha sido firmado na modalidade de mútuo feneratício, além da utilização do valor mutuado para a execução do projeto, deverá o autor devolver a quantia emprestada somada de juros e correção monetária pelo prazo em que perdurar o contrato. Destaque-se que os juros desse contrato não poderão extrapolar o máximo legal[533], ou seja, a taxa que estiver em vigor para a mora do pagamento de impostos devidos à Fazenda Nacional[534].

Por fim, caso o financiamento coletivo se dê pela emissão de notas conversíveis, deverá o autor permitir que os apoiadores exerçam todos os direitos societários previstos no título. Além disso, caso assim preveja a nota, o autor deverá convertê-la em participação societária dentro do prazo estipulado. No caso de não ser possível a conversão em participação societária, deverá o autor restituir os apoiadores do valor mutuado, somado de juros e correção monetária, se assim previsto.

O *crowdfunding* pelo sistema de pré-venda em que esteja configurado negócio jurídico indireto, cujo contrato diretamente firmado tenha sido de compra-e-venda, consiste na única hipótese em que não está o autor do projeto vinculado a cláusula de destinação. Na verdade, por tratar-se de contrato de compra e venda na modalidade *emptio rei spectatae*, a entrega do produto final do projeto aos apoiadores consiste na única contraprestação a que está obrigado o autor. Haja vista que o pagamento do preço se dá no ato da contratação, caso o objeto da compra e venda não venha a existir,

---

[533] "Art. 591. Destinando-se o mútuo a fins econômicos, presumem-se devidos juros, os quais, sob pena de redução, não poderão exceder a taxa a que se refere o art. 406, permitida a capitalização anual.". Idem.

[534] "Art. 406. Quando os juros moratórios não forem convencionados, ou o forem sem taxa estipulada, ou quando provierem de determinação da lei, serão fixados segundo a taxa que estiver em vigor para a mora do pagamento de impostos devidos à Fazenda Nacional.". Idem. Existe discussão doutrinária acerca da utilização da taxa SELIC (Sistema Especial de Liquidação e Custódia) ou da taxa de 1% ao mês prevista no artigo 161, § 1º do Código Tributário Nacional. GOMES, Orlando. Contratos, ob. cit., p. 393-4. A tendência tem sido pela aplicação da taxa de 1% ao mês, conforme enunciado n. 20 da I Jornada de Direito Civil do Centro de Estudos Judiciários do Conselho da Justiça Federal ("Art. 406: a taxa de juros moratórios a que se refere o art. 406 é a do art. 161, § 1º, do Código Tributário Nacional, ou seja, um por cento ao mês.". JORNADA DE DIREITO CIVIL, ob. cit.).

deverá o autor do projeto restituir os apoiadores do valor integral do contrato, que ficará sem efeitos nos termos do artigo 483[535] do Código Civil.

Em qualquer dos casos, conforme visto, o dever de fiscalização e acompanhamento da execução do projeto é de obrigação exclusiva dos apoiadores do projeto. Os deveres da plataforma de *crowdfunding* se extinguem com a efetivação do negócio jurídico entre apoiador e autor do projeto.

Destaque-se, por fim, que existe a possibilidade de aplicação do Código de Defesa do Consumidor na relação que se dá entre autor e apoiador. Para tanto, os autores de projetos deverão enquadrar-se no conceito de fornecedor trazido pelo artigo 3.º do Código de Defesa do Consumidor, devendo, assim, desenvolver atividade rotineira de produção, distribuição ou comercialização de produtos, ou mesmo de prestação de serviços. Mesmo nesses casos, as normas consumeristas atingiriam somente os contratos onerosos firmados no *crowdfunding*: o negócio misto com doação – que, embora envolva uma liberalidade, é oneroso ao menos em parte –, e a compra e venda (negócio jurídico indireto), desde que os apoiadores sejam os destinatários finais do produto, conforme já analisado. O *crowdfunding* pelo modelo de mútuo feneratício, assim como o de valores mobiliários, embora sejam onerosos, não comportam aplicação do Código de Defesa do Consumidor, pois são contratos de lucro firmados entre apoiador e autor do projeto.

O *crowdfunding* pelo sistema de doação modal e de mútuo de escopo não enseja, em princípio, a aplicação das normas consumeristas, pois se tratam de contratos gratuitos que, via de regra, fogem à aplicação desse diploma legal[536]. Nesses casos, embora não se apliquem as normas consumeristas, está-se diante de contratos existenciais, que merecem a incidência mais intensa dos princípios de boa-fé objetiva e função social do contrato, conforme já exposto.

3.6. *Crowdfunding* como estrutura coligada de contratos

O *crowdfunding* é uma forma de financiamento viabilizada a partir da junção de três negócios jurídicos principais celebrados entre as partes – autor,

---

[535] "Art. 483. A compra e venda pode ter por objeto coisa atual ou futura. Neste caso, ficará sem efeito o contrato se esta não vier a existir, salvo se a intenção das partes era de concluir contrato aleatório.". BRASIL. Lei Federal n. 10.406, de 10 de janeiro de 2002, ob. cit..
[536] MARQUES, Claudia Lima, ob. cit., p. 185.

apoiador e plataforma –, cada qual com natureza e regime jurídicos distintos. Entretanto, por servirem à consecução de uma operação econômica una, possível que se indague se esses contratos são, de fato, independentes entre si, ou se existe coligação contratual entre eles.

O fenômeno da coligação contratual pode ser definido como relação de dependência unilateral ou recíproca de diversos contratos, ocasionada por força de disposição legal, da natureza acessória de um contrato com relação aos outros, ou do próprio conteúdo contratual, implícito ou explícito[537].

A coligação pode ser, assim, (i) *ex lege*, quando se der por disposição legal, (ii) natural, quando provier da natureza acessória de um contrato com relação a outro, ou (iii) voluntária, sempre que a dependência entre os contratos não tiver como causa a lei ou a natureza acessória do contrato[538]. Destaque-se que essas mesmas fontes de coligação contratual podem atuar tanto para vincular quanto para desvincular os contratos, como, por exemplo, a desvinculação que ocorre com os títulos de crédito relativamente a seus negócios subjacentes[539]. Essa desvinculação, caso ocorra de forma voluntária, pode ser declarada nula se acarretar, por sua natureza, renúncia de obrigações que naturalmente decorreriam do contrato, principalmente se se estiver no contexto de relações de consumo, ou se se tratar de contrato de adesão[540].

A coligação contratual[541] pode ser um meio útil para a satisfação de um interesse que não se conseguiria atingir caso as partes optassem pela

---

[537] MARINO, Francisco Paulo De Crescenzo. Contratos Coligados no Direito Brasileiro, ob. cit., p. 99.

[538] Idem, p. 100. O autor destaca que a coligação natural também poderia ser considerada como voluntária, já que a celebração de contrato acessória acarreta a vontade de coligá-lo ao principal. Por isso, propõe a definição de coligação voluntária *a contrario sensu*. Idem, ibidem.

[539] Idem, p. 100.

[540] MARINO, Francisco Paulo De Crescenzo. Contratos Coligados no Direito Brasileiro, ob. cit., p. 103.

[541] Existe disparidade terminológica na doutrina no que tange à utilização de termos como "redes contratuais", "sistema de contratos", "grupos de contratos", "contratos coligados", dentre outros para fazer referência ao fenômeno que consiste na interdependência de vários contratos para a persecução de uma finalidade comum (LEONARDO, Rodrigo Xavier. **Redes contratuais no mercado habitacional**. São Paulo: Revista dos Tribunais, 2003, p. 128-9). Na esteira da doutrina de Gunther Teubner, as redes contratuais não são um conceito propriamente jurídico, senão econômico, que ultrapassa as construções de direito privado, propondo que fossem construídos novos contornos com base em definições jurídicas (TEUBNER, Gunther. Coincidentia oppositorum: hybrid networks beyond contract and

utilização de figuras contratuais típicas: é o encadeamento contratual que acarretará a satisfação de uma ou mais partes[542].

A coligação pode ser derivada de estruturas econômicas complexas, em que um contrato, analisado isoladamente, não teria sentido, senão somente quando conjugado a outro. Nesse caso MARINO entende que não haveria coligação natural, pois esta existe quando o tipo contratual necessitar por sua natureza de um ou mais contratos (ex.: contrato preliminar e contrato definitivo). A combinação de diversos contratos numa operação econômica gera coligação voluntária[543].

Existe certa dificuldade na identificação da existência de uma estrutura contratual em que haja diversos contratos distintos entre si, embora coligados, ou tão somente de um contrato complexo único, que comporte várias prestações, vários objetos ou várias declarações de vontade. MARINO propõe três parâmetros para que se faça essa distinção: (i) o critério dos limites dos tipos contratuais de referência; (ii) o critério da participação de mais de dois centros de interesse; e (iii) os critérios subsidiários (diversidade instrumental, temporal e de contraprestação)[544].

Pelo primeiro critério, deve-se analisar, nos casos em que a estrutura contratual envolva prestações de tipos contratuais distintos, se o tipo contratual de referência possui flexibilidade o suficiente – nas palavras do autor, se possui potencialidade expansiva – para comportar as distintas prestações[545]. O segundo critério propõe a análise de se há mais de dois centros de interesse na relação jurídica. Se uma das partes figurar em

---

organization. In: GORDON, Robert; HORWITZ, Mort (eds.). **Festschrift in honour of Lawrence Friedman**. Stanford University Press, 2006. Disponível em <http://ssrn.com/abstract=876939>. Acesso em: 15 out. 2015, p. 14). Por isso é preferível a utilização do termo "contratos coligados", utilizado principalmente pela doutrina italiana, brasileira e portuguesa, para fazer referência à interdependência de contratos pertencentes a um grupo, unido por um nexo funcional e finalístico, conforme será melhor delimitado adiante.

[542] "La unión de contratos es un medio que se utiliza para la satisfacción de un interés, que no se puede realizar normalmente a través de las figuras típicas existentes. De ello debemos deducir que hay una parte que busca una satisfacción, y otra que intenta satisfacerla mediante un encadenamiento contractual.". LORENZETTI, Ricardo Luis. **Tratado de los contratos**. Tomo I. Buenos Aires: Rubinzal-Culzoni Editores, 1999, p. 49.

[543] MARINO, Francisco Paulo De Crescenzo. Contratos Coligados no Direito Brasileiro, ob. cit., p. 106.

[544] Idem, p. 119.

[545] MARINO, Francisco Paulo De Crescenzo. Contratos Coligados no Direito Brasileiro, ob. cit., p. 120-1.

somente um ou alguns dos contratos pertencentes à estrutura contratual, haveria pluralidade de contratos[546]. Por fim, como critérios subsidiários, deve-se analisar se existe pluralidade de instrumentos contratuais, se os contratos possuem prazos distintos, e se existe mais de uma contraprestação que tenha somente uma prestação como causa[547].

Na situação específica do *crowdfunding*, parece ser claro que cada negócio jurídico celebrado entre as partes possui características próprias e tendentes a seus próprios resultados, haja vista que há pluralidade dos centros de interesse. Ao autor interessa a captação de recursos, para qualquer que seja o projeto que tenha em mente. Ao apoiador, interessa ora realizar um ato de liberalidade, ora receber algum produto ou ser beneficiado por algum ato, ora realizar uma operação lucrativa (podendo ocorrer, ainda, a fusão desses interesses). À plataforma, por fim, interessa o recebimento de sua remuneração pela prestação dos serviços de aproximação entre potenciais apoiadores e autores de projetos. Além disso, muito embora exista a possibilidade de formação de contrato misto, como de fato ocorre no negócio misto com doação, os demais tipos contratuais (corretagem, prestação de serviços de provedora de conteúdo e depósito) não possuem, a princípio, potencialidade expansiva o suficiente para abranger uns aos outros. Ademais, os contratos possuem prazos distintos (a corretagem se encerra com a aproximação, ao passo que o negócio entre apoiador e autor poderá se prolongar no tempo, a depender da categoria de *crowdfunding* analisada), e contraprestações distintas, quando houver.

A constatação da existência de diversos contratos integrantes de uma operação econômica, contudo, não é suficiente para que se infira que eles são coligados entre si. Para estar configurado um sistema de contratos, é necessário que, além da pluralidade de negócios jurídicos, (i) haja conexão entre esses contratos, (ii) haja uma causa sistemática entre eles, e (iii) se

---

[546] Idem, p. 122. MARINO afirma que a existência de dois ou mais centros de interesse pode ocorrer num único contrato, nos contratos denominados "plurilaterais": "[c]ontratos plurilaterais são aqueles eficazes perante três ou mais partes. Normalmente, têm escopo associativo, como o contrato de sociedade e o contrato de consórcio interempresarial. Modernamente discute-se a possibilidade de configurar contratos plurilaterais de troca.". Idem, ibidem.

[547] Idem, p. 126. Esses critérios, inclusive o de multiplicidade de contraprestações, não são suficientes para, por si só, determinar-se a unidade ou multiplicidade de contratos. Idem, ibidem.

verifique um propósito comum[548]. Então, o que determina a coligação entre pluralidade de contratos é que haja, basicamente, uma interdependência funcional e finalística entre eles[549].

Deve-se entender o termo "função" que gere a interdependência funcional dos contratos na acepção de função econômico-social abstrata de uma categoria geral contratual, ou seja, os efeitos normais e típicos que aquele contrato em abstrato tende a produzir[550]. O termo "fim do contrato" que gere a interdependência finalística, por sua vez, deve ser entendido como o apontamento aos resultados práticos que determinado contrato, em concreto, visa a produzir[551].

Numa estrutura de coligação contratual, cada contrato isoladamente considerado tende a produzir seus efeitos típicos, o que é decorrência da própria autonomia estrutural de cada um deles. Cada contrato, sendo estruturalmente independente e possuindo causa jurídica própria, cria vínculos que, em princípio, obrigariam somente as próprias partes, por se subsumir ao modelo clássico de relação jurídica obrigacional[552]. Entretanto, por embasarem uma estrutura econômica única, estão ligados por um nexo funcional e finalístico entre si[553].

Por outro lado, haja vista que a coligação contratual gera efeitos de interdependência entre os contratos, a estrutura coligada de contratos também acarreta efeitos para os contratos individuais[554]. Isso se dá pelo o que LORENZETTI chama de "finalidade supracontratual": diversos contratos com funções econômico-sociais distintas são utilizados para uma finalidade (no sentido de fim contratual) mais ampla, sendo, então, instrumentos para a persecução de um fim específico[555], que, por sua vez, impactará nos próprios efeitos de cada contrato.

---

[548] LEONARDO, Rodrigo Xavier, ob. cit., p. 148.
[549] MARINO, Francisco Paulo De Crescenzo, ob. cit., p. 132.
[550] Idem, ibidem.
[551] Idem, ibidem.
[552] Idem, ibidem.
[553] Idem, ibidem.
[554] Idem, p. 134.
[555] "En ella [finalidade supracontratual], las finalidades económico-sociales son distintas o más amplias de las que existen en los contratos social o legalmente típicos, de modo tal que estos últimos son usados instrumentalmente para lograr aquéllas.". LORENZETTI, Ricardo Luis, ob. cit., p. 39.

Num *crowdfunding*, essa interdependência funcional e finalística pode ser facilmente percebida, já que todos os contratos individualmente considerados são firmados com o propósito específico de que os outros também sejam efetivados. No financiamento coletivo, o principal centro de interesse está no negócio jurídico que será firmado entre apoiador e autor do projeto. Esse contrato é fim dos outros contratos: os contratos firmados entre autor e plataforma (corretagem com publicidade e prestação de serviços de provedor de conteúdo), assim como aqueles dados entre apoiador a plataforma (prestação de serviços de provedor de conteúdo e depósito) possui a finalidade única e exclusiva de que apoiador e autor fechem negócio. Essa interdependência pode também ser levada à esfera funcional dos contratos, haja vista que tanto a corretagem quanto a prestação de serviços de provedor de conteúdo são contratos que visam, em última instância, a consecução de outros negócios: ambos são contratos meio, existentes tão somente para permitir outras relações possam ser travadas.

O interesse comum é o que determina a conexão dos vários contratos integrantes de um grupo. Segundo LORENZETTI, esse interesse é o "cimento", a base de união de um grupo de contratos. Ele não deve ser considerado como os fins a que objetiva um único contrato, senão o interesse do agrupamento dos contratos para o funcionamento do sistema contratual[556]. Disso decorre que num grupo de contratos essa conexidade deve ser lavada em consideração para a finalidade interpretativa e de solução de conflitos que eventualmente apareçam[557]. Decorre, ainda, um dever comum de todas as partes integrantes do grupo contratual em colaborar para o bom funcionamento do sistema contratual para a consecução de seus resultados[558].

No financiamento coletivo existe, portanto, um sistema de contratos coligados. Na doutrina de LORENZETTI, o *crowdfunding* se aproximaria de uma estrutura de coligação contratual com base em uma colaboração por assessoria. Nesse tipo de grupo contratual, as partes não compartilham o interesse pelo negócio desempenhado pela outra, há somente a delegação para execução de tarefas específicas. Difere-se da chamada colaboração por associação, em que todas as partes do grupo de contratos se interessa

---

[556] LORENZETTI, Ricardo Luis, ob. cit., p. 64.
[557] Idem, p. 64-5.
[558] Idem, p. 65-6.

pela consecução do negócio[559]. É claro que, num *crowdfunding*, a plataforma tem interesse em que autor e apoiador fechem negócio, já que sua remuneração dependerá da celebração desse contrato. Esse interesse, no entanto, se restringe a que as partes fechem o negócio, já que à plataforma não importa que tipo de projeto irá o autor executar. Na coligação por associação, as partes têm interesse no objeto, nos resultados de um dos contratos, o que ocorreria caso a plataforma se interessasse e colaborasse com a própria execução do projeto.

Na colaboração por assessoria, uma das partes age de uma forma parecida com a *ratio* do contrato de mandato[560]. Semelhantemente ocorre no *crowdfunding*, em que os autores do projeto delegam o recebimento dos valores dos apoiadores à plataforma, a qual confere maior segurança à contratação, tanto por ser terceira depositária que analisará o preenchimento das condições para que os valores sejam transferidos aos autores, quanto porque garante que todas as transações bancárias sejam feitas de forma segura pela internet. Exceção pode-se fazer com relação ao *equity crowdfunding*. Haja vista que os apoiadores e, por vezes, a própria plataforma, adquirem participação societária ou nos lucros do negócio a ser desenvolvido pelo autor, existe interesse de todas as partes de que o projeto dê certo. Nesse caso, portanto, haveria colaboração por associação entre as partes do financiamento coletivo.

A importância da determinação da existência de coligação entre os contratos integrantes de um *crowdfunding* é com relação à averiguação de se algum defeito ou descumprimento de um do negócio jurídico poderia acarretar consequências a algum outro. Em primeiro lugar, cumpre destacar que independentemente da possibilidade de oponibilidade de inadimplemento ou de algum defeito no negócio entre uma das duas partes à outra, pelo simples fato de os contratos num *crowdfunding* fazerem parte de um sistema contratual, existe entre elas deveres de colaboração, isto é, deveres laterais de conduta decorrentes da boa-fé objetiva que devem permear todo o sistema de contratos[561]. Dentre esses deveres, dois assumem maior importância num sistema de coligação contratual: o dever

---

[559] "El interés en el negocio no se comparte y por ello es un vínculo sin finalidad común; sólo se delega la ejecución. En cambio, en la colaboración asociativa, se comparte el interés, asociándose las partes en su consecución.". Idem, p. 58.
[560] LORENZETTI, Ricardo Luis, ob. cit., p. 58.
[561] LEONARDO, Rodrigo Xavier, ob. cit., p. 152.

de lealdade e o dever de transparência[562]. Entende-se o primeiro como o dever de as partes do sistema se absterem de comportamentos que possam prejudicar a persecução do fim específico do grupo de contratos. O segundo, por sua vez, consiste no dever de as partes não omitirem qualquer informação que possa, de algum modo, prejudicar direitos ou interesses das partes do grupo[563]. Assim, o apoiador e o autor do projeto não poderiam, por exemplo, entrar em conluio para evitar que fosse paga a remuneração da plataforma. Da mesma forma, a plataforma e o autor têm o dever de informar aos apoiadores todos os dados que sejam importantes para o fechamento do negócio.

No caso específico do *crowdfunding*, embora a princípio estejam presentes todos os elementos que justificariam a coligação contratual, deve-se ter em mente que, por disposição expressa do Código Civil, o contrato de corretagem é independente dos negócios a que o corretor se obriga a obter[564], nos termos do artigo 725[565] do Código Civil. Existe, portanto, disposição legal que afasta a possibilidade de coligação contratual, pelo menos no que se refere à obrigação de remuneração da plataforma de *crowdfunding*.

Foi exposto anteriormente que, de fato, a comissão da plataforma depende única e exclusivamente do fechamento do contrato entre autor e apoiador do projeto. Com essa aproximação, considera-se o contrato cumprido, sendo devida a remuneração, mesmo que posteriormente haja o descumprimento contratual por alguma das partes (por exemplo, na situação em que o autor não cumpra sua obrigação de dar, ou em que o apoiador revogue sua doação por inexecução do encargo).

Essa inoponibilidade[566] do inadimplemento contratual a terceiro, contudo, não é suficiente para que se afastem aqueles deveres laterais de conduta

---

[562] Idem, ibidem.
[563] Idem, p. 152-3.
[564] MARINO, Francisco Paulo De Crescenzo. Contratos Coligados no Direito Brasileiro, ob. cit., p. 100.
[565] "Art. 725. A remuneração é devida ao corretor uma vez que tenha conseguido o resultado previsto no contrato de mediação, ou ainda que este não se efetive em virtude de arrependimento das partes.". BRASIL. Lei Federal n. 10.406, de 10 de janeiro de 2002, ob. cit..
[566] Francisco Paulo De Crescenzo Marino estabelece como requisitos para que possa haver oponibilidade do inadimplemento contratual a terceiro: (i) assim como se dá na coligação contratual entre as mesmas partes, que a prestação da parte do contrato coligado se tenha tornado inútil ao credor, por conta do inadimplemento do terceiro e (ii) que haja comunhão de interesses entre o terceiro e a parte do contrato coligado em relação a quem o descumprimento

que devem ser respeitados por todas as partes da operação econômica. Isso é ainda mais intenso no *crowdfunding*, pois, conforme visto, embora as partes possam ter interesses de lucro nos negócios que celebram com as outras, o financiamento coletivo nasce e se propaga principalmente com base na ideia da colaboração mútua entre membros de uma mesma comunidade.

Portanto, existe coligação dos contratos existentes num *crowdfunding*. Os contratos de prestação de serviços de provedor de conteúdo, de depósito e de corretagem são feitos exclusivamente com a finalidade de concretizar-se o negócio entre apoiador e autor. Todos esses contratos, inclusive, são contratos que, via de regra, pela sua própria natureza, são celebrados para permitir que outras relações jurídicas se deem (com exceção do depósito, que pode ser utilizado como um fim em si mesmo). Existe, por conseguinte, nexo funcional e finalístico entre eles. A disposição legal expressa de inoponibilidade de inadimplemento a terceiros afasta tão somente uma das possíveis consequências de uma coligação contratual, não afastando, entretanto, a coligação em si, que continua a produzir efeitos especialmente no que tange aos deveres laterais de conduta, conforme exposto.

é oposto, ou que a parte que opõe o inadimplemento tenha a expectativa legítima de que as prestações das contrapartes se vinculavam de tal modo que nenhuma delas poderia exigir contraprestação sem que a outra também adimplisse. Idem, p. 241. Entretanto, essa operacionalização não se aplicaria ao *crowdfunding*, pois a oponibilidade foi afastada pela lei e ratificada pela jurisprudência.

CONCLUSÃO

O *crowdfunding* é uma ferramenta bastante eficaz para a promoção de financiamento de projetos que, possivelmente, não seriam concretizados se dependessem exclusivamente dos meios tradicionais de captação de recursos, como, por exemplo, o financiamento bancário. Ele se trata de uma estratégia de angariação de capital a partir de pequenas contribuições de um grande número de pessoas, que tem se tornado popular principalmente com a utilização da internet.

O *crowdfunding* feito pela internet, que foi objeto de estudo deste trabalho, é uma estrutura complexa de contratos celebrados entre os autores de projetos, os apoiadores de projetos e a plataforma de financiamento coletivo. Cada uma dessas partes relaciona-se com as outras duas a partir da celebração de diferentes negócios jurídicos.

Entre a plataforma de *crowdfunding* e os apoiadores de projetos se estabelecem basicamente dois principais negócios jurídicos. O primeiro deles é o contrato de prestação de serviços de provedor de conteúdo, por meio do qual a plataforma se obriga a oferecer um ambiente seguro e estável para que os apoiadores possam encontrar algum projeto com o qual desejem contribuir. O segundo negócio jurídico consiste num contrato de depósito. Conforme se viu, na dinâmica do *crowdfunding*, no geral, os apoiadores, ao adquirirem quotas de algum projeto entregam o valor da contribuição à plataforma, que é responsável pelo repasse da quantia deposita aos autores, na hipótese de a captação de recursos ter sido bem-sucedida, se assim previsto nas regras da plataforma ou do projeto especificamente considerado.

Entre a plataforma de *crowdfunding* e os autores de projetos, por sua vez, existem igualmente dois negócios jurídicos celebrados, sendo um deles o mesmo contrato de prestação de serviços de provedora de conteúdo, somente se substituindo a parte de um de seus polos – apoiador pelo autor. O segundo contrato celebrado entre eles é de corretagem, haja vista que a plataforma tem como principal objetivo – e como principal fonte de renda também – a aproximação entre projetos que necessitem de capital para serem realizados e potenciais apoiadores interessados a com eles contribuir.

A relação jurídica que se estabelece entre autores e apoiadores de projetos, por fim, pode ser das mais diversas naturezas. Conforme se viu, o financiamento coletivo se popularizou no mundo e, principalmente, nos Estados Unidos da América a partir de diferentes formas disponíveis para que apoiador possa contribuir com o projeto. As mais comuns dessas formas, chamadas de sistemas de *crowdfunding*, são: (i) sistema de doação; (ii) sistema de recompensas; (iii) sistema de pré-venda; (iv) sistema de empréstimo; e (v) sistema de valores mobiliários. Cada um desses sistemas consiste em contratos de diferentes naturezas e, por conseguinte, com distintos regimes jurídicos aplicáveis.

O sistema de doação se perfaz por meio de, conforme o próprio nome indica, doações do apoiador ao autor. Essa doação, contudo, não é pura, pois gravada com encargo de que o autor a utilize com o propósito específico de executar o projeto com o qual se comprometeu. Trata-se, portanto, de contrato de doação modal.

O sistema de recompensas, por sua vez, representa um espectro bastante amplo de possibilidades. Caso a recompensa seja de cunho unicamente moral, sem qualquer valor econômico, como, por exemplo, a obrigação de o autor colocar o nome dos apoiadores nos créditos de um filme, o contrato também será de doação, com cumulação de encargos (utilização da quantia doada na execução do projeto e o cumprimento da recompensa oferecida). Se a recompensa tiver valor pecuniário, mas for desproporcional ao valor da contribuído, haverá um contrato atípico misto, qual seja, um negócio misto com doação. Por fim, se o valor da recompensa equivaler ao valor da contribuição feita pelo apoiador, será hipótese de celebração de direta de compra e venda, prestação de serviços ou outro contrato típico, a depender do caso. Nessa hipótese, eventual liberalidade será mero motivo ou fim do contrato, caso em que, no máximo, haverá negócio jurídico indireto.

O sistema de pré-venda, a seu turno, consiste num subtipo do sistema de recompensas, diferenciando-se deste pelo fato de que a recompensa a que se obriga o autor é o produto final que será lançado no mercado com a conclusão do projeto. Nesse caso, conforme visto, existem duas possibilidades:

(i) de que o apoiador contribua com valor equivalente ao valor de venda do produto, ou (ii) de que o apoiador contribua com valor substancialmente superior ao preço de venda do produto. Na primeira hipótese, o apoiador celebrará com o autor um contrato de compra e venda na modalidade *emptio rei spectatae*. A liberalidade, existente nos outros sistemas de *crowdfunding*, fica no âmbito dos motivos psicológicos do apoiador ou é atingida de forma indireta (negócio indireto). Na segunda hipótese, haverá negócio misto com doação, pois a causa da contribuição não seria somente a contraprestação (produto comprado), mas também uma liberalidade no que tange ao valor que a contribuição exceder do produto.

O sistema de empréstimo se realiza por meio de contrato de mútuo de escopo, se não forem estipulados juros, ou de mútuo feneratício, em que também é estipulada cláusula de destinação.

Por fim, o sistema de valores mobiliários é efetivado através da emissão das chamadas notas conversíveis derivadas de um contrato de mútuo. São conversíveis, pois a quitação desse contrato se dá pela conversão do valor do débito em participação na *startup*. Destaca-se que no Brasil, o *crowdfunding* pelo sistema de empréstimo em que se estipulem juros também poderá ser considerado como valores mobiliários, estando, portanto, sujeito à regulação da CVM.

Toda essa estrutura contratual é realizada por meio de contratos eletrônicos disponibilizados pela própria plataforma. Os aceites dos contratos firmados no *crowdfunding* se dão no geral pela modalidade *click-wrap* e deverão conter o máximo de informações possíveis sobre os direitos e deveres das partes.

Excetuando-se os casos em que os apoiadores celebrem contratos de lucro (mútuo feneratício ou valores mobiliários), aplicam-se as normas consumeristas em sua relação com a plataforma, tanto na prestação de serviços de provedora de conteúdo quanto no depósito. Nos contratos firmados entre plataforma e autores, por sua vez, somente incidirá o Código de Defesa do Consumidor se o projeto não tiver finalidade lucrativa. Por fim, na relação que se forma entre apoiadores e autor, haverá a incidência das normas consumeristas no caso de estes se encaixarem no conceito de fornecedor – o que deverá ser analisado caso a caso – e somente na hipótese do *crowdfunding* em que haja negócio misto com doação ou negócio jurídico indireto (compra e venda, prestação de serviços ou outro contrato típico, sinalagmático e oneroso).

Por fim, é importante destacar que o *crowdfunding* formaria a princípio uma estrutura coligada de contratos, que são unidos por nexo funcional e finalístico. Entretanto, por disposição legal expressa, há impossibilidade de oponibilidade de inadimplemento do contrato firmado entre autor e apoiadores para fundamentar o inadimplemento do contrato entre plataforma e autores, por expressa disposição legal nesse sentido. Essa impossibilidade de oponibilidade a terceiros, entretanto, não afasta a coligação, de forma que os deveres laterais de conduta decorrentes da boa-fé objetiva deverão ser respeitados pelas partes, principalmente no que tange à lealdade e à transparência.

O volume de transações por *crowdfunding* no Brasil ainda está distante da quantidade de financiamentos coletivos que ocorrem nos Estados Unidos da América, onde essa figura é especialmente popular. Contudo, seu crescimento no país é patente nos últimos anos e, com a determinação da natureza e regime jurídico do *crowdfunding* no Brasil, espera-se trazer parâmetros e critérios para que as inevitáveis lides que decorram dessa nova forma de captação de recursos possam ser resolvidas juridicamente, de forma a possibilitar que essa nova forma de financiamento de projetos possa crescer com segurança jurídica.

REFERÊNCIAS

AACD. **Teleton**. São Paulo. Disponível em: <http://www.aacd.org.br/teleton.aspx>. Acesso em: 29 mar. 2014.

ACCA, Thiago dos Santos; QUEIROZ, Rafael Mafei Rabelo. Como respondo cientificamente a uma questão jurídica controversa? In: FEFERBAUM, Marina (coord.); QUEIROZ, Rafael Mafei Rabelo (coord.). **Metodologia jurídica**: um roteiro prático para trabalhos de conclusão de curso. São Paulo: Saraiva, 2012, p. 83-102.

AGÊNCIA BRASILEIRA DE DESENVOLVIMENTO INDUSTRIAL. **Introdução ao Private *Equity* e Venture Capital para Empreendedores**. Agência Brasileira de Desenvolvimento Industrial, Centro de Estudos em Private *Equity* e Venture Capital, Brasília: Agência Brasileira de Desenvolvimento Industrial, 2011. Disponível em: <http://gvcepe.com/site/wp-content/uploads/2010/07/curso.pdf>. Acesso em: 14 mai. 2014.

AGUIAR JÚNIOR, Ruy Rosado de. Contratos relacionais, existenciais e de lucro. **RTDC: Revista Trimestral de Direito Civil**. Rio de Janeiro, v. 45, p. 91-110, jan./mar. 2011.

_____. Parecer no tocante à responsabilidade civil pela prestação dos **serviços de provedor de internet**. In: BRASIL. Tribunal Regional Federal (3ª Região). Apelação Cível n. 0004211-60.2008.4.03.6182. Apelante: Agência Nacional de Vigilância Sanitária – ANVISA. Apelado: Mercadolivre.com Atividades da Internet Ltda.. Desembargador: Nery Júnior. São Paulo, 10 nov. 2010.

AGRAWAL, Ajay; CATALINI, Christian; GOLDFARB, Avi. The geography of *Crowdfunding*. **NBER Working Paper Series**, n. w16820, fev. 2011. Disponível em: <http://ssrn.com/abstract=1770375>. Acesso em: 08 fev. 2014.

ALEMANHA. **Bürgerliches Gesetzbuch**. Disponível em: <http://www.gesetze-im-internet.de/bgb/>. Acesso em: 29 jul. 2014.

ALVIM, Agostinho Neves de Arruda. **Da doação**. 2ª ed.. São Paulo: Saraiva, 1972.

AMARAL, Francisco. **Direito Civil**: introdução. 6ª ed.. Rio de Janeiro: Renovar, 2006.

ASCARELLI, Tullio. Contrato misto, negócio indireto, "negotium mixtum cum donatione". **Revista do Tribunais**, São Paulo, v. 925, p. 27-43, nov. 2012.

AZEVEDO. Antonio Junqueira de. Entrevista: Antonio Junqueira de Azevedo.

RTDC: Revista Trimestral de Direito Civil. Rio de Janeiro, v. 9, n. 34, p. 299--308, abr./jun. 2008.

_____. **Negócio jurídico**: existência, validade e eficácia. 4ª ed.. São Paulo: Saraiva, 2002.

_____. **Negócio jurídico e declaração negocial** (noções gerais e formação da declaração negocial). Tese (Titularidade em Direito Civil da Faculdade de Direito do Largo de São Francisco da Universidade de São Paulo) – Faculdade de Direito do Largo de São Francisco da Universidade de São Paulo, São Paulo, 1986.

BANKER, Rishin. **A look at *crowdfunding*: an emerging trend that threatens to displace traditional financial intermediates**. Trabalho de Estágio (Bacharelado em Finance) – Pennsylvania State University, Pennsylvania, 2011.

BELLEFLAMME, Paul; LAMBERT, Thomas; SCHWIENBACHER, Armin. *Crowdfunding*: tapping the right crowd. **Journal of Business Venturing**, Forthcoming, 2013. Disponível em: <http://ssrn.com/abstract=1578175>. Acesso em 07.02.2014.

BENFEITORIA. **Nossa missão**. Disponível em: <https://beta.benfeitoria.com/descubra>. Acesso em: 09 out. 2015.

BICHARIA. **Sobre o Bicharia**. Disponível em: <http://www.bicharia.com.br/sobre-o-bicharia>. Acesso em: 08 nov. 2015.

BRADFORD, C. Steven. *Crowdfunding* and the federal securities law. **Columbia Business Law Review**, v. 2012, p. 1-150, 2012.

BRASIL. **Lei Complementar n. 123, de 14 de dezembro de 2006**. Institui o Estatuto Nacional da Microempresa e da Empresa de Pequeno Porte; altera dispositivos das Leis n. 8.212 e 8.213, ambas de 24 de julho de 1991, da Consolidação das Leis do Trabalho – CLT, aprovada pelo Decreto-Lei n. 5.452, de 1º de maio de 1943, da Lei nº 10.189, de 14 de fevereiro de 2001, da Lei Complementar n. 63, de 11 de janeiro de 1990; e revoga as Leis n. 9.317, de 5 de dezembro de 1996, e 9.841, de 5 de outubro de 1999. Disponível em: <http://www.planalto.gov.br/ccivil_03/Leis/LCP/Lcp123.htm>. Acesso em: 01 nov. 2015.

_____. **Lei Federal n. 6.385, de 7 de dezembro de 1976**. Dispõe sobre o mercado de valores mobiliários e cria a Comissão de Valores Mobiliários. Disponível em: <http://www.planalto.gov.br/ccivil_03/LEIS/L6385.htm>. Acesso em: 01 nov. 2015.

_____. **Lei Federal n. 8.078, de 11 de setembro de 1990**. Dispõe sobre a proteção do consumidor e dá outras providências. Disponível em: <http://www.planalto.gov.br/ccivil_03/leis/l8078.htm>. Acesso em 15 jun. 2014.

_____. **Lei Federal n. 10.406, de 10 de janeiro de 2002**. Institui o Código Civil. Disponível em: <http://www.planalto.gov.br/ccivil_03/leis/2002/l10406.htm>. Acesso em: 28 jul. 2014.

_____. **Lei Federal n. 12.965, de 23 de abril de 2014**. Estabelece princípio, garantias, direitos e deveres para o uso da Internet no Brasil. Disponível em: <http://www.planalto.gov.br/ccivil_03/_ato2011-2014/2014/lei/l12965.htm>. Acesso em: 15 jun. 2014.

_____. **Portaria do Ministério das Comunicações n. 148, de 31 de maio de 1995**. Aprova a Norma n. 004/95 – Uso dos meios da rede pública de telecomunicações para acesso à internet. Disponível em: <http://www.anatel.gov.br/Portal/verificaDocumentos/documento.asp?numeroPublicacao=8575&assuntoPublicacao=Portaria&filtro=1

&documentoPath=biblioteca/portaria/portarias_mc/port_148_95.htm>. Acesso em: 01 jun. 2014.

_____. Superior Tribunal de Justiça. **AgRg no Agravo de Instrumento n. 1.087.661/SC**. Agravante: Steiner Park. Agravado: João Itamar Zabloski. Relator: Ministra Maria Isabel Gallotti. Julgado em 02 dez. 2010. Disponível em: <https://ww2.stj.jus.br/processo/revista/documento/mediado/?componente=ATC&sequencial=12575826&num_registro=200801741160&data=20110201&tipo=5&formato=PDF>. Acesso em: 17 set. 2015.

_____. Superior Tribunal de Justiça. **Conflito de Competência n. 41.056/SP**. Autor: Farmácia Vital Brasil Ltda.. Réu: Companhia Brasileira de Meios de Pagamento. Relator: Ministro Aldir Passarinho Júnior. Julgado em 23 jun. 2004. Disponível em: <https://ww2.stj.jus.br/processo/revista/documento/mediado/?componente=ATC&sequencial=1328048&num_registro=200302274186&data=20040920&tipo=5&formato=PDF>. Acesso em: 17 set. 2015.

_____. Superior Tribunal de Justiça. **Recurso Especial n. 208.793/MT**. Recorrente: Fertiza Companhia Nacional de Fertilizantes. Recorrido: Edis Fachin. Relator: Ministro Carlos Alberto Menezes Direito. Julgado em 18 nov. 1999. Disponível em: <https://ww2.stj.jus.br/processo/ita/documento/mediado/?num_registro=199900257448&dt_publicacao=01-08-2000&cod_tipo_documento=1>. Acesso em: 17 set. 2015.

_____. Superior Tribunal de Justiça. **Recurso Especial n. 541.867/BA**. Recorrente: American Express do Brasil S/A Turismo. Recorrido: Central das Tintas Ltda.. Relator: Ministro Antônio de Pádua Ribeiro. Julgado em 10 nov. 2004. Disponível em: <https://ww2.stj.jus.br/processo/revista/documento/mediado/?componente=ATC&sequencial=17028778&num_registro=200300668793&data=20050516&tipo=5&formato=PDF>. Acesso em: 17 set. 2015.

_____. Superior Tribunal de Justiça. **Recurso Especial n. 1.010.834/GO**. Recorrente: Marbor Máquinas Ltda.. Recorrido: Sheila de Souza Lima. Relator: Ministra Nancy Andrighi. Julgado em 03 ago. 2010. Disponível em: <https://ww2.stj.jus.br/processo/revista/documento/mediado/?componente=ATC&sequencial=8274177&num_registro=200702835038&data=20101013&tipo=5&formato=PDF>. Acesso em: 17 set. 2015.

_____. Superior Tribunal de Justiça. **Recurso Especial n. 1.067.738/GO**. Recorrente: Dejair Sousa Ferreira. Recorrido: Flávio Roberto Trentin. Relator: Ministro Sidnei Beneti. Voto-vista Ministra Nancy Andrighi. Julgado em 26 mai. 2009. Disponível em: <https://ww2.stj.jus.br/revistaeletronica/Abre_Documento.asp?sLink=ATC&sSeq=5379450&sReg=200801364127&sData=20090625&sTipo=3&formato=PDF>. Acesso em: 17 jun. 2014.

_____. Superior Tribunal de Justiça. **Recurso Especial n. 1.339.642/RJ**. Recorrente: Base Sólida Empreendimentos Imobiliários Ltda.. Recorrido: José Orlando Assis Toste. Relator: Ministra Nancy Andrighi. Julgado em 12 mar. 2013. Disponível em: <https://ww2.stj.jus.br/processo/revista/documento/mediado/?componente=ATC&sequencial=27137636&num_registro=201201036831&data=20130318&tipo=5&formato=PDF>. Acesso em: 27 set. 2015.

_____. Superior Tribunal de Justiça. **Recurso Especial n. 1.396.417/MG**. Recorrente: Google Brasil Internet

Ltda. Recorrido: Automax Comercial Ltda. Relator: Ministra Nancy Andrighi. Julgado em 7 nov. 2013. Disponível em: <https://ww2.stj.jus.br/revistaeletronica/Abre_Documento.asp?sLink=ATC&sSeq=32358880&sReg=201302517510&sData=20131125&sTipo=51&formato=PDF>. Acesso em: 15 jun. 2014, p. 7. Nesse mesmo sentido: BRASIL. Superior Tribunal de Justiça. Recurso Especial n. 1.193.764/SP. Recorrente: IP DA S B. Recorrido: Google Brasil Internet Ltda. Relator: Ministra Nancy Andrighi. Julgado em: 06 nov. 2013. Disponível em: <https://ww2.stj.jus.br/revistaeletronica/Abre_Documento.asp?sLink=ATC&sSeq=13438580&sReg=201000845120&sData=20110808&sTipo=51&formato=PDF>. Acesso em: 15 jun. 2014.

_____. Superior Tribunal de Justiça. **Súmula n. 130**. Julgada em 29 mar. 1995.

BROOTA. **O que é Broota?** Disponível em: <http://www.broota.com.br/como-funciona>. Acesso em: 02 nov. 2015.

CAPECCHI, Marco. La qualificazione giuridica del mutuo di scopo. **Contratto e impresa**: dialoghi con la giurisprudenza e commerciale diretti da Francesco Galgano, Padova, p. 540-78, 1997.

CARVALHO FILHO, Carlos Augusto. **O contrato de financiamento**. Dissertação (Mestrado em Direito Civil) – Faculdade de Direito do Largo de São Francisco da Universidade de São Paulo. São Paulo, 2003.

CATARSE. **Histórico de criação do Catarse para Sala de Imprensa**. Disponível em: <https://docs.google.com/document/d/1g29ITtXrqBnThAWDHdPz1KqCrmIAb07urVF8Ru6735Q/edit?pli=1>. Acesso em: 09 out. 2015.

_____. **Termos de uso**. Disponível em: <https://www.catarse.me/pt/terms-of-use>. Acesso em: 10 out. 2015.

CELLA, Silvana Machado. **Aspectos da inovação e o direito do trabalho**. Tese (Doutorado em Direito do Trabalho) – Pontifícia Universidade Católica de São Paulo, São Paulo, 2012.

CHAMOUN, Ebert. Doações sujeitas a termo e a condição. Invalidade de cláusula relativa à destinação dos bens após termo e condição. **Revista Forense**, Rio de Janeiro, v. 96, n. 350, p. 187-9, abr./jun. 2000.

COMISSÃO DE VALORES MOBILIÁRIOS. **Instrução n. 400, de 29 de dezembro de 2003**. Dispõe sobre as ofertas públicas de distribuição de valores mobiliários, nos mercados primário ou secundário, e Revoga a Instrução 13/80 e a Instrução 88/88. Disponível em: <http://www.cvm.gov.br/legislacao/inst/inst400.html>. Acesso em: 01 nov. 2015.

_____. **Instrução n. 461, de 23 de outubro de 2007**. Disciplina os mercados regulamentados de valores mobiliários e dispõe sobre a constituição, organização, funcionamento e extinção das bolsas de valores, bolsas de mercadorias e futuros e mercados de balcão organizado. Revoga as Instruções CVM nº 42, de 28 de fevereiro de 1985; nº 179, de 13 de fevereiro de 1992, nº 184, de 19 de março de 1992; nº 203, de 07 de dezembro de 1993; nº 263, de 21 de maio de 1997; nº 344, de 17 de agosto de 2000; nº 362, de 05 de março de 2002; nº 379, de 12 de novembro de 2002; o art. 6º da Instrução CVM nº 312, de 13 de agosto de 1999; os arts. 1º a 14 e 17 da Instrução CVM nº 243, de 1º de março de 1996, Instrução CVM nº 250, de 14 de junho de 1996; arts. 2º a 7º, caput e §1º do art. 8º, arts. 10, 13, 15 e 16 da Instrução CVM nº 297, de 18 de dezembro de 1998; o parágrafo único do art. 1º e o art. 3º da Instrução CVM nº 202, de 06 de dezembro de 1993; e a

REFERÊNCIAS

Deliberação CVM nº 20, de 15 de fevereiro de 1985. Disponível em: <http://www.cvm.gov.br/export/sites/cvm/legislacao/inst/anexos/400/inst461consolid.pdf>. Acesso em: 01 nov. 2015.

DIAS, José de Aguiar. **Da responsabilidade civil**. V. I. 10ª ed.. Rio de Janeiro: Forense, 1997.

ESTADOS UNIDOS DA AMÉRICA. **Jumpstart Our Business Startups Act**. An Act to increase American job creation and economic growth by improving access to the public capital markets for emerging companies. Disponível em: <http://www.gpo.gov/fdsys/pkg/BILLS-112hr3606enr/pdf/BILLS-112hr3606enr.pdf>. Acesso em: 28 set. 2015.

_____. *Securities Act* of **1934**. As amended through P.L. 112-158, approved August 10, 2012. Disponível em: <https://www.sec.gov/about/laws/sa33.pdf>. Acesso em: 04 jun. 2014.

_____. US Supreme Court. **Securities and Exchange Commission v. Howey Co. 328 U.S. 293 (1946)**. Autor: Securities and Exchange Commission. Réu: Hoewy Co.. Disponível em: <https://supreme.justia.com/cases/federal/us/328/293/case.html>. Acesso em: 09 out. 2014.

_____. US Supreme Court. **Reves v. Ernst & Young 494 U.S. 56 (1990)**. Autor: Ernst & Young. Réu: Bob Reves et al.. Disponível em: <https://supreme.justia.com/cases/federal/us/494/56/case.html>. Acesso em: 10 out. 2014.

FORGIONI, Paula Andrea. Apontamentos sobre aspectos jurídicos do e-commerce. **RAE – Revista de Administração de Empresas**, São Paulo, v. 40, n. 4, p. 70--83, out./dez. 2000.

FISCHBACH, Kai; SCHODER, Detlef. Die Bedeutung von Peer-to-Peer--Technologien für das Electronic Business. **Handbuch Electronic Business**, Gaber Verlag, p. 99-115, 2002.

GIRLING, Paul; HARRISON, Richard T; MASON, Colin M.. Financial bootstrapping and venture development in the software industry. **Entrepreneurship and Regional Development**, v. 16, p. 307-333, 2004, p. 308. Disponível em: <http://ssrn.com/abstract=566882>. Acesso em: 03 abr. 2014.

GODOY, Claudio Luiz Bueno de. **A responsabilidade civil pelo risco da atividade**: uma cláusula geral no Código Civil de 2002. Tese (Livre Docência em Direito Civil) – Faculdade de Direito do Largo de São Francisco da Universidade de São Paulo, 2007, p. 97.

GOMES, Orlando. **Contratos**. Atualizadores: Antonio Junqueira de Azevedo e Francisco Paulo De Crescenzo Marino. Rio de Janeiro: Forense, 2009.

_____. **Introdução ao Direito Civil**. Revista, atualizada e aumentada, de acordo com o Código Civil de 2002, por Edvaldo Brito e Reginalda Paranhos de Brito. Rio de Janeiro: Forense, 2010.

HEMINWAY, Joan MacLeod. What is a security in the *Crowdfunding* era? **Ohio State Entrepreneurial Business Law Journal**, v. 7, n. 2, p. 336-371, 2012.

_____. Joan MacLeod; HOFFMAN, Shelden Ryan. Proceed at your peril: *crowdfunding* and the securities act of 1933. **Tennessee Law Review**, v. 78, p. 879-972, 2010-2011.

HOHLERS, Franziska. **Der Vertragsschluss im e-Commerce nach deutschem und spanischem Recht**: unter besonderer Berücksichtigung der europarechtlichen Vergaben zu den Informationspflichten. Hamburgo: Peter Lang, 2010.

ITÁLIA. **Codice Civile del Regno D'Italia**. 1865. Disponível em: <http://www.

notaio-busani.it/download/docs/CC1865_100.pdf>. Acesso em: 15 jul. 2015

JACOMINO, Sérgio. Doação Modal e imposição de cláusulas restritivas. **Revista de Direito Imobiliário**, São Paulo, ano 23, n. 48, p. 245-255, jan./jun. 2000.

JORNADA DE DIREITO CIVIL (org. AGUIAR JÚNIOR, Ruy Rosado de). Brasília: CJF, 2007.

KICKANTE. **Sobre a Kickante**. Disponível em: <http://www.kickante.com.br/sobre>. Acesso em: 09 out. 2015.

_____. **Termos de uso**. Disponível em: <http://www.kickante.com.br/termos/termos-de-uso>. Acesso em: 26 set. 2015.

KICKSTARTER. **The newest hottest Spike Lee joint**. Disponível em: <https://www.kickstarter.com/projects/spikelee/the-newest-hottest-spike-lee-joint>. Acesso em: 01 ago. 2014.

_____. **TikTok + Luna Tik Multi-Touch Watch Kits**. Disponível em: <https://www.kickstarter.com/projects/1104350651/tiktok-lunatik-multi-touch-watch-kits>. Acesso em: 02 ago. 2014.

KITCHENS, Ron; TORRENCE, Phillip D.. The JOBS Act – *crowdfunding* and beyond. **Economic Development Journal**, v. 11, n. 4, p. 42-47, 2012.

KLEEMANN, Franz; RIEDER, Kerstin; VOß, Günter. *Crowdsourcing* und der Arbeitende Konsument. **Sozialwissenchaftlicher Fachinformationsdienst soFid, Industrie- und Betriebssoziologie**, n. 1, p. 9-23, 2009. Disponível em: <http://nbn-resolving.de/urn:nbn:de:0168-ssoar-202223>. Acesso em: 15 fev. 2014.

KOCH, Frank A.. **Internet-Recht**: Praxishandbuch zu Dienstenutzung, Verträgen, Rechtsschutz und Wettbewerb, Haftung, Arbeitsrecht und Daten Schutz im Internet, zu Links, Peer-to-Peer-Netzen und Domain-Recht, mit Musterverträgen. Munique: Oldenbourg, 2005.

KUNZ, Christina L. ET AL. Browse-Wrap Agreements: Validity of Implied Assent in Electronic Form Agreements. **The Business Lawyer**, n. 59(1), p. 279–312, 2003.

_____. Click-Through Agreements: Strategies for Avoiding Disputes on Validity of Assent. **The Business Lawyer**, n. 57(1), p. 401–429, 2001.

LARRAIN, Julio Pereira. **Del contrato de mutuo**. Santiago: Imprenta "Electra", 1931.

LARRALDE, Benjamin; SCHWIENBACHER, Arwin. *Crowdfunding* of small entrepreneurial ventures. **Handbook of Entrepreneurial Finance**, Oxford University Press, Forthcoming, 2012. Disponível em: <http://ssrn.com/abstract=>. Acesso em 07.02.2014.

LEONARDI, Marcel. **Responsabilidade civil dos provedores de serviços de internet**. São Paulo: Juarez de Oliveira, 2005.

LEONARDO, Rodrigo Xavier. **Redes contratuais no mercado habitacional**. São Paulo: Revista dos Tribunais, 2003.

LIMA, Cintia Rosa Pereira de. **Validade e obrigatoriedade dos contratos de adesão eletrônicos (shrink-wrap e click-wrap) e dos termos e condições de uso (browse-warp)**: um estudo comparado entre Brasil e Canadá. Tese (Doutorado em Direito Civil) – Faculdade de Direito do Largo de São Francisco da Universidade de São Paulo, São Paulo, 2009.

LOPEZ, Teresa Ancona. **Comentários ao Código Civil**: parte especial: das várias espécies de contratos; da locação de

REFERÊNCIAS

coisas; do empréstimo; da prestação de serviço; da empreitada; do depósito (arts. 565 a 652), vol. 7. São Paulo: Saraiva, 2003

LORENZETTI, Ricardo Luis. **Tratado de los contratos**. Tomo I. Buenos Aires: Rubinzal-Culzoni Editores, 1999.

LUCCA, Newton de; SIMÃO FILHO, Adalberto (coordenador). **Direito & Internet**, v. II - Aspectos Jurídicos Relevantes. São Paulo: Quartier Latin, 2008.

MARINO, Francisco Paulo De Crescenzo. **Contratos Coligados no Direito Brasileiro**. São Paulo: Saraiva, 2009.

_____. Notas sobre o negócio jurídico fiduciário. **Revista Trimestral de Direito Civil**, Rio de Janeiro, v. 20, p. 35-63, out./dez. 2004.

MARQUES, Cláudia Lima. **Contratos no Código de Defesa do Consumidor**: o novo regime das relações contratuais. 3ª ed.. São Paulo: Editora Revista dos Tribunais, 1998.

MARQUES, Rafael Younis. **Notas conversíveis no *Equity* Crowdfunding**: sociedade de fato e risco de responsabilidade pessoal do investidor. Coleção Academia-Empresa 14. São Paulo: Quartier Latin, 2015.

MARQUES, Roberto Wagner. A doação modal no Código Reale. **Revista de Direito Privado**, São Paulo, ano 11, n. 42, p. 91-105, abr./jun./2010.

MARTIN, Thomas A.. **The JOBS Act of 2012: balancing fundamental securities law principles with the demands of the crowd**. 2012. Disponível em: <http://ssrn.com/abstract=2040953>. Acesso em: 07.02.2014.

MITTAG, Jürgen; SAHLE, Patrick. Geschichte und Computer im Internet - Informationsgewinnung zwischen Chaos und Ordnung. **Historical Social Research**, v. 21, p. 126-32, 1996. Disponível em: <http://nbn-resolving.de/urn:nbn:de:0168-ssoar-51015>. Acesso em: 29 mar. 2014.

MOLLICK, Ethan. The dynamics of *crowdfunding*: an explanatory study. **Journal of Business Venturing**, v. 29, n. 1, p. 1-16, 2013.

PAGE, Henri de. **Traité élémentaire de droit civil belge**, t. X. Bruxelles: Emile Bruylant, 1934.

PASQUOLATTO, Adalberto. O destinatário final e o "consumidor intermediário". **Revista de Direito do Consumidor**, São Paulo, v. 19, n. 74, p. 7-42, abr./jun. 2010.

PENTEADO, Luciano de Camargo. **Doação com encargo e causa contratual**. Dissertação (Mestrado em Direito Civil) - Faculdade de Direito do Largo de São Francisco da Universidade de São Paulo. São Paulo, 2002.

PEREIRA. Caio Mário da Silva. **Instituições de direito civil**. 18ª Ed.. Rio de Janeiro: Forense, 2014.

PONTES DE MIRANDA, Francisco Cavalcanti; TEPEDINO, Gustavo (atualiz.). **Tratado de Direito Privado**: parte especial. Tomo XXXI. Direito das obrigações. Negócios jurídicos unilaterais. 5ª ed.. São Paulo: Revista dos Tribunais, 2012.

_____; MARQUES, Claudia Lima (atualiz.). **Tratado de direito privado**: parte especial. Tomo XXXIX. Direito das obrigações. Compra-e-venda. Troca. Contrato estimatório. 5ª ed.. São Paulo: Revista dos Tribunais, 2012.

_____; MIRAGEM, Bruno (atualiz.). **Tratado de direito privado**: parte especial. Tomo XLII. Direito das obrigações. Mútuo. Mútuo a risco. Contrato de conta correte. Abertura de crédito. Assinação e acreditivo. Depósito. 5ª ed.. São Paulo: Revista dos Tribunais, 2012.

_____; MIRAGEM, Bruno (atualiz.). **Tratado de direito privado**: parte especial. Tomo XLVI. Direito das obrigações. Seguro. 5ª ed.. São Paulo: Revista dos Tribunais, 2012

QUEREMOS!. **Sobre o Queremos**. Disponível em: <http://www.queremos.com.br/page/aboutus>. Acesso em: 09 out. 2015.

REDE GLOBO. **Campanha Criança Esperança**: mobilização pelos direitos da infância e juventude brasileira. Rio de Janeiro: 2011. Disponível em: <http://redeglobo.globo.com/criancaesperanca/noticia/2011/06/campanha-crianca--esperanca.html>. Acesso em: 29 mar. 2014.

_____. **Campanha Criança Esperança**: dúvidas frequentes. Disponível em: <http://redeglobo.globo.com/criancaesperanca/noticia/2013/08/duvidas--frequentes.html>. Acesso em: 06 jun. 2014.

_____. **Dirceu arrecada mais de R$ 1 milhão para pagar multa do mensalão**. Rio de Janeiro: 2014. Disponível em: <http://g1.globo.com/politica/noticia/2014/02/dirceu-arrecada-mais-de-r--1-milhao-para-pagar-multa-do-mensalao.html>. Acesso em: 02 mai. 2014.

SELLABAND. **Believer FAQ**. Disponível em: <http://support.sellaband.com/entries/168648-believers-f-a-q>. Acesso em: 10 set. 2015.

SANSEVERINO, Paulo de Tarso Vieira. **Contratos nominados II**: contrato estimatório, doação, locação de coisas, empréstimo (comodato – mútuo). São Paulo: Revista dos Tribunais, 2011, p. 62

SCHEUERMANN, Isabel. **Internationales Zivilverfahrensrecht bei Verträgen im Internet**: Veröffentlichungen zum Verfahrensrecht. Tübingen: Mohr Siebeck, 2004.

SIGAR, Karina. Fret no more: inapplicability of *crowdfunding* concerns in the internet age and the JOBS Act's safeguards. **Administrative Law Review**, v. 64, n. 2, p. 473-506, 2012.

SISTEMA BRASILEIRO DE TELEVISÃO. **História do Teleton**. Disponível em: <http://www.sbt.com.br/teleton/sobre/>. Acesso em: 12 jun. 2014.

STECKLER, Brunhilde. Electronic commerce with regard to German contract law. **Revista de direito comparado português e brasileiro**, t. 47, p. 77-90, 1998.

TEIXEIRA, Tarcisio. **Internet e atividade empresarial**: alguns aspectos jurídicos relevantes. Dissertação (Mestrado em Direito Comercial) – Faculdade de Direito do Largo de São Francisco da Universidade de São Paulo, São Paulo, 2007.

TEPEDINO, Gustavo. Questões controvertidas sobre o contrato de corretagem. **Revista da Faculdade de Direito da Universidade do Estado do Rio de Janeiro**. Rio de Janeiro, n. 4, p. 33-52, 1996.

TEPEDINO, Maria Celina Bodin de Moraes. O procedimento de qualificação dos contratos e a dupla configuração do mútuo no direito civil brasileiro. **Revista Forense**, v. 306, p. 33-61, jan./mar. 1999.

TEUBNER, Gunther. Coincidentia oppositorum: hybrid networks beyond contract and organization. In: GORDON, Robert; HORWITZ, Mort (eds.). **Festschrift in honour of Lawrence Friedman**. Stanford University Press, 2006. Disponível em <http://ssrn.com/abstract=876939>. Acesso em: 15 out. 2015.

UNIÃO EUROPEIA. **Diretiva 2000/31/CE do Parlamento Europeu e do Conselho, de 8 de junho de 2000**. Dispõe sobre certos aspectos legais dos serviços da sociedade de informação, em especial do comércio eletrônico, no mercado interno ("Diretiva sobre comércio eletrônico"). Disponível em: <http://eur-lex.europa.eu/legal-content/PT/TXT/PDF/?uri=CELEX:32000L0031&from=PT>. Acesso em: 15 jun. 2014.

URBE. **Saiba mais**. Disponível em: <http://urbe.me/saiba-mais.php#saiba-mais>. Acesso em: 10 nov. 2015.

U.S. SECURITIES AND EXCHANGE COMMISSION. **The Investor's Advocate: how the SEC protects investors, maintains Market integrity, and facilitates capital formation**. Disponível em: <http://www.sec.gov/about/whatwedo.shtml#.U3O2PPl-5N9I>. Acesso em: 14 mai. 2014.

VAKINHA. **Quem somos**. Disponível em: <https://www.vakinha.com.br/quem-somos>. Acesso em 09 out. 2015.

WALD, Arnoldo. Um novo direito para a nova economia: os contratos eletrônicos e o código civil. In: GRECO, Marco Aurelio; MARTINS, Ives Gandra da Silva (coord.). **Direito e Internet**: relação jurídicas na sociedade informatizada. São Paulo: Editora Revista dos Tribunais, 2001.

WOLFSON, Stephen Manuel. *Crowdsourcing* **and the law**. Dissertação (Mestrado em Science in Information Studies) – Universidade do Texas em Austin, Texas, 2012.

ZHANG, Yi. **An empirical study into the field of** *crowdfunding*. Tese de Mestrado (Mestrado em accounting e auditing) – School of Economics and Management of Lund University, Carolina do Norte, 2012.